FUELING YOUNG AT

青少年运动员营养指南

[美] 希瑟·R. 曼吉利（Heather R. Mangieri） 著　周芳菲 赵晓锋 译

人民邮电出版社

北 京

图书在版编目（CIP）数据

青少年运动员营养指南 / （美）希瑟·R.曼吉利
(Heather R. Mangieri) 著；周芳菲，赵晓锋译. — 北
京：人民邮电出版社，2020.1
ISBN 978-7-115-51757-9

Ⅰ. ①青… Ⅱ. ①希… ②周… ③赵… Ⅲ. ①青少年
－运动员－营养卫生－指南 Ⅳ. ①G804.32-62

中国版本图书馆CIP数据核字(2019)第262386号

版权声明

免责声明

本书内容旨在为大众提供有用的信息。所有材料（包括文本、图形和图像）仅供参考，不能用于对特定疾病或症状的医疗诊断、建议或治疗。所有读者在针对任何一般性或特定的健康问题开始某项锻炼之前，均应向专业的医疗保健机构或医生进行咨询。作者和出版商都已尽可能确保本书技术上的准确性以及合理性，且并不特别推崇任何治疗方法、方案、建议或本书中的其他信息，并特别声明，不会承担由于使用本出版物中的材料而遭受的任何损伤所直接或间接产生的与个人或团体相关的一切责任、损失或风险。

内 容 提 要

　　本书是为青少年运动员量身定制的营养补给指南。全书分为四部分十一章，介绍了现代运动营养学、体育运动与个人目标的营养需求、定制专属运动营养计划及食谱等内容，以简单直观的方式解答了青少年运动员为什么吃、吃什么、何时吃、在哪儿吃、吃什么等与饮食相关的问题，结合营养学基础知识及前沿运动营养实例，帮助教练、家长为青少年运动员的健康、生长发育和运动表现提供营养需求分析和营养膳食指导。

◆ 著　　　　[美] 希瑟·R.曼吉利（Heather R. Mangieri）
　　译　　　　周芳菲　赵晓锋
　　责任编辑　寇佳音
　　责任印制　周昇亮

◆ 人民邮电出版社出版发行　　北京市丰台区成寿寺路 11 号
　　邮编　100164　电子邮件　315@ptpress.com.cn
　　网址　http://www.ptpress.com.cn
　　北京天宇星印刷厂印刷

◆ 开本：700×1000　1/16
　　印张：13.75　　　　　　　　2020 年 1 月第 1 版
　　字数：259 千字　　　　　　 2025 年 11 月北京第 18 次印刷
　　　　著作权合同登记号　图字：01-2017-2569 号

定价：78.00 元
读者服务热线：(010)81055296　印装质量热线：(010)81055316
反盗版热线：(010)81055315

致我的三个"小怪兽"——马特（Matt）、卢克（Luke）和米娅（Mia），是你们时刻提醒我什么才是人生中最重要的。你们三个是我的全部，任何语言都不足以表达我对你们的爱。

目　录

前 言

至今我仍记得我曾服务过的第一位运动员。那时我刚拿到匹兹堡大学健康与人的表现理学硕士学位。当时虽然我已经是一名注册营养师，并在多年的工作中接触过许多热爱运动的人，有了一定的经验，但并不像现在一样对运动生理学与运动营养学有深入的了解。这名运动员是曾与我同在一所大学任教的同事推荐给我的，名字叫作塔米（Tammy），是一位14岁的竞技足球运动员，她因二次骨折正在接受治疗。她的母亲很担心她的营养问题。尽管她的父母十分支持她训练，并且自认为为她提供了良好的营养补充。

但当我分析她的饮食记录时，立即发现了很多营养问题：她的饮食中钙、维生素D、铁以及其他多种关键营养素摄入不足，无法满足她作为运动员的身体需求。我仿佛看到她的骨骼缺乏钙质的保护，红细胞中也没有足够的血红蛋白。她需要进行饮食调整，并需要一位精通运动营养学的注册营养师来帮助她共同完成。我们一起做了一份饮食计划，首先为她成长发育提供所需的营养，然后又增加了一些可以提高她运动表现的营养素。在正确的营养指导下，一段时间后塔米痊愈了，而且没有留下任何后遗症，训练成绩也得到了提高。

一名优秀的运动员，不仅要在比赛前注意饮食，比赛进行中以及比赛后也同样需要。恰当的饮食计划有助于运动员远离伤病，进行有效的训练。训练可能引发炎症和疼痛，而正确的饮食可以帮助运动员建立强大的免疫系统和结实的骨骼，并且让人保持充沛的精力，高质量地完成训练并获得优异的成绩。

对于运动员来说，在满足日常饮食需求的基础上，还要优化训练食谱。营养计划助力训练计划。当运动员能够做到在对的时间吃对的食物种类及数量，他们辛苦的训练就会得到回报。

当我刚开始以运动营养师身份进行研究时，并没想到会以高中生运动员为研究对象。因为在实习时，我一直是以大学生运动员为服务对象，对于大学生的营养指导我更有经验。但在与大学生运动员们（例如，为了让自己跑得更及快而减肥的棒球选手、想要缓解疲劳而寻求饮食建议的冰球选手）一起工作后我发现，青少年运动员更需要我们的帮助。我可以结合自己的经验，将他们的问题与需求联系起来。我可以帮助他们，不仅因为我是注册营养师、专业委员会认证的运动营养学家，懂得科学营养，还因为我是三个孩子的母亲。我的三个孩子中有一名游泳运动员，一名竞技啦啦队长。我知道一个忙碌家庭的需求、竞技运动员的需求，更了解如何通过改善营养使我们保持健康和强壮。我与同样有着繁忙生活的父母们交流，讨论当每个家庭成员各有所需时如何满足他们各自的饮食需求。我家的情况是，通常我需要提前准备好食材、做好饮食计划，以便能够随时开饭。每天我都要往便携冰箱里塞满食物，我的冰箱也总是装满各种各样的冷冻食材。我摸索出了一套方法，希望可以分享给大家。我和青少年运动员们一起工作，我知道他们需要学习营养学，不仅为了身体的生长发育，也为了在运动中能有更好的表现，这是我的使命。

在过去 20 年中，参加体育活动的高中生人数显著增加，而他们开始进行训练的年纪越来越小。有些父母找到我，希望我为他们 8 岁的小运动员提供营养建议。我认为这是一个很好的机会，让每个家庭更早地意识到应该如何为青少年运动员的健康、发育和运动表现提供合理的营养膳食。

开始接受营养教育的年龄越小，运动员进入成年期后越容易掌握更全面的营养技能。也就是说，他们已经赢在了起跑线上。他们知道食物不仅能给他们带来健康，还可以帮助他们在赛场上表现更好，在学业上也是如此。我不知道这些青少年运动员以后是否会成为一名大学生运动员或职业运动员，但不管怎样，我希望能教会他们生活技能，帮助他们成长为健康的成年人。这是这份职业带给我的最大的成就感。

作为一名运动营养师，我解决过各种各样的问题。一些青少年运动员想要改变他们的身材（减肥或增肌）；一些人存在营养问题，比如运动疲劳，或者骨伤难愈；有些青少年运动员的父母向我寻求意见和帮助，因为他们的孩子决定成为素食主义者或者拒绝吃某类食物。很多运动员存在饮食失调现象，而且难以分辨来自媒体的各种信息的真伪。作为国家媒体发言人和运动营养学专家，我的目标是要将营养学转化为简单易懂的信息传达给运动员、家长及教练们。

这本书以最简单直观的方式解答了为什么吃、吃什么、何时吃、在哪吃、吃多少等饮食相关的问题，并结合营养学的基础知识以及前沿的运动营养实例，对日常工作中运动员、家长及教练员经常会反复提及的问题进行了解答。同时我也希望通过本书可以帮助运动员们了解为什么充足的睡眠对于身体恢复十分关键，最应受到重视。这本书是除了面对面咨询外，最有效地制订个性化训练计划的良方。

致　谢

感谢所有在本书写作期间给予我启迪、指导和支持的家人和朋友们。

非常感谢我优秀的孩子们，他们是马特、卢克和米娅。没有你们三个，我的生活会了无生趣。我爱我们在一起的每分每秒。你们三个是我的全世界，我爱你们每个人。

感谢我的父母，汤姆（Tom）和琳达·威尔逊（Linda Wilson），是你们在我很小的时候，就为我树立了成功的榜样，并且从未停止对我的支持，一直信任我。

感谢我的兄长，埃里克·威尔逊（Eric Wilson），是你促使我成为一名作家，当我24岁时，你曾对我说：“你应该写本书”。我当时开玩笑地将你推开，但这句话却一直留在了我的脑海里。感谢你在最初的几年里给我写作的自信。

致我最好的朋友，米歇尔·卢易斯（Michelle Lewis），你在我生命的每个方面都给予我无私的爱、友谊和支持。你是我羽翼下的拂风，我爱你。

致我所有的新老朋友们、同事们、实习生们以及助理营养师们，是你们为我提供宝贵的意见和建议，给我鼓励，测试我的食谱，并确保我保持积极的写作状态。我十分感激大家的友谊与支持，帮助我让这本书走进我的生命里。这里要特别感谢曼努尔·维拉柯塔（Manuel Villacorta）。感谢你的友善与指导，并祝愿我们友谊长存。感谢马乔里·诺兰·科恩（Marjorie Nolan Cohn）、琳达·塞缪尔斯（Linda Samuels）、托德·穆瑞（Todd Murray）以及杰瑞米·浩伊（Jeremy Hoy），自这个项目开始以来，你们花费了大量时间阅读、编辑、整理以及提供宝贵的建议、反馈还有支持。你们每一个人在我心里都有着特别的位置，我将永远心存感激。

致所有的运动员及你们的家人，允许我走进你们的生活，与你们一起分享挑战和成功。这本书正是为你们而写。

非常感谢我们 Human Kinetics 出版社的整个团队，特别是我们的编辑团队，米歇尔·马洛尼（Michelle Maloney）、劳拉·普利姆（Laura Pulliam）、妮可·摩尔（Nicole Moore），整个项目过程都离不开他们的指导。

我还想感谢我最难忘的两位恩师。金姆·比尔斯（Kim Beals）可能没有意识到，正是她在我研究生阶段的指导成就了今天的我，感谢她对我的塑造和对我的信任。同时也要感谢朱莉亚特·曼奇诺（Juliet Mancino），感谢她在很多年前，当我还是个实习生时对我的指导，教会我寻找答案而不是索取答案，感谢她的激励，使我变得更好。

第一部分

现代运动营养学

第一章

冠军之路

冠军不会决定他们的未来，冠军决定他们的习惯，而习惯决定他们的未来。

凯文·伊斯特曼（Kevin Eastman）的这句话一直挂在我的办公室里，提醒我健康的习惯对塑造一个真正的冠军的重要性。孩子如果在很小的时候就养成了习惯，长大成人后他们将继续保持这些习惯。我听过很多类似的言论："我的孩子可以吃任何他想吃的东西，因为他特别好动。"然而，营养不仅关系到体重，它也关系着健康。它意味着由内而外地铸造一个强壮的身体、免疫系统和骨骼。它意味着从年轻的时候养成健康的习惯将终身受益。

我女儿第一次踢足球时虽然只有 4 岁，但所有的程序一个也不少：热身、踢球、休息补充水分，踢球、再休息补充水分，完全就像是小运动员。每当喝水休息时他们会很兴奋地跑到场边从父母那里取回他们的水瓶。有的父母抱怨，孩子们并不渴，为什么教练却总要中断比赛。其实他们中的很多人，包括我的女儿，比起在球场上追着一个球跑，都对在草地上采蒲公英更感兴趣。但不可否认，休息喝水的时间家长的确很高兴。

许多父母没有意识到的是教练正教给孩子们一个非常重要的习惯。孩子们需要学会，如果你正在运动和锻炼，休息喝水是很重要的。教练正在教导他们养成健康的补液习惯。

从小养成健康的习惯，并将这个好习惯带入青少年期和成年期，这是成为精英运动员的第一步。

当你购买本书时，可能会想，这只是一本关于营养的书。但是，一名成功的运动员不仅需要有健康的饮食习惯，健康的生活方式也起着关键的作用。体育锻炼、运动营养、及时补液、睡眠、决心、态度、信念和成熟度也直接影响着比赛成绩。当然，好的基因也不可或缺。事实也证明，拥有良好基因的青少年运动员更容易吸引球探和教练的注意。但过早地强迫孩子们走得太快太远会产生消极后果，无论是从心理上还是生理上。我们希望帮助他们成为最好的运动员，但年轻的运动员仍然是孩子；我们需要牢记并尊重这一点，我们需要做的是正确地引导他们。

训练与青少年的生长发育

在观看小运动员比赛时，你会发现一些孩子拥有与生俱来的运动天分。他们似乎具备所有成为精英运动员的优良基因，似乎不必花费太多力气就能成功。尽管从遗传学上来讲天分确实对运动员有一定的作用，但如果后天不努力，仍然不能站上冠军领奖台。在青少年生长发育期进行恰当的体能训练是其中至关重要的一环。

我的私人诊所"营养检测中心"位于一个青少年运动员训练基地内，因此我能获得大量的关于良好的训练环境重要性的一手资料。杰瑞米·浩伊（MS，CSSD）是一位力量和体能教练，他专长于长期的运动发展，拥有一套能够评估青少年运动员是否做好准备进行正式训练的检测体系。他的体系包括对动作、体格和赛场表现的评估，他说：

> "这种评估能够客观地检测出运动员是否有努力训练的决心以及克服困难的能力。同时也可以评价一个运动员的可塑性，或者他是否能够接受指导和听从命令。如果一个运动员能够专心并集中注意力积极主动地完成评估（可以客观地看待他在这些测试中的名次）并且不放弃，那么他成功加入我们的训练系统的概率则会超过 95%（个人观点）。"

不必过分强求那些心理上或生理上尚未做好准备的小运动员进行训练，他们需要更多的时间进阶到下一个级别。这些运动员应更专注于其他方面，如养成良好的睡眠习惯或创建一份实用的运动营养计划。

斯蒂夫·瑞迟（Steve Reich）是就职于 O2K 国际管理集团的一位北美冰联球员工会认证经纪人，是那些志愿将来参加职业冰球赛的小运动员加入甲级冰球学校前的家庭顾问。他解释说：

> "我们寻找的是一个无论赛前赛后都有着较高的竞技水准、有着较高的职业道德和冰球意识的青少年运动员，并愿意尽他们所能成为最好的运动员（个人观点）。"

一些青少年运动员身上与生俱来成功者的生活方式和个性，通常在他们很小的时候就已经显现出来。对成功的强烈渴望及决心会促使他们更加努力地训练或更注重膳食多样化来促进身体发育。但孩子们进入青春期的年龄有所不同。当身体发育成熟后，任何阶段的锻炼都会使人变得强壮，但在身体准备好之前，并不容易形成明显的肌肉。经验丰富的教练、指导员和运动营养师懂得如何与青少年运动员沟通，以评估和判断他们是否已经准备就绪，来帮助他们顺利进阶。父母的支持和理解在运动员人生的各个阶段都是至关重要的，操之过急反而会增加青少年的压力。

需要牢记的是，儿童和青少年不是小一号的成年人。青少年大脑处理信息的方式与成年人不同，而且青少年的身体正处于特殊的发育阶段。对这些差异有基本的了解有助于青少年运动员和他们的指导者对他们进行正确的运动训练。

青少年的大脑发育

身体变化并不是青少年经历的唯一变化，他们的大脑也在不断成熟的过程中。青少年对信息的处理方式与成年人不同，因为他们的决策能力和解决问题的能力尚未充分发展。他们不会花太多的时间思考他们现在的行为会对未来产生怎样的结果，而且他们很容易被误导。社交网站、杂志、电影、电视节目和许多其他媒体资源都会对他们的日常饮食行为产生影响。需要父母、教练和指导员帮助他们辨别真伪。

对青少年运动员的生长发育情况有基本的了解有助于家长和教练客观地对青少年运动员的职业发展进行预测。在早期发展阶段，青少年的关注点在于适应。因为在经历青春期，他们担心一直表现平平，但同时他们也开始展现出各自的个性并与同龄人建立关系。直到青春期后期，他们才会形成一种更加稳固的个性。表 1.1 对整个青春期的心理发展进行了概述。

表 1.1　青春期各阶段心理发展表现

	青春期早期 （11~14岁）	青春期中期 （15~17岁）	青春期后期 （18~21岁）
情绪方面	意识到身体的变化，并迅速产生性别意识	情感上不再依赖父母	建立自我认知，进一步脱离父母
认知方面	具体思维，早期道德观	开始抽象思维，语言能力增强，遵从传统道德，增加对学校的要求	发展为抽象与复杂思维，进入道德自律期
社交方面	强烈的同群效应	增加健康风险行为，对同伴的性别感兴趣，早期职业计划	学会控制，有社会自主性，建立职业能力

源自：G.M. Ingersoll, 1992, Psychological and social development. In *Textbook of adolescent medicine*, edited by E.R. McAnarney, et al.（Philadelphia：Saunders）, 92.

青少年的身体发育

青春期不是一个时间点，而是一个过程，是身体从儿童变成成年人的过程。儿童进入青春期的年龄各不相同，男性和女性在成长过程中会面临不同的困扰。身体上的变化会影响他们对自己的看法，特别是当他们与队友进行比较时。教练和家长应清楚地注意到这些变化，并知道这些变化如何影响青少年运动员的情绪和表现。

能量加油站

翠西（Tracy）

　　翠西是一名 12 岁的排球运动员，当她去学校和朋友购物时，发现她的裤子尺码比她们的大得多，这令她很尴尬。她的妈妈琼（Joan）向我寻求帮助。她解释说，翠西是打排球的，体重一直偏重，但是最近她的体重持续增加。琼注意到了这一情况，并告诉翠西她该停止吃太多的垃圾食品。琼相信对翠西进行饮食干预是正确的。但每当她批评翠西时，她们就会发生争吵。在学校购物事件发生后，翠西很是沮丧。她不明白为什么她的朋友们可以吃任何她们想吃的食物，却仍然比她瘦得多，难道就因为她是运动员吗？翠西进入了青春期，她的饮食习惯正在努力迎合她。在仅仅 12 岁的年纪，翠西已经感受到了节食的压力。

　　琼很明智地请我来做翠西的营养顾问。家长和教练虽然也想帮忙，但直接指出他们的体重超标是因为错误的饮食方式往往会激发青少年的逆反心理，导致他们与父母、教练之间的关系恶化。父母和教练需要记住，无论他们超重、体重不足或体重正常，孩子需要感受到爱与被接纳。身材变化是很正常的，需要注意的是要保持谈论的重点是与健康和运动表现相关的饮食习惯，而不是针对身材。

　　随着少女进入青春期，她们体内的脂肪和肌肉将发生显著变化。经过青春期，平均体脂率会从 16% 增加到 27%，而肌肉量略有下降。虽然这是正常的，但这些变化并不受年轻女运动员的欢迎。身材和身高的剧烈变化会导致身材形象不佳、自尊心下降、饮食结构紊乱。（更多信息参见第七章）

　　在青春期，男性的身体成分变化则与女性截然不同。他们通常表现为肌肉量增加，体脂率减少。青春期时肌肉生长所需的激素是睾酮（一种雄性激素），年轻的男运动员通常会欣然接受睾酮激素的上升，因为这会使肌肉变得更强壮。但是，与他们那些正在发育期的队友相比，较晚进入青春期的男性可能会感到沮丧，这种感觉可能会诱使他们尝试使用合成代谢类固醇和其他补充剂来增加肌肉的生长和发育。此时，教练、指导员和家长们可以帮助青少年运动员理解身体变化的每个阶段，从而使运动员们安心，让他们意识到虽然没有人可以决定青春期何时到来，但他们可以专注于能够提升他们竞技水平的其他方面。青少年运动员关注自身成长的一种方法就是摄入适当的食物和饮品。

　　青春期的发展阶段，也被称为唐纳分期，不是以实际年龄划分，而是以能量需求和增肌能力来进行分期。表 1.2 列出了男生的唐纳分期，表 1.3 列出了女生的唐纳分期。

作为家长或教练，你可能无法根据表 1.2 和表 1.3 中的标准来判断青少年运动员处于哪个阶段，因此你需要一种更简便的方法。除了身高的变化，还可以从观察皮肤（变油性，可能导致粉刺）、体味、体毛和声音（变深沉）等的变化进行判断。

表 1.2　男生的唐纳分期

	外生殖器发育	阴毛发育	身高增长 厘米 / 年
1 期	青春期前期	青春期前期，没有阴毛	5 ~ 6
2 期	阴囊和睾丸增大，阴囊部位皮肤变红，并且在质地上有所变化	阴茎根部有稀疏的阴毛长出	5 ~ 6
3 期	阴茎变大（首先长度变长），睾丸进一步变大	变黑、变粗、变弯曲，数量变多	7 ~ 8
4 期	阴茎变粗，龟头开始发育。睾丸和阴囊变得更大。同时阴囊肤色变深。此阶段，男孩循环系统生长激素水平显著增加（相比女生明显较晚）	阴毛与成年人相似，但尚未向大腿根部蔓延	10
5 期	成熟的生殖器	成熟，变多，集中向大腿根部蔓延	大约 17 岁之后身高不再增长

源自：W.A. Marshall and J.M. Tanner，1970，"Variations in the pattern of pubertal changes in boys，" *Archives of Diseases in Childhood* 45（239）：13-23.

表 1.3　女生的唐纳分期

	乳房发育	阴毛发育	身高增长 厘米 / 年
1 期	青春期前期	青春期前期，没有阴毛	5 ~ 6
2 期	乳房开始发育，乳房和乳头高起；乳晕增大。此阶段，女生的雌性激素有明显的增长，在 3 期到 4 期达到最高	阴唇附近有稀疏的阴毛长出	7 ~ 8
3 期	乳房和乳晕进一步增大，轮廓之间无分离	变黑、变粗、变弯曲，数量变多	8
4 期	乳晕和乳头在乳房之上形成突起	阴毛与成年人相似，但尚未向大腿根部蔓延	7
5 期	成熟阶段：只有乳头突起，这与乳晕凹陷有关	成熟，变多，集中向大腿根部蔓延	大约 16 岁之后身高不再增长

源自：W.A. Marshall and J.M. Tanner，1969，"Variations in pattern of pubertal changes in girls，" *Archives of Diseases in Childhood* 44（235）：281-303.

运动营养的影响

从我还是个青少年运动员时算起，运动营养学已经陪伴我多年，当时甚至还没有运动营养这种说法。那时我所在的球队比赛后经常会去当地的一家冰激凌店庆祝，但这并不是因为我们想用吃冰激凌来让肌肉恢复能量。事实上，那时我们根本不会考虑吃什么会带来什么影响。而现在的青少年运动员大多起步较早，也更多地意识到身体发育给他们带来的影响。运动营养学是一个热门话题，已被证实有助于提高所有年龄段运动员的运动表现。

运动营养是指能够提供运动员训练和活动所需能量的食物和液体，不仅包括比赛前中、后需要的食物，还包括能支持每周训练需要的额外营养。需要记住的是，运动营养的目的是为了支持运动员的训练。

当今青少年运动员的压力

现在的青少年运动员与早前有所不同。有组织的体育运动人气持续上升，约有4500万美国儿童和青少年参加体育运动。75%的学龄儿童家庭中，至少有一个孩子参加有组织的体育运动。

如今，参加体育运动的孩子比过去的孩子面临更大的压力和更激烈的竞争。调查显示青少年运动员的压力大多与他们的运动和他们的生活相关；表1.4列举了这些常见的压力来源。

表1.4 青少年运动员的压力来源

运动相关的压力	其他的压力
身体和精神上犯错	上学与训练的平衡
父母、老师或教练的批评	比赛的舟车劳顿
对自己的表现不满意	日常时间管理
害怕受伤	

源自：K.A. Tamminen, N.L. Holt, and P.R.E. Crocker, 2012, "Adolescent athletes: Psychosocial challenges and clinical concerns," *Current Opinion in Psychiatry* 25（4）：293-300.

在正确的引导下，体育运动能够为孩子们提供一个有趣的、难得的机会来塑造健康的身心、收获友谊以及形成终身受益的健康生活方式。

　　在第三章，我将更详细地讲述工作肌的能量需求，并在第五章对吃什么与何时吃才能最好地支持运动员的训练提供更具体的建议。

　　在运动营养实施过程中，制订计划往往是最困难的部分。有时虽然尽了最大的努力，青少年运动员却无法得到他们想要的结果或者提高个人能力。一个强有力的支持体系会对他们有所帮助。运动营养师可以与青少年运动员共同努力创建完善的营养计划，以满足他们训练中的体能消耗，但如果没有人帮运动员购买这些食物和饮品，他们可能也无法坚持执行计划。本书的第三部分提供了详细的方法，教大家怎样根据个人需求创建营养计划并列举了许多家庭在实施计划时所遇到的困难及解决方案。

　　正如我在本章开始时所说，要成为一名冠军运动员，不是简单地拥有好的基因就可以，也不是激励运动员举起更重的重量或锻炼后喝一杯蛋白粉。塑造一名冠军运动员，要从小开始，鼓励他们拥有良好的习惯，了解作为运动员应该如何思考、成长和发展。现在你已经基本了解了如何塑造一名冠军，下面让我们来具体了解营养是如何影响生长发育和运动表现的。

第二章

健康成长所需的每日营养

我指导过很多青少年运动员，因此与很多父母和家庭有过接触。大多数家长会针对体育运动该如何补充营养提出非常具体的问题，比如比赛前吃什么、在比赛中喝多少水、恢复体能最好的食物是什么。尽管这些都是本书中会提到的重要问题，但我认为运动员们日常生活中吃的食物在健康和运动表现中起着更大的作用。充足的日常营养有助于健康成长和发育，增强免疫系统，并能治愈运动损伤。

这本书将从最基础的问题开始讲解，以便打下良好的饮食基础。如果一个运动员总是生病或受伤，会很大程度影响他发挥最佳水平。健康、不受伤是成为冠军的必要条件。正如参加不同运动项目的运动员有着不同的营养需求一样，成长中的孩子们对营养需求也与成人有所不同。每日营养需求根据发育年龄、性别、体型和身体成分差异而不同。例如，当运动员的日常营养需求没有得到满足时，即使在赛前或赛后给予营养加餐也很难助力他们实现运动目标。当日常营养需求得到满足时，接下来关注点就可以集中在如何获取运动训练所需的额外食物和饮品上，以便更好地提高他们的成绩。

营养基础知识

身体从食物中获取能量，我们期待食物能够提供我们需要的各种维生素和矿物质，但遗憾的是，事实并非总是如此。有些食物可以提供成长所需的热量，却缺乏促进生长发育所需的营养素。结果往往是体重超标，却依然营养不良。

优质的食物能够促进生长发育，并且维持肌肉、骨骼、器官、皮肤、血液健康，为身体各部分提供养料。为了维持人体正常机能，日常饮食应该包括足量的身体所需的六种必需营养素：水、碳水化合物、蛋白质、脂肪、维生素和矿物质。运动员应该了解每一种必需营养素的功能，并且应该对每种营养素的需求量有一个大致的了解。图 2.1 列举了每种营养素的作用。

必需营养素分为三大类：宏量营养素、微量营养素和水。宏量营养素（碳水化合物、

11

蛋白质和脂肪）提供肌肉运动所需的能量。因此，也被称为产能营养素，能量以热量（焦耳）形式计量。微量营养素（维生素和矿物质）不提供能量，但它们对生命至关重要，是正常生长发育的必需物质。水同样不提供能量，但它是所有细胞的重要组成部分，对生命也同样至关重要。

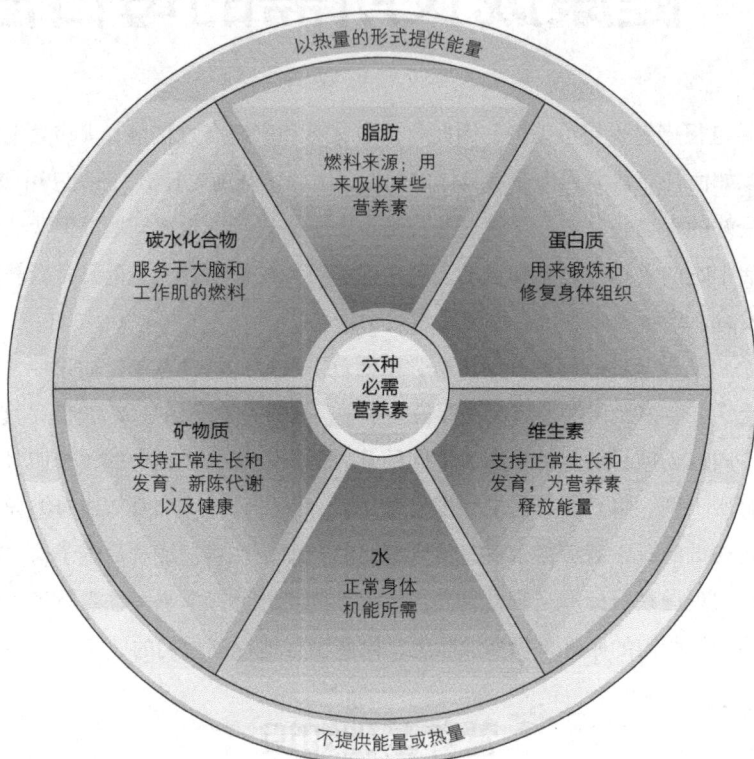

以热量的形式提供能量

脂肪
燃料来源；用来吸收某些营养素

碳水化合物
服务于大脑和工作肌的燃料

蛋白质
用来锻炼和修复身体组织

六种必需营养素

矿物质
支持正常生长和发育、新陈代谢以及健康

维生素
支持正常生长和发育，为营养素释放能量

水
正常身体机能所需

不提供能量或热量

图 2.1　六种必需营养素

除了为生命提供以上营养素外，食物还为人体提供植物化学物（即赋予超级食物特殊功效的化合物）。植物化学物被认为有助于预防某些疾病，具有潜在健康效益。此外，许多植物化学物可以通过减少炎症反应进而提高免疫力和集中注意力，帮助运动员表现更出色。

下面让我们具体看看每一种营养素的推荐摄入量及其在生长发育过程中所起的作用。

碳水化合物

身体利用我们所吃的碳水化合物产生能量。碳水化合物是肌肉工作时首要的供能物质，也为大脑和神经系统稳定供能。富含碳水化合物的食物在体内被分解为葡萄糖，葡萄糖可以立即被使用或被储存在肝脏和肌肉中待用。

每克碳水化合物提供约 16.74 焦耳热量，但并不是所有碳水化合物都是一样的。碳水化合物分为两类，复合碳水化合物和简单碳水化合物。

- 复合碳水化合物是长链糖原排列形成的淀粉或纤维。它们存在于面包、谷类、大米、意面、豆类、含淀粉的蔬菜（如玉米和土豆）和不含淀粉的蔬菜（如豌豆和西蓝花）等食物中。这些食物提供能量的同时还富含多种维生素、矿物质和植物化学物。
- 简单碳水化合物包括单糖和二糖。这些糖类可以从天然含糖食物（如水果、牛奶、奶制品和蔬菜）中获取，也可以从添加糖的食物（如糖果、含糖饮料和甜点）中获取。一般来讲，每千卡（约 4185.85 焦耳）添加糖食物中含有的营养要比天然含糖的食物少。

这两类碳水化合物最终都转化为葡萄糖或果糖，作为能量被身体获取。如果摄入得当，这两种碳水化合物都是青少年运动员宝贵的能量来源。

除了将碳水化合物分类成简单和复合外，现在的许多营养和健身书都将碳水化合物分为优质碳水化合物和劣质碳水化合物。"优质碳水化合物"是指那些纤维含量高、富含全麦的碳水化合物。"劣质碳水化合物"是指那些精制的或用白面粉和糖制成的食物。

全麦是指包含谷物种子或谷粒（麸皮、胚芽和胚乳）的所有部分的谷物。当全麦被加工后，一些膳食纤维和其他重要营养素被除去。加工过的谷物被称为精制谷物。一些精制谷物产品中的关键营养素，如叶酸和铁，它们在最初的加工过程中被除去后又被重新添加，这种被称为营养还原谷物。白米和白面包是最常见的营养还原谷物食品。有些营养还原谷物食品还额外添加了其他营养素，这些叫作强化谷物食品。

目前美国碳水化合物的推荐摄入量（RDA）是每天至少 130 克，但这并不意味着能满足所有人的需要。这个 RDA 主要是基于脑力劳动者的能量计算的，不包括青少年运动员额外的运动所需的能量。运动员们需要记住碳水化合物是他们运动供能的主要来源，他们对此的需求比一般人要高。

人体会自动将葡萄糖储存于肝脏和肌肉，这个能力对于运动员来说尤为重要。储存的葡萄糖（糖原）是为大脑提供营养和为肌肉提供燃料的主要物质，有助于运动员在长时间的运动中保持注意力集中并可以持续运动。肌肉储存糖原的能力受训练影响，训练良好的肌肉比未经训练的肌肉能储存更多的糖原。然而，即使是训练有素的运动员也有糖原储备的极限。当身体有足够的碳水化合物提供能量，肌肉和肝脏的糖原储备也达到极限时，剩下的葡萄糖就会转化为脂肪。随着青少年运动员的成长和发育，他们肌肉的形成能力逐渐增强，糖原储存的能力也会随之增强。

蛋白质

在运动营养的世界里，"蛋白质"这个词总让人联想到正在喝蛋白粉的形象和凹凸有致的肌肉，但是我们日常吃的蛋白质不仅是为了构建、修复和维持肌肉。没有蛋白质，生命就不复存在，头发、指甲、皮肤、肌腱、肌肉、器官、免疫系统，以及骨骼和牙齿的核心，所有这些都含有蛋白质。

吃素或素食主义

素食主义和素食餐在青少年运动员尤其是女运动员中很流行。青少年会因各种原因而决定吃素，包括动物保护、宗教信仰或觉得对健康有益，也可能是受正在吃素的朋友影响。如果你的运动员决定尝试这一饮食方式，首先要做的是问清原因。因为很多人这样做是受到了错误理念的误导，如控制体重，这个理由是不正确的。

以下是四种类型的素食饮食：

- 半素食：这类素食主义者允许食用所有或部分动物性食品，但食用量非常少。
- 乳蛋素：这类素食主义者吃乳制品和蛋类，但不吃红肉、鱼类和家禽。
- 奶素：这类素食主义者只吃乳制品（如牛奶、奶酪和酸奶），但不吃鸡蛋、红肉、鱼和家禽。
- 纯素食：这类素食主义者的饮食不包括任何动物性食品。

尽管我们已经知道关于素食的定义，但儿童和青少年常常会创建自己的规则和方法。许多青少年很快就从食谱中除去一些食物，而不考虑这些食物中所含的营养物质。当一种食物被除去时，必须特别考虑到如何从其他食物中获得这种食物所含的维生素和矿物质。这也是为什么我们一定要明白食物的营养组成的必要性。

蛋白质由 20 种氨基酸组成，其中约有一半为必需氨基酸，意味着我们必须从食物中获取。如果没有这些必需氨基酸，身体就不能制造相应的蛋白质来完成它的工作。和碳水化合物一样，蛋白质每克能提供约16.74焦耳热量，但并非所有的蛋白质都是一样的。基于含有必需氨基酸的比例，我们把蛋白质分为完全蛋白质、不完全蛋白质和互补蛋白质，定义如下。

- 完全蛋白质含所有必需氨基酸，通常被称为优质蛋白质。动物性的食物，如红肉、家禽、鱼、牛奶、蛋和奶酪，被认为是完全蛋白质的来源。
- 不完全蛋白质是含有一种或几种低含量必需氨基酸的食物。如豆类、坚果、种子、谷物和蔬菜都是不完全蛋白质的来源。
- 互补蛋白质是指两个或两个以上的不完全蛋白质，同时食用可提供足量的必需氨基酸。豆类和大米是互补蛋白质的很好的例子。

　　大米的有些必需氨基酸含量非常少，但这些必需氨基酸却大量存在于豆类中。同样，豆类中含有量很低的必需氨基酸在大米中的含量较高。这两种食物一起食用则能够相辅相成提供充足的必需氨基酸。限制动物性食品摄入或遵循某种素食主义的青少年运动员需要理解这个概念。

　　值得一提的是，教练、家长和青少年运动员们对蛋白质补充剂非常热衷，如通过蛋白质粉和能量棒来增加蛋白质摄入量。有时，这些补充剂在食谱上会有一席之地，但是从天然食物来源中获取蛋白质是十分重要的。含有蛋白质的食物也富含维生素和矿物质，这些营养素也是生长发育所必需的。过分依赖蛋白质补充剂会使青少年运动员缺乏其他重要营养素。

　　人体所需蛋白质需要以每千克体重对应量来计算。在生长高峰时女性通常在11～14岁，男性在15～18岁，需求量是最大的。与能量需求一样，青少年时期的蛋白质需求量更多地与生长模式相关而不是年龄。蛋白质是青少年运动员饮食中必需的一部分，但过量食用并不会额外增加肌肉量。过量的蛋白质会直接转换为能量，或者作为脂肪储存起来。

脂肪

　　对青少年运动员而言，脂肪是一种重要的营养物质。脂肪帮助吸收一些营养物质、提供必需脂肪酸、保护重要器官，而且作为一种绝热体还可以起到保温作用。对青少年来讲，脂肪也是一种重要的能量来源。饮食中的脂肪会增加饱腹感，并能使食物风味更佳。

　　尽管脂肪对于正常的身体机能而言必不可少，但某些类型的脂肪却比其他脂肪要更健康。食物中的可食用脂肪分为四大类：反式脂肪、饱和脂肪、单不饱和脂肪、多不饱和脂肪。

　　所谓的不健康脂肪是指反式脂肪和饱和脂肪，它们会增加体内的低密度脂蛋白（坏）胆固醇。大多数饱和脂肪来自动物性食品，如牛肉、羊肉、猪肉、家禽的皮肤、黄油、奶油、奶酪和其他高脂肪乳制品。也有人造饱和脂肪，以使液体油脂更易凝固。反式脂肪多见于油炸食品和烘焙食品中，如糕点、比萨面团、馅饼皮、饼干和小点心。现在，许多快餐店和餐馆在它们的产品中已经停止使用反式脂肪，美国食品药品管理局（FDA）正在考虑禁止其在加工食品中的使用。青少年运动员应尽量避免食用反式脂肪。你可以通过检查原料列表中是否含有氢化植物油来查看一个产品是否含有反式脂肪。

　　所谓的好脂肪是指单不饱和脂肪和多不饱和脂肪。以好脂肪代替饱和脂肪和反式脂肪食用，可能有助于改善血液中胆固醇水平。它们主要存在于富含油脂的鱼类、坚果、种子、牛油果和橄榄中。

关于 Omega-3 脂肪酸

　　Omega-3 脂肪酸是多不饱和脂肪中的一个重要家族，它主要有三种常见形态。二十碳五烯酸（EPA）和二十二碳六烯酸（DHA）来源于鱼类，而亚麻酸（ALA）主要存在于一些蔬菜油、核桃、亚麻籽和亚麻籽油、绿叶蔬菜和豆腐中（在其他食品中有极少量）。在西方饮食中，ALA 是最常见的 Omega-3 脂肪酸，但它与 EPA 与 DHA 不同，在人体内，ALA 必须转化为 EPA 和 DHA 才能被利用，但这种转化是非常有限的。任何人都不可能仅靠吃核桃或亚麻籽来获取足够的 Omega-3 脂肪酸。为了更多地摄取 Omega-3 脂肪酸，推荐一周中食用几次富含鱼油的深海鱼类。表 2.1 为 Omega-3 脂肪酸的食物来源。

　　有证据指出 Omega-3 脂肪酸可治疗成人慢性病，也有研究指出其可用于治疗注意缺陷多动阻碍（ADHD）、自闭症、抑郁症和其他健康问题。由于人们对 Omega-3 脂肪酸有益健康概念的普及，而能够摄入足量鱼肉的人又很少，所以市售的 Omega-3 脂肪酸膳食补充剂十分热销，同时已经在运动营养领域得到普遍认可。第六章我们会详细说明 Omega-3 脂肪酸作为膳食补充剂的更多内容。

表2.1　Omega-3脂肪酸的常见食物来源

食物 *	EPA（克）	DHA（克）
生大西洋鲭	0.90	1.40
生奇努克三文鱼	1.01	0.094
生大西洋鲱鱼	0.69	1.46
鲲鱼干油渍罐装	0.76	1.29
生三文鱼、红大马哈鱼	0.35	0.68
野生大西洋三文鱼	0.32	1.12
粉色三文鱼罐头	0.32	0.67
白色金枪鱼干带水罐头	0.23	0.63
熏奇努克三文鱼	0.18	0.27
生剑鱼	0.11	0.65
淡金枪鱼干油渍罐头	0.13	0.10
全熟白煮蛋	0.00	0.04

* 每100克或3.5盎司所含量。

源自：US Department of Agriculture，Agricultural Research Service，Nutrient Data Laboratory. USDA National Nutrient Database for Standard Reference.

　　每克脂肪在体内产生约37.67焦耳的热量，与碳水化合物和蛋白质相比提供了更多的能量，因此是密集型能量来源。《美国膳食指南》建议，发育中的青少年摄入脂肪应占总热量摄入的25%～35%（美国卫生与公众服务部和美国农业部，2015）。对运动员没有具体的指导推荐，有些项目运动员比其他运动员的脂肪需求量更多。尽管训练目的是减少体脂，但食用脂肪也从不应该从运动员的饮食计划中去除。优先摄取足够数量的碳水化合物和蛋白质。脂肪需求量将根据运动员的身体成分、训练目标和总能量需求的不同而变化。第八章将告诉大家如何根据不同的目标来计算宏量营养素的需求量。

水

　　说到水，这是一个非常值得深入探讨的话题。身体每天需要的水比其他任何营养物质都要多。没有它，我们只能生存几天。水将营养物质输送至全身，带走新陈代谢产生的排泄物。同时也起着润滑剂的作用，是唾液和关节周围组织液的重要组成部分。水重要的功能之一是给身体降温，工作肌产生热量使体温升高。如果没有新的液体补充流失的汗液的话则很容易出现脱水症状。

　　尚未进入青春期的儿童比进入青春期的青少年更容易患高烧。因为相较于成人，孩子的排汗能力较差，使他们不能有效地消散体内多余的热量。他们也需要花费更长的时间来适应较温暖的温度。

健康青少年一般可以通过调节水分摄入量来避免脱水，但运动量大的青少年运动员则需要多加注意。第三章会详细介绍补液与身体活动、身体成分和训练目标间的关系。

你可能已经听说过每天需要喝 8 杯水，我认为这个量是一个保守估计。表 2.2 列出了水的参考摄入量（DRIs）（美国医学研究所，2006）。

表 2.2　水的参考摄入量

年龄	男性	女性
9 ~ 13 岁	2.4 升 = 10 杯	2.1 升 = 9 杯
14 ~ 18 岁	3.3 升 = 14 杯	2.3 升 = 10 杯

如果你一天喝不到 14 杯水，别担心。表中的建议包括了饮用水、其他饮品中的水，以及你从食物中获得的水。然而，运动员比久坐的人需要更多的水来补充通过汗液流失的水分。第三章将提供更具体的建议。

维生素和矿物质

维生素和矿物质，也被称为微量营养素，虽然不提供能量，但它们中的许多物质是碳水化合物、蛋白质和脂肪转化为能量时所必需的。虽然我们需要的量极少，但没了它们，身体就无法正常工作，微量营养素还可以起到预防疾病的作用。

维生素分为水溶性和脂溶性两大类。因为水溶性维生素（如维生素 C 和所有 B 族维生素）溶于水，所以我们不能将它们大量储存于体内，超过身体所需的量会通过尿液排出。脂溶性维生素（维生素 A、维生素 D、维生素 E 和维生素 K）不溶于水，可以储存在肝脏和脂肪细胞中。请参见本章后面的表 2.4 列举了人体对每种维生素和矿物质的需求量。

需要注意的是，青少年运动员吃的是食物，而不是营养素。注册营养师鼓励食物多样化主要的原因是要确保人们可以吃到足够多种类的营养素。

合理膳食的实用工具

青少年期，生长和发育速度显著加快，营养需求也随之增加。事实上，青春期的营养需求比生命中其他任何时候都要高。充足的营养是发挥潜力的关键。青春期前，男性和女性的营养需求量相似，但随着青春期的到来，身体结构的变化导致不同性别间出现营养需求的差异。

能量加油站

卢思（Ruth）

卢思是一名 16 岁的田径运动员，由于经常感到疲劳而向我咨询。她已经坚持了近三个月的素食食谱，她妈妈开始担心她营养摄入不足。在讨论卢思吃的食物之前，我想先弄明白她为什么要改变饮食方式。

卢思解释说，她决定吃素是因为她是动物保护者。她还笃信素食对她的身体更加有益。尽管卢思对动物福祉的看法并不完全正确，但我尊重她的决定。和许多青少年运动员一样，卢思的素食方案并不属于前述任何一个分类。她称自己是素食主义者，但她吃三文鱼和其他含脂肪的鱼类，她吃着她自己认为健康的食物。她尽量避免乳制品和鸡蛋，却允许自己喝希腊酸奶。

但卢思在开始制定自己的素食食谱时犯了一个典型的错误。她把注意力集中在她想去除的食物上，而没有考虑到她要开始吃哪些食物来弥补所缺失的营养素。如果有合理的方案，素食食谱也可以是很健康的。因为素食缺失了一些种类的食物，运动员想获得足够的蛋白质和某些维生素、矿物质就变得比较困难。食谱越严格，越有必要好好制定方案。营养素涉及比较多的是蛋白质、钙、维生素 D、铁、锌和维生素 B_{12}。

喝牛奶、吃鸡蛋、吃鱼的素食主义者们，在获得足够的优质蛋白质方面应该没有问题，不过，有些蛋白质来自不完全蛋白质。纯素食食谱是最严格和最需要慎重选择的。因为维生素 B_{12} 几乎全部来源于动物性食物，所以素食运动员缺乏维生素 B_{12} 的风险很大。

素食者仅仅依靠植物性蛋白来满足日常所需，这意味着在选择碳水化合物来源时需要格外慎重。所有人体必需氨基酸都可以由植物来源的蛋白质提供，如坚果、种子、豆类、全谷类食品和大豆食品。

此外，我建议素食运动员在他们的食谱中添加营养酵母，这些物质富含维生素 B，包括 B_{12}。它有一种干酪味，可以洒在烤土豆、爆米花和蔬菜上，或者可以用来做其他食物的调味品。它可以加入沙拉酱中佐餐味道也很好。

通过仔细的规划和慎重的思考，素食和纯素食主义的运动员们完全可以建立一个适当的运动营养方案，以达到他们想要的目标。

借助一些实用的工具可以帮助我们吃得合理。其中一个就是《2015 ～ 2020 年美国居民膳食指南》。这部"膳食指南"作为美国联邦营养政策、教育、宣传和食品援助计划的制订

基础,被消费者、生产商、营养教育学者和卫生专业人员们广泛采用。所有官方制定的饮食指导都必须基于该膳食指南,膳食指南的制定为政府提供了统一的参考标准,而这一标准基于可靠的科学依据。总体来说,膳食指南鼓励人们吃得健康,通过饮食达到维持健康体重、促进健康和预防慢性疾病的目的(美国卫生与公众服务部和美国农业部,2015)。

　　另一个实用工具是"我的餐盘",如图2.2所示,通过"我的餐盘"可以将膳食指南付诸实际。这个膳食模具是由美国政府创建,用来提醒人们做出良好的食物选择,它包括构成健康饮食模式的五种基础食物。对于所有成长中的青少年来说,餐盘所示的食物种类比例都是一样的,而食物的数量会有所不同。例如,一名13岁的体操运动员和一名17岁的后卫球员都可以使用餐盘中的五种食物分配来辅助他们的选择,但后卫球员可能需要吃双倍量才能满足他的营养需求。

　　"我的餐盘"一目了然地指导人们进行健康饮食,而膳食参考摄入量则可以更具体地提供儿童和青少年对每种营养素需求的最佳估量。其考虑到了年龄和性别等因素及青春期特殊的成长和发育需求(表2.4)。

放弃前请三思

　　在你决定要放弃某种食物之前,请花一些时间思考你的膳食中会因此缺少哪些营养素。放弃一种食物很可能导致某些维生素或矿物质的摄入不足。例如,乳制品是获取钙和维生素D最简单的膳食来源。如果不喝牛奶、奶酪和酸奶,不仅限制了乳制品摄入,还限制了这些食物所能提供的重要营养素。的确,许多维生素和矿物质都可以在其他食物中找到,但并非所有都能。在放弃一种食物之前,要思考是否可以从其他食物中获取相应的营养。表2.3提供了每种食物富含的营养素。

　　虽然所有的维生素和矿物质都是必需的,而且应包括在每一份食谱中,但其中有些是青春期的青少年应该更加关注的。第三章我们会讨论哪些食物对产生能量、防止疲劳、确保骨骼健康和肌肉塑造起到关键作用。

表2.3　各类食物包含的主要营养素

蔬菜	钾、膳食纤维、叶酸、维生素A、维生素C
谷物	膳食纤维、维生素B族(硫胺素、核黄素、烟酸、叶酸)、矿物质(铁、镁、硒)
水果	钾、膳食纤维、维生素C、叶酸
蛋白质	蛋白质、维生素B族(烟酸、硫胺素、核黄素、维生素B_6)、维生素E、铁、锌、镁
乳制品	蛋白质、钙、维生素D、钾

借助这些工具可以引导青少年进行健康饮食，但需要注意青少年需要的食物量也会因发育期和身体活动水平的不同有很大差异。第八章具体介绍了如何使用这些工具来创建个人营养计划，以及如何根据特殊运动和训练的能量需求来调整膳食方案。

图 2.2 "我的餐盘"示例
源自：USDA Center for Nutrition Policy and Promotion

父母和监护人对发育中的运动员能否吃得健康起重要作用。孩子们大部分的饮食习惯是在家庭影响下形成的，有些饮食习惯会伴随着他们整个青春期直到成年。随着年龄的增长，身边的朋友开始对他们起到更大的影响。从小养成健康的习惯是很重要的，特别是饮食和补液的习惯。那些有着健康饮食习惯的青少年更容易在比赛中处于领先地位，并率先进入下一个训练阶段，因为他们的身体已经准备好燃料迎接新的挑战了。

表 2.4　儿童与青少年膳食推荐摄入量

	儿童		男性		女性	
	1 ~ 3 岁	4 ~ 8 岁	9 ~ 13 岁	14 ~ 18 岁	9 ~ 13 岁	14 ~ 18 岁
钙（毫克 / 天）	700	1000	1300	1300	1300	1300
碳水化合物（克 / 天）	130	130	130	130	130	130
蛋白质（克 / 天）	13	19	34	52	34	46
维生素 A（微克 / 天）	300	400	600	900	600	700
维生素 C（毫克 / 天）	15	25	45	75	45	65

续表

	儿童		男性		女性	
	1 ~ 3 岁	4 ~ 8 岁	9 ~ 13 岁	14 ~ 18 岁	9 ~ 13 岁	14 ~ 18 岁
维生素 D［IU（国际单位）/天］	600	600	600	600	600	600
维生素 E（毫克 / 天）	6	7	11	15	11	15
维生素 B_1（毫克 / 天）	0.5	0.6	0.9	1.2	0.9	1
维生素 B_2（毫克 / 天）	0.5	0.6	0.9	1.3	0.9	1
烟酸（毫克 / 天）	6	8	12	16	12	14
维生素 B_6（毫克 / 天）	0.5	0.6	1	1.3	1	1.2
叶酸（微克 / 天）	150	200	300	400	300	400
维生素 B_{12}（微克 / 天）	0.9	1.2	1.8	2.4	1.8	2.4
铜（微克 / 天）	340	440	700	890	700	890
碘（微克 / 天）	65	65	73	95	73	95
铁（毫克 / 天）	7	10	8	11	8	15
镁（毫克 / 天）	80	130	240	410	240	360
钼（微克 / 天）	17	22	34	43	34	43
磷（毫克 / 天）	460	500	1250	1250	1250	1250
硒（微克 / 天）	20	30	40	55	40	55
锌（毫克 / 天）	3	5	8	11	8	9

注：有关 DRI 值的说明，请参考相关网站。

源自：documents available through the National Institutes of Health Office of Dietary Supplements, n.d., Nutrient recommendations: Dietary reference intakes (DRI). [Online]. Documents issued by the Food and Nutrition Board and the Institute of Medicine, National Academy of Sciences.

第二部分

体育运动与个人目标的营养需求

第三章

为运动补充能量和水分

由于青少年时期的生长发育情况比较特殊，很难估算其所需的总能量。再加上运动时消耗的能量，使得这一任务成为一个巨大的挑战。计算运动员需要额外添加多少食物和液体取决于许多因素，但最重要的是，一切额外的补充都需要建立在满足青少年生长发育的基础之上。本章将探讨青少年运动员能量的基本需求和额外补充。

青少年运动员的能量补给

每个运动员都有不同的需求。一名棒球运动员可能想减肥以提高他的速度；一名足球运动员可能想通过增加体重来提高他的力量；一名滑冰运动员可能需要一些帮助来减轻疲劳；一名曲棍球运动员可能需要一些指导以在赛季中保持体重。

以我个人的经验，初次预约问诊时我都会先进行一次访谈，要求客户们列出四种他们认为自己饮食中不健康的习惯。其中经常登上榜单的一项就是饮食不规律，某一天吃很多，另一天又不怎么吃。而记录这一项的，大多是想增重的人。

当我告诉他们"这完全正常"时，青少年们感到非常震惊。我接着解释说，随着他们的成长，他们的营养需求也随之增加。在快速生长期内，食欲会显著增加。当生长放缓，食欲也会随之下降。所有成长中的青少年都需要足够的食物以满足生长、发育、活动和健康的需求，青少年运动员只是相对来说需要更多食物。他们并非每一种维生素和矿物质都需要更多，但需要较多的宏量营养素来提供能量。他们也需要特别注意某些微量营养素，特别是那些产生能量、防止疲劳、维持骨骼健康和促进肌肉生长的营养素。本节接下来将讨论工作肌所需的燃料和营养。

青少年运动员的能量需求

发育中的运动员需要多少能量？这似乎是一个简单的问题，但是计算总能量需求时却复杂得多。正如第一章所讨论的，男生和女生进入青春期的年龄各不相同，这意味着要根据他们在不同年龄的身高增长、身体成分和骨量的变化来调整能量摄入。即使在青春期之后，运动员们也会因为体型和身高不同而有不同的能量需求。再加上体能训练、运动训练和比赛时所消耗的，能量需求的变化实际上是很大的。在计算青少年运动员训练计划所需的食物和液体时，必须考虑到所有这些变量。

我用青少年运动员这个词，是指参加体育运动的 18 岁以下的儿童和青少年。10 岁的孩子每周打两次棒球；9 岁的竞技体操运动员，每周训练 13 小时；还有 17 岁的冰球运动员为两个球队比赛——这些都是青少年运动员。事实上，基于竞技体育运动的强度和特征、训练的强度和赛季的长度，青少年运动员们的运动有着显著差别。此外，许多青少年运动员参加多个团队或多种运动项目，也就是说有的青少年运动员每天只需要额外补充约 837.17 焦耳热量，而另一个运动员每天可能需要额外补充约 6278.78 焦耳热量才能满足他实际的能量消耗。

对于成年运动员，参加不同的体育项目和不同强度的运动时，所消耗的能量的数量可以由公式推导。但这些公式并不适用青少年运动员们。科学研究已经在尝试如何计算青少年运动员的能量消耗，但由于没有可靠的标准，不同的研究只能采用不同的方法。例如，一项研究估算，男子青少年速滑运动员的能量消耗高达约 16743.41 焦耳热量（Ekelund，2002）。而使用不同的测量方法测得女子青少年柔道运动员的能量消耗约 10883.21 焦耳热量（Boisseau，2005）。男性长跑运动员，每日的能量消耗约 15069.07 焦耳热量，而女性的则约为 10464.63 焦耳热量（Eisenmann，2007）。这说明即使在同一项运动中，不同的性别间能量消耗也有着显著差异。

尽管尚没有可靠的证据支持，但有理由认为青少年运动员比成年运动员在运动中消耗更多的热量。我们都知道，儿童的静息能量消耗比成年人高。每千克体重，儿童比成年人消耗更多的热量。这种差异可能与他们的步伐与肌肉收缩的差异有关。儿童在运动中效率较低，从而导致较高的能量需求。当他们在运动中受到更好的训练时，他们的能量需求可能会减少。

一直以来，青少年运动员的总能量消耗都是基于体力活动水平（PAL）和静息能量消耗（REE）来评价的，但已证实现有的 PAL 只适用于成年人（青少年 PAL 推荐估量见表8.6）。联合国大学（UNU）、世界卫生组织（WHO）、联合国粮食和农业组织（FAO）（2004）建议，儿童及青少年 PAL 值适用于中等活动量的体育运动，但并不适用于竞技体育。研究人员通过研究调查 64 名从事不同体育运动的 12 ~ 18 岁的运动员发现，青少年运动员能量消耗 PAL 范围（1.75 ~ 2.05）比联合国大学、世界卫生组织以及联合国粮食和农业组织的建议值（1.5 ~ 1.85）稍高（Carlsohn et al.，2011）。经调整后

PAL 值可以作为一个参考值，直到我们找到更有效的工具来计算竞技青少年运动员的能量需求。

儿童和青少年的能量需求量（EER）需要根据能量消耗、发育需求和体力活动水平来进行估算。表 3.1 列出了不同年龄、身高、体重和活动水平的青少年运动员所需的能量。尽管有些运动员的年龄、身高、体重不可能完全与示例相匹配，我们可以大致根据图表进行能量需求的估算。需要注意的是，无论男性还是女性，这些明显差异可能是由于生长速度以及他们在体能训练、实践和比赛上花费时间不同引起的。膳食营养素参考摄入量是基于青少年运动员的实际年龄，而非发育年龄，所以使用两种相结合的方法来确定在青少年运动员的能量需求是十分必要的。

利用表 3.1 可以估算你自己的需求量，然后把数字记下，稍后记录在图 8.5 "我的日常营养需求"中。

表 3.1　10~18 岁男性与女性的能量需求量 EER（卡路里）示例

	年龄	参考体重（lb/kg）	参考身高（in/cm）	久坐者 PAL[1]	低活动量 PAL[2]	高活动量 PAL[3]	非常高活动量 PAL[4]
男性	10	70/32	55/140	1605	1879	2154	2492
	12	90/41	58/147	1793	2108	2423	2810
	14	130/59	65/165	2316	2716	3114	3601
	16	150/68	69/175	2527	2969	3412	3956
	18	170/77	71/180	2692	3172	3652	4243
女性	10	70/32	55/140	1475	1734	1978	2384
	12	90/41	60/152	1623	1916	2191	2649
	14	105/48	62/157	1677	1987	2281	2768
	16	120/54	63/160	1707	2033	2339	2849
	18	130/59	66/168	1763	2108	2431	2970

1 儿童罕见。
2 每天活动少于 1 小时。
3 每天活动大约 1 小时。
4 每天活动超过 1 小时。
注：1 卡路里 = 4.18 焦耳。

源自：J. Otten，J.P. Hellwig，and L.D. Meyers for Institute of Medicine of the National Academies，2006，*Dietary Reference Intakes：The essential guide to nutrient requirements*（Washington，DC：National Academies Press），82.

青少年运动员能量指南

额外的活动需要额外的能量，但比萨和鸡翅可不是好选择。有些能量来源比其他的更有益，让我们来了解一下我们应该从哪里获得这些额外的能量，从而为我们的工作肌提供更好的能量来源。

碳水化合物与工作肌

碳水化合物，即使是其中结构最简单的一类，实际上也可能比你想象中更复杂。只要掌握适宜的量和摄入时机，无论是简单结构还是复杂结构的碳水化合物都可以为运动员的表现加分。复杂碳水化合物消化缓慢，应该是青少年运动员食谱的主要组成部分，因为它们提供了一份稳定的能量来源。青少年运动员所需的额外热量需求绝大部分来自复杂碳水化合物。

简单碳水化合物消化快，当急需能量时，它可以迅速供能，比如在赛前、赛时或者两次比赛中间时。简单与复合碳水化合物都会分解为葡萄糖被人体吸收，部分变为能量直接供能，多余的以糖原的形式储存在肌肉或肝脏中备用。

碳水化合物为工作肌提供了最有效的燃料，可直接促进或阻碍工作肌的状态。因为肌肉只能以糖原形式储存一定量的碳水化合物，当肌糖原储备耗尽，运动员的能量减少，就会导致他们无法集中注意力，从而使表现下降。美国青年足球协会和英国足球协会的伤害调查显示，近25%的伤害发生在比赛的最后15～20分钟。这时身体中储备的碳水化合物已消耗殆尽，无法向大脑和肌肉提供能量。当大脑与肌肉疲劳时，运动员就会丧失注意力，无法专注于比赛，变得身心俱疲。

适量食用碳水化合物还有一个额外的好处是可以减少蛋白质分解。这对于试图增加体重和肌肉的青少年运动员来说尤为重要。当消耗一定量的热量时，适量补充碳水化合物可以让蛋白质更好地发挥作用（生长和修复），而不会被用来分解成能量。

运动员额外消耗的碳水化合物量不仅取决于发育年龄，还取决于训练的类型、强度和持续时间，以及运动员的整体表现或身体成分。随着发育期的运动员进入青春期并经历生长高峰，他们对碳水化合物的摄入量需求增加。总能量需求越高，碳水化合物摄入量就应越高。在确定碳水化合物需求量时必须考虑针对的目的（如改善表现、增加肌肉、减少体脂），所有这些因素对能量的选择都有影响，都应该在考虑范围内。

脂肪与工作肌

碳水化合物是工作肌的最佳燃料，但脂肪也是运动中宝贵的能量来源，尤其对于青少年运动员而言。儿童脂肪氧化率高于成年人，说明脂肪在持久性运动中是非常宝贵的能量来源。

　　碳水化合物和脂肪对青少年运动员都很重要，哪一种才是最好的能量来源取决于运动的类型、强度和持续时间。脂肪燃烧需要氧气，当运动强度高时，肌肉氧气含量较少，因此不能有效地燃烧脂肪。在需要瞬间爆发力的运动中（如短跑和跳跃），身体依靠释放肌肉中储存的糖原来获取能量；因此，肌糖原在不断重复的瞬间爆发能量的运动中（如篮球、足球和排球）必不可少。由于糖原在激烈的运动中消耗速度非常快，为了能够在运动中持续释放糖原，运动员应该在平时就注意肌肉中糖原的储备。在长时间的比赛中，除了肌肉中的糖原，运动员还要额外摄入一些能量来源，一般是简单碳水化合物，比如在运动饮料中所含的简单碳水化合物。因为单糖消化很快，所以它们可以被作为一种直接能量来源，提供额外的能量以维持运动员在整个训练或比赛过程中的高水平发挥。

　　随着运动强度的降低，身体中氧气含量增加，如长跑或骑自行车，这时更多的脂肪参与到能量消耗中。因此这些耐力运动需要糖原和脂肪共同提供能量。

　　脂肪对机体起着非常重要的作用，但脂肪占比过多或过少都会对身体组成及运动表现产生负面影响。第二章我们曾说到，膳食脂肪的营养密度比碳水化合物和蛋白质更大，因此能提供更多的热量。脂肪摄入太少，会导致体重减轻，从而无法保持运动的最佳状态。脂肪摄入过多则会导致体内脂肪的增加，也会导致表现不佳。想要增加体重的运动员可能会选择吃高脂肪含量的食物，以此获得更多的能量，但这未必是最佳方案。因为吃高脂肪含量的食物可以减少饥饿感，因此会减少人体正常生长发育所需的其他重要营养素的摄入。何为正确的调节身体成分的方式，何为错误的呢？在第四章我们将从营养学的角度探讨如何达成调节身体成分的目标。

蛋白质与工作肌

　　提起运动营养，蛋白质可能是被误解最多的营养素。蛋白质是用来构建肌肉的，但只是单纯地多吃蛋白质并不会增加肌肉质量。增加肌肉的唯一方法是使肌肉动起来，然后在摄入足够的蛋白质来支持肌肉的生长和修复。

　　和碳水化合物一样，青少年运动员比其他不运动的同龄人对蛋白质需求量更大，但并不意味着越多越好。事实上，摄入过多的蛋白质可能还会阻碍运动表现。目前现有的蛋白质参考指南都是针对成年运动员而制定的，但对于青少年运动员来讲，他们的需求量很难评估。尽管许多研究表明，青少年运动员对蛋白蛋的需求比他们的同龄人多，而具体的需求量则根据发育阶段、生长高峰期、训练量以及在设有重量级运动中的能量限制不同而有所差异，建议的摄入量范围是每千克体重 1 ~ 1.8 克。一项针对 14 岁青少年男子足球运动员的研究表明，每日推荐摄入量应为每千克体重 1.4 克

（Boisseau et al.，2007）。

对成人而言，耐力运动员的蛋白质推荐量为每千克体重 1.2 ~ 1.4 克，对于体力和力量运动员，则为 1.2 ~ 1.7 克。这些数字也适用于年轻运动员（儿童和青少年）。

下面是确定青少年运动员每日蛋白质需要量的公式：

$$\underline{\hspace{2cm}}\text{体重（千克）} \times 1.2 = \underline{\hspace{2cm}}\text{克}$$

和

$$\underline{\hspace{2cm}}\text{体重（千克）} \times 1.7 = \underline{\hspace{2cm}}\text{克}$$

例如，杰（Jay）是一名 14 岁的男子冰球运动员，体重 140 磅（64 千克）。使用这种计算方法，他每天的蛋白质需要量是每天 77 ~ 109 克，算法如下：

$$64 \text{ 千克} \times 1.2 = 77 \text{ 克}$$

$$64 \text{ 千克} \times 1.7 = 109 \text{ 克}$$

低热量饮食的运动员可能对蛋白质有着较高的需求。这是因为当身体没有提供足量的碳水化合物时，一些蛋白质就会被转化为能量而不是用于构建肌肉。作为一名运动营养师，经常会有青少年运动员向我提出各种问题，这些问题大多是关于他们应该如何通过膳食补充剂补充蛋白质。但事实是，尽管他们对蛋白质的需求增加了，但其实大多数青少年运动员通过饮食获得的蛋白质已超过他们自身所需，因此他们不必再依赖任何蛋白质补充剂。聪明的做法是从食物中获取蛋白质而不是膳食补充剂，蛋白质的食物来源也是其他必需营养素的重要来源。许多蛋白质食物也富含锌、铁、镁、钙、Omega-3 脂肪酸、B 族维生素、维生素 E 和维生素 D。

与其吃更多的蛋白质，不如关注什么时候吃更明智。一次摄入过多的蛋白质会产生饱腹感，减少了应从其他宏量营养素中获得的能量。摄入过少又会导致肌肉蛋白质分解或阻碍新肌肉组织的生长。一天中均衡地摄入蛋白质，可以提高利用率、促进肌肉蛋白质合成并提高运动表现。

表 3.2 和表 3.3 中的膳食计划都按照建议摄入约 14231.9 焦耳和 150 克蛋白质，但在表 3.2 中，蛋白质的摄入量分配不均衡，早餐和加餐中摄入蛋白质过少，同时午餐和晚餐又摄入过多。表 3.3 提供了多样化膳食示例及如何在一天中均衡地摄入蛋白质。

摄入多少以及何时摄入蛋白质取决于运动员的身体成分目标。通常，运动员每餐中可以摄入 20 ~ 30 克蛋白质，再通过加餐和零食摄入 10 ~ 20 克。女性及对蛋白质需求较低的人应摄入推荐值的较下限的摄入量，男性及对蛋白质需求较高的人应以推荐值的较上限的量为目标。第四章讨论蛋白质对身体成分的影响。第八章示范了如何设计一种含适量的蛋白质的饮食以达成个人目标。

表 3.2 非均衡蛋白质配比膳食

膳食	食物种类	总蛋白质含量
早餐	2 片烤面包，4 盎司苹果汁，香蕉	6 克
午餐	2 个芥末火鸡芝士全麦三明治，玉米沙拉，12 盎司牛奶	60 克
课后加餐	四分之一杯的花生，水	9 克
晚餐	2 个烤鸡胸肉三明治，2 盎司炸薯条，番茄酱，一杯牛奶	72 克
夜间加餐	2 盎司椒盐卷饼，8 盎司苹果汁	<1 克
	总热量：约 14231.9 焦耳	总蛋白质：约 150 克

注：1 盎司固体 =30 克；8 盎司液体 =240 毫升。

表 3.3 优化蛋白质配比膳食

膳食	食物种类	总蛋白质含量
早餐	8 盎司脱脂牛奶，2 块糖浆的华夫饼，香蕉，2 根火鸡香肠	32 克
上午加餐	8 盎司脱脂牛奶，2 根燕麦棒，1 盎司瑞士奶酪	17 克
午餐	2 个花生黄油三明治，2 盎司玉米沙拉，水	32 克
课后加餐	8 盎司希腊酸奶，半杯草莓汁，0.5 盎司杏仁	18 克
晚餐	1 个烤鸡肉三明治，1 盎司炸薯条，半杯什锦水果，蔬菜沙拉和意大利沙拉	34 克
夜间加餐	白煮蛋，一盎司椒盐卷饼，8 盎司巧克力牛奶	17 克
	总热量：约 14231.9 焦耳	总蛋白质：约 150 克

注：1 盎司固体 =30 克；8 盎司液体 =240 毫升。

青少年运动员所需的维生素与矿物质

与能量需求量不同，满足一般人健康所需的维生素和矿物质的量也同样满足健身以及维持健身效果的人的需要，这对于运动员的营养制定来说方便了许多。相较于非运动员的同龄人，青少年运动员并不需要更多的维生素和矿物质，但如果这些营养物质摄入不足的话后果可能会很严重。因此，满足每日需求量变得尤为重要，但是对于青少年运动员来说有一些营养素是需要着重注意的。

能量加油站

杰西卡（Jessica）

杰西卡是一名 14 岁的，正经受多发性踝关节骨折折磨的速滑运动员。骨科医生建议她请注册营养师评估一下她的营养摄入情况。

　　杰西卡和妈妈初次来找我时杰西卡拄着拐杖。她的父母都对她十分关心，每天为她准备带去学校的午餐，为了满足她日常训练所需，除了一些家常菜外还附带了额外的加餐和饮料。虽然他们接受了外科医生的建议，带着杰西卡来见我，但他们相信他们给杰西卡的饮食非常完美。

　　但当我查看杰西卡的膳食记录时，我立即注意到了她营养方面的漏洞。杰西卡的饮食中钙或维生素 D 的摄入量不足：她不喝牛奶，只偶尔喝酸奶，而且不吃奶酪。她的饮食总能量是足够的，而且宏量营养素的分配也很恰当。然而，某些关键营养素缺乏很可能会限制她的表现和训练。此外，作为一名速滑运动员，杰西卡是在室内训练，所以她很少能够接受日光照射。

　　为使自己的身体更加强壮，杰西卡表示愿意配合做任何事情。首先我们一起创建了一份饮食计划，这份计划不仅列出了适量的总能量和宏量营养素，还包括维生素和矿物质。我们回顾了这些营养素的重要性，以及包含这些营养素的不同食物，这样一来，她就可以每天吃不同的食物并能持续获取这些营养素了。

　　接下来的日子杰西卡按照计划生活。几个月后，我收到了她妈妈的一封电子邮件，信中她告诉我杰西卡康复得很好，她还将她的速滑成绩缩短了整整一分钟。

铁

　　由于篇幅限制，我无法向你详细解释铁对我们有多重要。所有的家长、运动员和教练们都应该关注铁的摄入。膳食中的铁摄入不足时，几个星期、几个月甚至几年内可能都不会有症状表现，但是一旦发作就会很严重，而且要缓解这些症状需要相当长的时间。

　　全世界范围内铁缺乏都是最常见的营养缺乏症，青少年尤其是女生更为严重。无论性别，青春期青少年对铁的需求都会有所增加，然而男女需求增加的原因却不相同。这一时期的女生和男生都需要更多的铁来满足瘦体重增加的需要，而女生因为要经历月经所以需要更多的铁。如果看到铁缺乏的症状时，就会知道为什么铁对于运动员来说如此重要。

　　铁是组成血红蛋白的一部分，血红蛋白负责将血液中的氧气输送至全身；同时铁也是肌肉中肌红蛋白的重要组成部分，肌红蛋白利用氧气构建新的肌肉组织。铁帮助这两种蛋白质储存、携带并且释放氧。铁缺乏不是一朝一夕形成的，它是日复一日、年复一年铁摄入不足的结果。铁摄入不足会导致缺铁进而形成缺铁性贫血。

　　缺铁的早期症状包括认知损害、四肢无力、易怒、注意力下降和生产力下降。在儿童中，这些症状被误认为是缺乏动力或行为问题。缺铁会导致耐力和爆发力降低，包括学习、工作，当然还有运动表现。它也可能导致免疫功能下降，使人更易感染疾病。

铁在人体中有两种存在形式，血红素铁和非血红素铁。血红素铁存在于肉类食物中，相较于存在于植物类食物中的非血红素铁来说更易吸收。肉、鱼、家禽中含有一种因子（MFP 因子），可以促进同时摄入的非血红素铁的吸收，这也是为什么要注意食物多样化的另一个重要的例子。含非血红素铁的食物与富含维生素 C 的食物同时摄入，非血红素铁的吸收率可进一步提高到两倍。例如，双麦麸和橙子，双麦麸是优质的非血红素铁的来源，而橙子则是很好的维生素 C 的来源。包括辣椒在内所有的茄科植物也是很好的例子，茄科植物中富含的维生素 C 可有助于人体吸收豆类中所含的铁。让我们将维生素 C 和铁想象成队友，他们共同协作可以更加有效地完成工作。表 3.4 列举了一些富含铁的食物，可用于帮助制订饮食计划。

一份理想的体能促进膳食应包含足量富含铁的食物，以保持铁储备在一个适当的水平，最大化增强耐力，保持免疫系统健康。

通过第二章的表 2.4 可以查到你的铁需求量。需要注意的是，拒绝食用动物性食品的素食者和青少年运动员，可能需要增加铁的总摄入量，以确保他们吸收足量的铁。素食运动员可以根据他们的年龄和性别，将相应的 DRI 推荐摄入量（见第二章）乘以 1.8，就可以计算出他们各自的每日铁需求量。例如，一个 16 岁的女孩的铁需求量为：15 毫克 ×1.8 毫克 / 天 = 27 毫克 / 天。

表 3.4　铁的膳食来源

食物	分量	铁含量（毫克）
肩颈部精瘦牛肉	3 盎司	3.2
烤鸡胸肉	3 盎司	1.1
烤火鸡腿肉	3 盎司	2.3
100% 铁强化谷物	3/4 杯	18
煮小扁豆	1 杯	6.6
煮菠菜	1/2 杯	3.2
煮黑豆	1/2 杯	1.8
煮熟大豆	1/2 杯	4.4
煮红芸豆	1/2 杯	2.6
即食强化燕麦	1 杯	10
包装无核葡萄干	1/2 杯	1.5
生豆腐（硬）	1/2 杯	3.4

注：1 盎司固体 =30 克；8 盎司液体 =240 毫升。

钙与维生素 D

青春期是骨骼发育的关键时期。在青少年时期，骨骼的生长速度越来越快，密度也越来越大。钙对于骨骼的正常发育至关重要，这也是为什么青少年时期钙的需求量最高的原因。在这段时间里，骨骼中积累的钙越多，骨骼就会越强壮，拥有强健的骨骼是所有运动员的头等大事。由于维生素 D 参与钙的吸收和调节，这两种营养素对骨骼健康都很重要。钙与维生素 D 摄入不足的青少年会影响骨峰值，大大增加成年以后患骨质疏松症的风险。遗憾的是，青少年很少有人关注骨质疏松症。作为一名研究青少年运动员生长发育的运动营养学家，我很少谈论关于他们未来的健康状况，相反，我会让他们意识到强健骨骼对于现在以及他们整个运动生涯的重要性。这些营养素能够强健骨骼以承受长时间的训练和比赛的压力，对于身体受伤的运动员来说更为重要。因为一旦受伤就无法发挥最大潜能。我时常告诫我的客户，只有照顾好身体，身体才会回报你。

众所周知，维生素 D 和钙对骨骼健康起着重要作用，但它们在人体内还发挥着其他的重要功能。钙对于酶活性与肌肉收缩至关重要，近年来，维生素 D 对于人体的重要性已经越来越受重视。研究表明，维生素 D 在免疫功能、蛋白质合成、肌肉功能、炎症过程、细胞生长和骨骼肌调节方面都起到积极作用。研究人员正致力于研究维生素 D 不足及缺乏时对体能的负面影响。

目前，约有 77% 以上的人口维生素 D 摄入不足。尽管身体可以通过阳光合成维生素 D，但是受距离赤道的远近、季节更替和每天日照时间影响，对于一些运动员仅仅通过日照是无法满足需要的。通过阳光照射合成的维生素 D 也受云层覆盖、污染、防晒措施、皮肤色素和年龄等因素影响，再加上维生素 D 只存在于少数食物中，因此不难解释为何维生素 D 缺乏如此普遍。

2010 年 11 月，美国医学研究所发布了维生素 D 摄入推荐量：儿童和成人（0 ~ 70 岁）为每天 400 ~ 600 IU，老年人（> 70 岁）为每天 800 IU，比之前的推荐量略有增加。但许多专家认为这些数字仍然过低。为了满足对钙和维生素 D 的需求，需注意增加两种营养素的摄入，多吃富含两种营养素的食物。此外，在下次例行体检时希望大家能检测一下维生素 D 水平。如果你的维生素 D 水平低，则需要进行膳食补充，但这应该在医生或注册营养师的指导下进行。通过计算平均值，表 3.5 列出了一般富钙食品的钙含量，表 3.6 列出了维生素 D 的食物来源。想要知道自己需要多少钙和维生素 D，可以参考第二章中的表 2.4。

表 3.5　钙的膳食来源

食物	分量	钙含量（毫克）
牛奶	1 杯	300
脱脂希腊酸奶	5.2 盎司	160
切碎西蓝花	1 杯	62
钙强化橙汁 *	4 盎司	约 175
切达奶酪	1 盎司	204
全麦冷冻华夫饼干	1	196
豆腐	1/2 杯	275
煮羽衣甘蓝	1/2 杯	90
煮熟大豆	1/2 杯	88
煮罐头白扁豆	1/2 杯	96

* 请参考标签；分量因品牌而异。

注：1 盎司固体 =30 克；8 盎司液体 =240 毫升。

表 3.6　维生素 D 的膳食来源

食物	分量	维生素 D 含量（国际标准单位）
旗鱼	3 盎司	566
煮熟的鲑鱼、红鲑鱼	3 盎司	447
金枪鱼罐头	3 盎司	154
维生素 D 强化橙汁 *	约 1 杯	137
维生素 D 强化牛奶	1 杯	115 ~ 124
维生素 D 强化酸奶	6 盎司	约 80（多种）
维生素 D 强化人造黄油	约 1 汤匙	60
脱水沙丁鱼油罐头	2 罐	46
熟食牛肉肝脏	3 盎司	42
蛋	大号一枚 (蛋黄中含维生素 D)	41
维生素 D 强化干麦片	约 3/4 杯	40（依品牌和品种含量不同）
瑞士奶酪	1 盎司	6

* 请参考标签；分量因品牌而异。

注：1 盎司固体 =30 克；8 盎司液体 =240 毫升。

青少年运动员的水分补给

如果说这本书有一部分值得你反复阅读，那肯定就是这部分。青少年运动员的补液和保持水合状态十分关键，绝不能掉以轻心。没有比在运动期间保持充足水分更便宜、更简单、更有效的提高表现及促进健康的方法了。

正如第二章中所说，水是最重要的营养素，在保持健康和体能方面起着重要的作用。成年人体液流失超过体重的 2% 就会对运动表现产生不利影响。而儿童这一负面影响更加明显，当超过体重 1% 时即会显现，在炎热潮湿的环境中训练时更是如此。对于儿童来讲，脱水会导致耐力和体能下降，这是因为体液流失对心脑血管系统、体温调节、中枢性疲劳或疲劳感知都有不利影响。脱水是非常危险的，严重时甚至可以致命。

对于所有青少年运动员来说，补水的目标是一致的：防止脱水和优化体能。想要说服那些参加有重量级差别项目的运动员似乎很难，但事实上，保持健康的水合状态是任何体能计划的首要任务。

青少年运动员的补液需求

与营养品一样，膳食营养素参考摄入量中也对每日饮水量给出了建议值。每日推荐摄入量中的水是指水的总需求量，也就是我们从食物、饮料和饮用水中摄取的水的总和。青少年运动员需要消耗更多的体液来支持他们额外的活动量。理想的情况是，运动员在运动中补液的速度等于排汗的速度。但遗憾的是，实践中并不总是如此。首先，不是所有的运动员都清楚他们的排汗率。其次，大量排汗的运动员很难在比赛进行过程中补充足够的水分。对运动员而言，了解运动后需饮水量的最快方法是训练前后称体重。了解在活动中流失多少体液有助于进行个性化的补水计划。为确定体液流失，可参考这个简单的公式。

1. 训练开始前测量净体重。
2. 体重：＿＿＿＿＿＿
3. 记录训练过程中补充的液体。
4. 液体摄入：＿＿＿＿＿＿
5. 训练后立即测量净体重。
6. 体重：＿＿＿＿＿＿
7. 运动前体重减去运动后体重，得到体重差值（磅）。
8. 体重差值（磅）：＿＿＿＿＿＿
9. 体重差值（磅）乘以 3 即为运动后需饮水的杯数。
10. 需饮水的杯数：＿＿＿＿＿＿

如果用千克衡量的话，则用运动前体重减去运动后体重，得到减掉的体重千克数。

每减少 2.2 千克体重，需要补充 720 毫升的水。

除了计算运动中的体液流失外，青少年运动员还应该熟悉通过尿液颜色来判断缺水程度。尿色对比图是一个简单的工具，可以评估你是否喝了足量的水来维持水合作用。通常来说，淡黄色尿液（颜色如柠檬汁）显示水分充足，而深黄色尿液（颜色如苹果汁）表示有脱水倾向。教练、训练员和运动员应该在明显处放置尿色对比图，我建议教练和训练员们在训练区悬挂一张，而运动员可考虑购买袖珍图谱。

对青少年运动员来说，了解脱水的症状和体征也是十分重要的。它们可能不太明显，但有经验的运动员是可以察觉到的。比如，当出现头痛、头晕目眩、明显口渴、烦躁、恶心、肌肉痉挛、小便黄、注意力无法集中和疲劳虚弱等症状时就要注意了，这些都是身体处于脱水状态的信号，会导致体能下降。

青少年运动员的补液指南

和营养推荐一样，现阶段成人运动员适宜饮水量的研究要远多于儿童和青少年。最新的补液推荐来自美国儿科学会（Council on Sports Medicine，Fitness & Council on School Health et al.，2011），内容如下。

- 建议利用运动前、运动中和运动后间隙时间按时补液，以补充出汗流失的水分以保持水合状态，但需要注意避免饮水过量。
- 鼓励儿童在运动过程中喝水。一般来说 9 ～ 12 岁的儿童每 20 分钟要喝 100 ～ 250 毫升的水，而青少年运动员每小时要喝 1.5 升的水才能最小化地减少训练中因流汗带走的体液，保持身体良好的水平衡状态。
- 以运动前后体重差值来评估体液流失。运动前后的体重测量有助于了解体液流失量以计算出合适的补液量。
- 长时间（≥ 1 小时）、同一天内重复多次的剧烈运动、比赛以及天气炎热时建议摄入含钠的电解质饮料。
- 教育儿童和青少年保持水合作用的优势。
- 天气温暖或炎热时，建议青年体育管理机构、赛事主管和其他赛事管理人员在同一天的多场比赛之间，提供 2 小时以上的休息和恢复时间，以确保青少年运动员有效的体力恢复和补液。

源自：American Academy of Pediatrics Council on Sports Medicine and Fitness and Council on School Health，2011，"Policy statement—Climatic heat stress and exercising children and adolescents，" *Pediatrics* 128（3）：e741-e747.

能量加油站

玛莉（Mary）

　　玛莉是一名 15 岁的竞技啦啦队长，从她的描述中得知她在练习中常常会感到疲劳和头痛。玛莉的妈妈对此感到很担心，因为玛莉在练习中虽然感到不舒服但又没有任何生病的迹象。听了玛莉的描述，我确信她的问题出在补液上。所有的症状都表明她患的是脱水症。

　　玛莉说她很少喝水。她解释说这是因为只有当她和队友们完美地完成动作时，教练才允许她们喝水休息。显然，水被当成是完成任务的奖励。玛莉妈妈的担心是对的。

　　玛莉的教练认为他在严格要求队员们，但他却没有想到这种奖惩措施正在埋下危险隐患。当运动员们尤其是青少年运动员们表现不佳时，不给他们补液是一种错误的做法。玛莉的妈妈也认为教练太苛刻了，但她又不想惹恼教练。我建议玛莉的妈妈和教练谈谈我的补液建议。如果教练有任何问题或疑虑可以给我打电话。通过与教练沟通，这一问题很快得到了解决。不仅玛莉的症状缓解了，玛莉妈妈也间接帮助了其他啦啦队的队员们。

　　在教育儿童和青少年补水的重要性时要记住结合水分的建议摄入量。教练、指导员和家长有义务帮助青少年运动员理解为什么水合作用如此重要，而不仅是告诉他们要多喝水。克利尔（Cleary）和同事的研究（2012）记录了单次教育干预前后青少年运动员的行为和水合状态，然后与标准的补液方案干预相比较。结果表明，单次教育干预并没有影响补液行为，但个性化补液方案指导却改变了补液的习惯。研究表明只是告诉青少年运动员多喝水是远远不够的，重要的是要教会他们具体如何去做。

　　在我们总结本节之前，请注意以下情况对补液要求更高，需要格外注意。

- 在极端天气条件下比赛，穿着厚重装备，或高空竞技。
- 身患疾病或刚刚痊愈，尤其是有胃肠道不适（呕吐、腹泻），发烧症状，或两者都有的情况。
- 正在服用可能降低运动耐力的药物。
- 正在接受医疗诊治。

　　炎热、潮湿和寒冷的天气都可能会导致严重的脱水。虽然看起来有悖常理，但运动员在寒冷的室外锻炼比在高温下运动脱水的风险更大。穿着厚重装备不容易通过皮肤和衣服上的汗液来估算体液流失。在炎热环境下运动，如果流失的体液没有能够及时补充也会导致脱水。为了所有青少年运动员的安全，父母、教练和指导员们应该随时准备合适的补液饮料或水，并在体育活动中鼓励青少年运动员定时喝水，以补充汗液的流失。

创建补水日程表

即便做好了万全准备，在运动过程中保持水合状态也是一个挑战。规划一个日常补水日程表可以帮助青少年运动员养成每天定时喝水的习惯。运动员应该从一个基础的补液日程表（表 3.7）开始，然后根据个人的活动水平和补液需求进行调整。

表 3.7　补液日程表

时间	液体摄入
早晨醒来	装满水瓶。早上喝 8 盎司的水，之后每小时喝 6 ~ 8 盎司
训练前 2 小时	此时至少喝 2 杯水（16 盎司）。在运动前 2 ~ 3 小时饮水可以让你有充足的时间能够在运动前通过小便排出多余的体液
训练前半小时	喝 5 ~ 10 盎司的液体。在保持水合状态的情况下，过多的喝水并没什么好处。尽管存在个体差异，但身体吸收液体的速度有限，你也不想在开始运动时有水在你胃里来回晃动吧
马上要训练时	称重
训练中每 15 分钟	* 记录你总共饮用的液体量。从一满瓶水开始记录有助于快速估计喝掉的总量 * 每 15 分钟喝 4 ~ 8 盎司，或每 1 小时喝 16 ~ 32 盎司，不要让身体喝太多水，因为那样反而会导致肠胃不适。一大口大概是 1 盎司，所以要达到目标可以每 15 分钟喝 4 ~ 8 大口水
训练后	运动后立即再次称重，并与运动前的体重进行比较，看流失了多少液体

注：8 盎司液体 = 240 毫升。

水 VS 运动饮料：运动员需要哪一种？

当运动员流汗时，电解质会随之减少，特别是大量存在于汗液中的两种矿物质——钠和氯化物。和水一样，电解质也需要及时补充来维持体液平衡。钠是最受关注的电解质，它能保持体液平衡和防止抽筋。钠可以增强体液潴留，有助于维持水合状态，还能刺激中枢神经产生渴觉，因此单靠补水是不能补充流失的电解质的。通常来说，参加 1 小时以上的持续性运动时，饮用含电解质的运动饮料要优于饮水。

如果当一个运动员更倾向于喝水时，有必要问清其原因。我接触过很多青少年运动员，很多时候他们选择喝水的原因与营养并无关系。例如，一名 17 岁的女子冰球守门员找到我，希望我帮助她在升入大学之前优化自己的运动营养。尽管她整场比赛都在场上，本需要饮用运动饮料来补充体液，但她坚持比赛期间只喝水。我问她原因，她回答说不想弄脏她的制服。在比赛中，她只有几秒的时间用来喝水，她需要通过面罩，把液体快速地喷到嘴里，如果她喷错了，橘红色的运动饮料就会溅到白色制服上。因此我建议她自制一种无色的运动饮料，这样问题就迎刃而解了。

另一个例子是一名 14 岁的高中摔跤运动员，他不喝运动饮料另有原因。尽管他出汗量大，而且每周的训练都要超过 2 小时，但他的教练仍不允许他们喝运动运料，因为担心运动员会弄洒饮料使垫子发黏。教练们有时确实会有这种顾虑，因此我们需要一个解决方案既能使运动员可以有效地补充水分、电解质及碳水化合物，又不妨碍训练。我建议教练让运动员们用水壶装满运动饮料，然后把它们放在远离垫子的指定区域。这位教练了解了补液的重要性后很配合地实施了我的建议。

研究表明，仅靠饮水是不能完全补充青少年流失的体液的，他们更需要补充运动饮料。那些平时不爱喝水的青少年运动员更建议饮用运动饮料，因为含钠的运动饮料不仅可以弥补钠流失，也可以提高喝水的欲望，从而更好地补充水分。有些运动员出汗量很大，需要更多的钠来弥补他们的损失。符合以下身体表现的即属于出汗量大。

- 汗液滴入眼睛时有刺痛感。
- 汗水有明显的咸味。
- 长时间锻炼或长距离跑步后皮肤有颗粒感。
- 运动后面部、手臂和上背部有白色痕迹。

运动饮料并不是补充电解质的唯一方法。运动前后及过程中吃适当的食物也可以补充电解质。第五章讨论了比赛当天营养补充及补液的具体内容，也包括如何通过食物增加钠的摄入量。

如果饮用得当，运动饮料对青少年运动员非常有益，能够起到在运动期间和运动后补充液体、碳水化合物和电解质的作用。但运动以外的时间饮用运动饮料的话，只会增加不必要的热量和钠的摄入，这时水是最佳的饮料。

正如本章开头所说，在为一名青少年运动员制订运动营养计划前，重要的是要明确目标。如蛋白质是增肌的必需品，但是一味地添加蛋白质并不能塑造更多的肌肉。同理，想要减少身体脂肪的运动员也不能仅依靠节食，否则会导致运动表现不佳，并导致营养缺乏。做任何事情掌握了正确的方法都会事半功倍。在接下来的第四章中将为大家介绍安全、健康、易实现的改变身体成分的方法。

身体成分与训练目标

许多运动员试图通过改变身体成分来获得比赛优势。这的确有意义。说到运动表现，在特定的项目中是存在身材优势的。以身高为例，个子高的人在打篮球方面往往更容易获得成功，而矮个子的人在体操等体育运动中会更有优势，较低的重心可以更好地掌握平衡。此外，体重以及体脂率也影响着运动表现。过多的体脂增加了身体负荷，相反，极低的体脂水平不仅会对运动表现产生负面影响，还会影响整体健康。

在生活中我们可以通过多种方式改变身体成分，但是如果方式不对，可能仅仅会在数据上得到一个满意的数字，但并不会让你感觉更好或是表现更佳，而且这个效果很可能只是短暂的，长此以往反而会影响机体健康。因为我们要牢记初衷：改变身体成分应该是为了提高运动表现，而不仅是为了达到目的而牺牲健康。

增重与增肌的正确方式

对于许多青少年运动员，尤其是那些注重体型优势的运动员来说，增重往往是他们的目标之一。体重上的优势可以为这些运动员提供更多的力量。

虽然青少年肥胖已经成为社会问题，但对于青少年运动员们来说增重并不是易事，而且当他们成功增重后，如何保持体重又是另一个挑战。

除了青少年生长发育带来的正常体重增加，脂肪、肌肉抑或两者都增加也会促进体重增加。只要摄入足够多的热量，即使最年轻的运动员也可以增加体脂，但增加瘦体重却更具挑战性。正如第一章所说，青少年处于生长发育阶段，虽然锻炼能够提高肌肉力量，但只有当身体发育到一定阶段时发育重点才会集中到增肌上。当身体发育成熟，男性睾酮水平达到峰值时，适当的训练及合理的饮食安排会帮助男性运动员构建健壮的体魄。

为增重制定目标

增重需要摄入足够的热量来满足生长、发育和身体活动的需要，因此需要吃得更多。

青少年运动员们会消耗大量的额外热量，但如前文所述，所有的营养计划应为训练计划服务。肌肉的发育不仅是单纯依靠食用更多的热量或蛋白质。为了增加肌肉量，必须加大肌肉运动量，肌肉做功越多需要的热量就越多。但是总共消耗了多少热量却很难估计，因为热量消耗与遗传、体型和代谢率等众多因素有关，运动员在设定增重目标时应将这些考虑在内。一些运动员只想增加肌肉质量，而另一些运动员则需要在锻炼肌肉的同时增加少量体脂。那么让我们举例具体分析一下这两个不同的目标。

仅增加肌肉量

马克（Mark）是一名 17 岁的短跑运动员，他的田径教练将他介绍给我。马克身材瘦小，他想通过增肌来增强力量。他有不错的力量训练安排，但是缺少一份能够有效支持他训练的营养计划。马克像许多青少年运动员一样，对于他要吃的食物并没有想太多，饿的时候就吃，不饿的时候就不吃。因此马克需要一个均衡的营养计划以提供足够的能量来支持他的训练，同时调整蛋白质的摄入量和摄入频率以达到最大化增肌的需要。以下是我们制作的方案。

目标： 增加骨骼肌质量。

原因： 增加力量和爆发力。

方法： 制订一份膳食计划，优化碳水化合物摄入量及摄入时间，尤其是在训练前后；将蛋白质的摄入均衡到每餐以及间食；监测体脂和体重，以确保增加的是肌肉而不是脂肪。

增加肌肉量和体脂

杰克（Jack）是一名身高 190 厘米的 17 岁青少年冰球球员，找我的目的是为了增重。他的个人目标是在下个赛季之前增加 9 千克，从而可以在冰上变得更壮、更强、更有竞争力。他当时的体重是 81 千克，像许多他这个体型的竞技运动员一样，每个赛季开始时下降的体重令他非常苦恼。在他身上有想要增重的青少年运动员们犯的通病：某一顿会吃掉大量的食物，而某一顿却忘记吃；虽然他可以吃很多，但如果他不觉得饿，就不会想到要吃东西。

杰克需要制订一个计划以确保他能够摄入足够多的食物来支持他的训练——包括四天的举重和其他的交叉训练，但心肺活动比平时少。他需要一份营养计划不仅要列出食物的摄入量，还要平衡每餐的宏量营养素的摄入量，能够每餐都吃得足够多，而且 3 或 4 小时后会有饥饿感。杰克还需要增加热量摄入来支持肌肉的生长发育，而不增加体脂。我给他量身定做了一份膳食计划，可以提供足够的热量来支持他的生长发育和能量消耗，包括增肌所消耗的额外热量，从而构建新的肌肉组织。因为一旦进入赛季，杰克的能量消耗量就会骤增，我们决定在赛季开始前储备足够的热量，供肌肉发育的同时适量提高体脂率以应对新赛季的开始。我们还讨论了如何在赛季中调整他的营养计划，以便他能维持体重。以下是我们制作的方案。

目标： 增加骨骼肌质量并略微增加体脂。

原因： 增加体格及力量，使他在冰上更有竞争力。提前储备好将在赛季开始后减少的体脂量。

怎样做： 制订一份营养计划，告诉杰克如何在适当的时间吃足够的食物来支持他的正常生长发育以及训练的需求；教他如何防止赛季开始后体重下降。

记录热量以监测体重增加

如何确定你是否摄入了足够的食物来支持你增加的训练量呢？首先，你需要有一个计划告诉你所需的食物量。第三章中表 3.1 提供了年龄在 8 ～ 18 岁的女性和男性的估计能量需求量。需要注意的是，估计能量需求量是基于能量消耗、生长需求和体力活动水平而计算的。如果目标是增加体重，则需要更多能量。我曾经服务过的青少年运动员中，满足每天身体活动及体能训练的能量需求量从 8372 ～ 23022 焦耳不等，是一个很宽的范围。为了防止吃得过多，你需要做一些功课，比如按照以下步骤为自己制订一个计划。

1. 记录你的体重

首先，你必须清楚你的体重问题出在哪里。作为一个正在成长的青少年，你要记得，正常的生长发育会增加一定量的体重，但你想增加的是额外的体重。

2. 确定你当前的摄入量

接下来的 4 天或 5 天内，坚持在饮食日记中记下所有吃过、喝过的东西。一个简单的方法是准备一个笔记本，然后记下你摄入的所有液体和食物。你也可以在线下载或使用各种应用程序来记录摄入量。表 4.1 展示了一份完整的饮食日记，一旦你记录了 4 天或 5 天的数据，就可以计算你当前的热量摄入量，如何调节你的热量摄入则取决于最近的体重变化情况。

- 如果你的体重一直在减少，那么你需要增加热量摄入。首先，把你目前的摄入量与第三章的 EER 表进行比较。如果你没有达到 EER 表中的推荐量，则需要增加热量摄入。随后接着记录两周，看体重是否继续减少，如果仍然减少，则每天多增加 2093 焦耳摄入量。

- 如果你的体重保持不变，也需要增加热量摄入。计算出过去 4 天或 5 天的平均热量摄入量，在这个基础上每天增加 2093 焦耳热量，并在接下来的两个星期里记录你的摄入量和体重。体重的变化将决定是否重复步骤 1 或是进行步骤 3，抑或是维持当前摄入量作为新的热量摄入标准。
- 如果你的体重有所增加，但还不够快，那么你也需要更多的热量。计算出过去 4 天或 5 天的平均热量摄入量，在这个基础上每天增加 1256 ~ 1674 焦耳热量。并在接下来的两个星期里跟踪记录摄入量和体重，如果热量的增加没有带来体重增加，则每天多增加 1256 焦耳热量并重复此步骤。

表 4.1　膳食记录表

时间	食物	液体	备注
上午 6：00	1 杯燕麦和 1 茶匙肉桂，1 汤匙葡萄干，1 杯 2% 牛奶	8 盎司橙汁	
上午 9：00	1 个青苹果（中等大小）和 2 汤匙花生酱	2 瓶 24 盎司的水	
中午 12：00	1 份烤鸡胸沙拉： 4 盎司烤鸡 3 杯长叶莴苣 2 个西红柿 2 汤匙帕玛森芝士 2 汤匙葵花籽 2 汤匙醋酱	8 盎司水， 12 盎司巧克力牛奶	手制巧克力牛奶，加 3 汤匙糖浆
下午 3：00	2 片鸡胸肉，2 片全麦面包，2 汤匙蛋黄酱，1 盎司瑞士奶酪		面包品牌 "Costco"
下午 6：00	5 盎司小麦面包加生菜、西红柿、番茄酱、芥末 16 颗葡萄 1 个烤土豆和 2 汤匙人造黄油	24 盎司水	汉堡购于 "Friday" 餐厅
下午 9：00	17 根布雷兹棒	12 盎司苹果汁	咸味

注：1 盎司固体 = 30 克；8 盎司液体 = 240 毫升。

3. 追踪记录你的体脂

　　最后，请记住，仅仅是体重秤上的数字在上升的话，并不意味着你的肌肉量正在增加。重要的是要记录你的体脂率，以确保你的增重计划在沿着正确的方向进行。如果你想增加骨骼肌质量和体脂，则需要关注体重和体脂率。如果你的目标是增加骨骼肌质量，则优先关注体脂率。不管在哪种情况下，力量改善的同时也要随时关注身体成分的变化。

体脂率可以通过多种方法进行测量。生物电阻抗是一种可以在家监测体脂的简单又节约成本的方法。皮褶厚度测量也是不错的方法，但应该由经过培训的专业人士操作。还有更先进的设备，如静水称重法或 Bod Pod 身体成分分析仪，但它们往往只应用于学术或临床领域。

有策略的增重

确定你需要吃的食物量并不容易的，但是即使你确定了，如何吃掉如此多的量也会是一个挑战。我曾合作过的男性运动员中有一些每天需要摄入超过 20929 焦耳的热量。如何在适当的时间和正确的营养搭配下，摄入所有这些热量是一种挑战，尤其是你不得不在学校、训练、体育赛事和睡眠中合理计划饮食。成功增重需要有明确的计划、充分的准备及达成目标的信念。下面的章节提供了可供参考的膳食策略，使你不至于感觉每天都在吃自助大餐。另外，本书的第四部分提供了一些食谱，包括高热量的能量棒、零食还有思慕雪来帮助你达成目标。

多食多餐

将你每天需摄入的热量分为 6 餐或 7 餐以及加餐摄入，丢掉传统的三餐观念。想要增重的青少年运动员们需要多餐进食，从早晨一直持续到睡前。当我为运动员们做饮食计划包括餐 1、餐 2、餐 3、餐 4、餐 5 与餐 6，然后，如有必要，我在训练前、训练时以及训练后会添加一些热量。因为目标是锻炼肌肉，所以每餐都要包含 20 ~ 30 克蛋白质（女性和较低热量需求者摄入低位数值，而男性和那些较高热量需求者应该摄入高位数值）。

加大分量

每天增加 2093 焦耳热量的食物摄取量并不困难，只要能少吃 5 顿以上或吃食物时做到充分咀嚼。如果你掌握了正确的饮食方法，那么增加热量并非难事。

添加液体热量

和固体食物相比，液体食物在通过胃的时间要更快一些，因此不容易像固体食物一样产生饱腹感。尽管你可能不这样认为，但一杯 2512 ~ 2930 焦耳热量的思慕雪完全可以当作一份正餐。

用饮料取代白水

喝饮料不能算是一顿饭，但在运动过程中喝一瓶运动饮料会是一种增加几千焦耳热量的轻松有效的方法，而且不会有太多负担。如果你正尝试锻炼肌肉，那么这份额外的碳水化合物足以支撑一场较短的训练。

额外加些辅料

在你吃的食物中额外添加一些辅料，是一种增加热量的简单方法。以下是我给出的一些建议。

- 在早晨的麦片、酸奶、沙拉或思慕雪中添加坚果、种子和果干。
- 在思慕雪或燕麦片中添加一汤匙橄榄油和蜂蜜。
- 在饼干或三明治中添加花生酱、鹰嘴豆泥、鳄梨或意大利青酱。
- 在土豆、沙拉、汤、面食和蔬菜中添加切碎的奶酪。

摄入足够的热量对体重增加至关重要，但均衡地摄入各种营养素会帮助你更快实现增肌目标。多吃比萨饼、炸薯条和鸡翅看似可以轻松地增加体重，但这些食物所增加的未必是你需要的瘦体重。饮食中脂肪含量高的食物很快会填饱你的肚子，并在接下来几个小时内仍有饱腹感。对于需要多餐的运动员来讲，这可不是好事。这与摄入过多蛋白质情况类似，蛋白质会增加饱腹感，摄入过多蛋白质会导致其他营养素摄入量不足，比如工作肌所需的碳水化合物。回想第三章中我们讲到的，在你设定的膳食目标中每种营养素都很重要，需要均衡摄入。

减脂不节食

由于教练、指导员和家长们在青少年运动员成材的路上扮演重要角色，因此在与青少年运动员沟通身材控制时更要格外留心。尤其是对那些有体重优势项目的运动员。为了能够表现得更好、看起来更好，年轻运动员往往要承受减肥带来的压力。如果沟通不当，关于减肥的建议很可能会打击运动员的信心，引起负面情绪并导致不良的饮食行为。

在最近的一次针对运动中进食紊乱的会议上，发言人中有很多患有进食紊乱的前运动员们，这种病症葬送了他们的职业生涯。据他们所说，他们中很多人的父母、教练或队友曾向他们提出了减肥的建议，声称如果他们体重减轻的话，他们的运动成绩就会更好。虽然这些话很可能是出于好意，但却给这些迫切想成功的运动员们带来了不幸的后果。

正如第一章中所说，身体在青春期期间经历了巨大的变化，而且并不是所有的变化都是可控的。对于女运动员们，随着青春期的到来，额外增加的体脂令她们非常恐慌，这时候她们需要有人告诉她们这是正常现象。身体成分不仅受饮食习惯单因素的影响，一定程度上还受遗传因素影响。不是所有运动员都能在不牺牲健康的前提下达到他们的目标体脂率，很多人因此影响到了他们的体能表现。过多关注减肥会对青春期前的运动员的自尊和自信带来毁灭性的伤害。因此，为了在维持健康的基础上增进体能，应该为这些青少年运动员们制订营养计划，可以告诉他们如何通过合理的饮食维持理想的身高体重。对于一些年龄稍大、真正有必要减脂的青少年运动员来说，制定一个切实可行的目标才是明智的决定。

确定减肥目标

减少体脂需要减少热量摄入。而热量的摄入也会直接影响运动员的运动表现、生长发育和情绪变化，所以需要慎重制订减肥计划。比起节食减肥，我更鼓励根据运动员的不同需求制订一份健康的营养计划。比如有些运动员可能只希望减少体脂，而另一些希望减少体脂的同时增加骨骼肌。那么让我们通过实例具体看一下如何实现这两个目标。

仅减少体脂

爱姆波（Amber）是一名 15 岁的长曲棍球运动员，因为想减重而找到我。她是名十分优秀的运动员，有着很强的肌肉力量，但体重却拖累了她的速度，也限制了她的耐力。爱姆波是个典型的内胚层（圆胖型）体型同时又是大骨架，这种类型的身材容易发胖。但与此相对更容易练出肌肉。尽管如此，身高 157 厘米的她，体重却有 61 千克，我相信只要我们对她的饮食进行一些调整，是可以提高她在赛场上的速度的。当然，前提是要在不影响她体能的前提下进行，使体重稳步下降。她每周训练 6 天，每天 2 小时。爱姆波告诉我她总是感觉饿。她妈妈对她很关心，也很支持她训练，因此她尽最大的努力给爱姆波充足的饮食。她在网上看到巧克力牛奶有助于体能恢复，因此爱姆波每场训练后，都为她准备一瓶 600 毫升的巧克力牛奶。爱姆波的妈妈也每天为她准备运动饮料和两餐之间的加餐。

显然爱姆波的食谱还有很大的改善空间。她饮用了大量的低营养高热量液体。爱姆波之所以经常感觉饥饿是因为她摄入的是简单糖类热量。她需要一份可以提供更多瘦蛋白和纤维的膳食计划来帮助她增加饱腹感。通过重新规划她的食谱，平衡营养，仅需少量热量就可以使她有饱腹感。她不仅可以减肥，而且还会感觉更好，体能表现也会更佳。爱姆波会在这期间收获很多。我们根据她的需要拟定了一份她可以实现的膳食计划。目的是可以使她的体重缓慢稳定地减轻，并提高精力和速度。以下是具体方案。

目标：减少体脂。

原因：提高速度。

做法：制订一份膳食计划，告诉爱姆波如何在一天之中均衡摄入方案中的食物，既能满足身体需要又可以使她有饱腹感。我在她的食谱中去掉了很多简单糖类，但不是全部。并告诉她如何科学饮用运动饮料，使她明白在学校上课时喝运动饮料并没有好处，但是在训练时喝却是十分有益的。

减少体脂和增加骨骼肌质量

吉尔（Jill）是一名16岁的赛艇运动员，她来找我是因为她想减肥的同时增加肌肉量。吉尔的教练并没有建议她来找我，但她告诉我，和其他女孩子相比大块头的身材让她感到不舒服。她相信，如果她体重轻一些，力量再强一些，她就可以为球队做出更大的贡献。吉尔是一个积极的、博学的青少年运动员，而且自身条件很不错。我告诉她只要减少一点点体脂就会带来明显的收益，而且她不需要减太多。只要稍微降低她的体脂率，同时提供合理的营养以促进肌肉生长，就会增加她的肌肉强度和力量，强化她的体能。作为一名赛艇运动员，她需要碳水化合物来助力她的运动表现。我们需要适当降低热量来促进减肥，同时也要提供适当的营养来增加或维持她当前的肌肉量。这意味着这份计划需要我们在热量摄入量不会超标的基础上增加蛋白质摄入量，并降低脂肪摄入。这个计划为吉尔提供了的生长发育和能量消耗所需的热量，同时又适当减少总热量摄入以达到减少体脂率的目的。

在帮助吉尔了解了减脂和增肌的平衡点后，她很认可我的方案，理解体重上的数字变化将会很缓慢。她学会通过镜子和运动表现而不是用体重来评价减脂效果。她注意膳食平衡和进餐时间，确保她在白天和运动时有足够的能量支撑，而在其他时间减少进食。同时我使用体脂仪连续监测她的体脂率。三个月后，吉尔实现了她的目标。

目标：减少体脂。

原因：改善体形，提高划桨力量。

做法：制订一份膳食计划，包含足量的碳水化合物以满足她高强度训练所需的能量。同时在保证运动表现不受影响的前提下限制脂肪摄入，每餐都摄入蛋白质，以帮助构建骨骼肌及增加饱腹感。

如何正确传达减重方法

如何正确地解决青少年运动员的身体成分问题呢？首先，也是最重要的，是要确定减重是否必要。还记得第一章我们曾讲过的吗，身体在青春期前后体重和体脂会发生显著变化。这些变化对于成长发育是正常的也是必要的。家长、教练员和指导员们未必能准确判断青少年运动员的体重是否适中，是否需要减重应该由专业医生根据年度或赛前体检结果判断。

没有完美的方法来确定健康体重的范围，但可以借助一些工具来进行预测。身体质量指数（BMI）是一个常用且实用的方法，可以计算出儿童、青少年和成年人的体质指数，儿童和青少年的 BMI 在算法上会略有不同。对于儿童和青少年，BMI 是用来筛查体重和健康相关的潜在问题，并在生长曲线中以百分比的形式显示出与同性别同年龄人群的差异比较。不同的年龄阶段身体成分会有显著差别，只用一种工具是否可以反映真实的体重问题目前还是存疑的。男性和女性在进入青春前的体脂率都会增加，这属于正常现象。由于 BMI 无法计算出肌肉量，有的儿童或青少年在他那个年纪和性别组里可能会呈现很高的 BMI 指数，但不代表他存在体重问题。例如，一个 16 岁的男孩有较多的肌肉和较低的体脂，但他的体重可能很高，因此他的 BMI 会高于那些有着较少肌肉的同龄男性。但是，由于 BMI 易于测量，我们可以将他用作初步判断身体成分的工具。如果 BMI 呈高值，再由保健医生通过其他更复杂的工具来进一步评估身体脂肪含量。

图 4.1a 和图 4.1b 分别展示了男孩和女孩的通过精确身高和体重绘制的 BMI 曲线图，青少年运动员可以在图中找到自己相应的 BMI。

热量摄入与减重

如果经过判断需要减重，就有必要为你的减重设定目标了，因为它与运动表现息息相关。首先要确定几个问题，是否只需要减脂，还是同时需要增肌来提高运动表现？是否已经在精神上做好了减重的准备？如前所述，不建议通过节食来减重。正确的方法是创建一份健康的膳食计划，从而使运动表现更佳。与增重一样，需要在执行前做好功课以保证方案的科学性。如何调节热量摄入量取决于你最近的体重情况以及饮食模式。以下是具体做法。

1. 记录体重

首先，你需要十分清楚自己的体重变化。要记住的是作为一个成长中的青少年，你应该增加一些体重来维持基本的生长发育。根据你的身高和发育阶段，一个合理的目标是在保持体重的同时不影响身高增长。

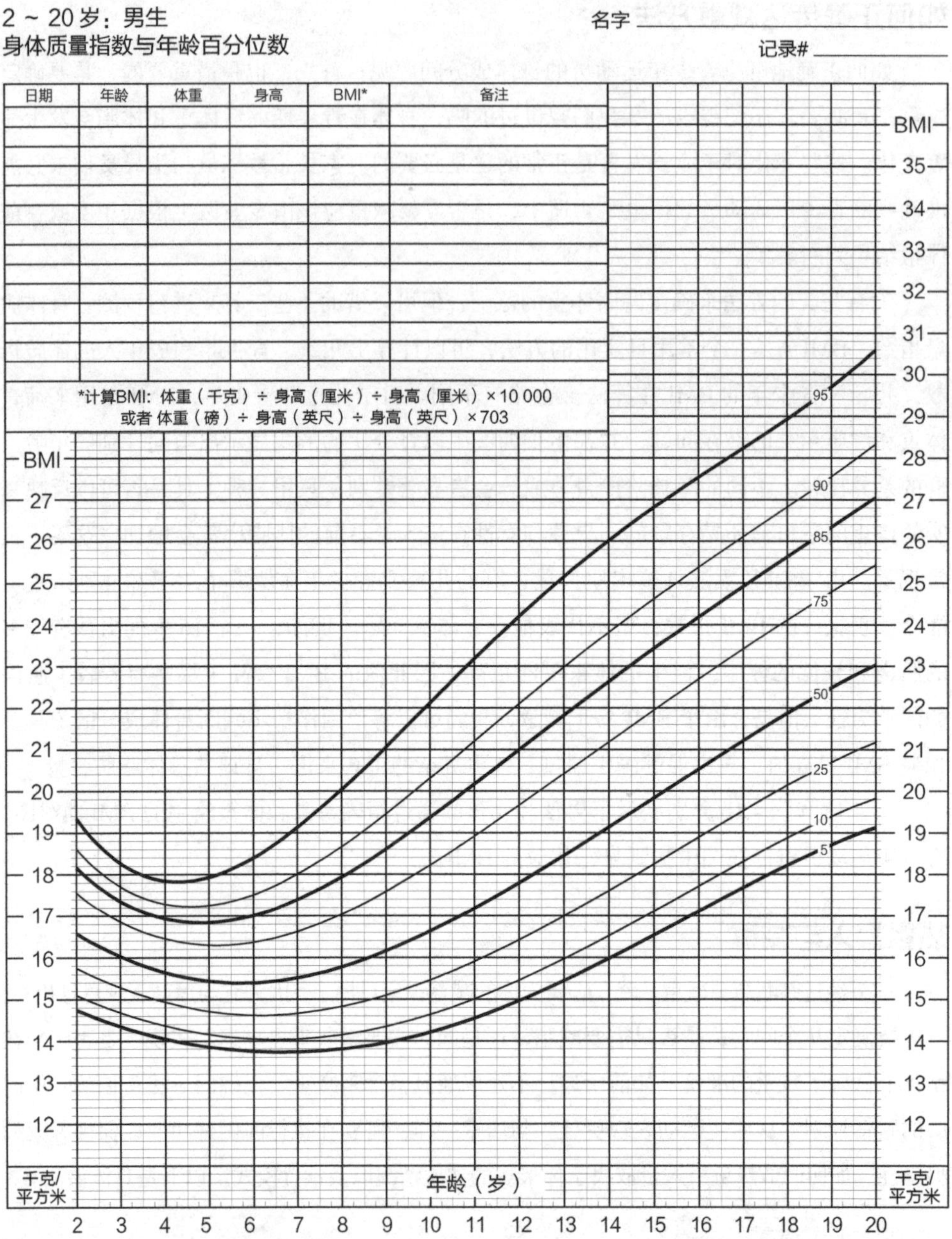

2～20岁：男生
身体质量指数与年龄百分位数

名字 _____

记录# _____

日期	年龄	体重	身高	BMI*	备注

*计算BMI: 体重（千克）÷ 身高（厘米）÷ 身高（厘米）× 10 000
或者 体重（磅）÷ 身高（英尺）÷ 身高（英尺）×703

图 4.1a　男性年龄与身体质量指数对照表

源自：Developed by the National Center for Health Statistics in collaboration with the National Center for Chronic Disease Prevention and Health Promotion（2000）. H.R. Mangieri，2017，*Fueling young athletes*（Champaign，IL：Human Kinetics）.

2 ~ 20 岁：女生
身体质量指数与年龄百分位数

名字 _____

记录# _____

日期	年龄	体重	身高	BMI*	备注

*计算BMI: 体重（千克）÷ 身高（厘米）÷ 身高（厘米）×10 000
或者 体重（磅）÷ 身高（英尺）÷ 身高（英尺）×703

图 4.1b　女性年龄与身体质量指数对照表

源自：Developed by the National Center for Health Statistics in collaboration with the National Center for Chronic Disease Prevention and Health Promotion（2000）. H.R. Mangieri，2017，*Fueling young athletes*（Champaign，IL：Human Kinetics）.

2. 确定你目前的摄入量

接下来，在膳食记录表上连续记录 4 天或 5 天内所有吃过的食物（见表 4.1：每日膳食记录填写方法）。通过膳食记录可以计算出你目前的热量摄入量，以及你的饮食偏好。结合体能计划，完成你的身体成分目标不仅要靠吃得少，更要重新安排你目前的正餐和零食，尽量避免摄入多余的热量。

- 如果体重持续增长，你可能需要减少热量的摄入。首先，将当前的摄入量与表 3.1 的 EER 相比较。如果摄入量比 EER 表中的推荐值高，可以先从减少热量到推荐值开始。接下来的两周，观察体重是否继续增长。如果你的体重仍然在增长，则需要进一步减少热量摄入。记住，这些热量不是通过节食来减少的，而是通过使用下一节中要讨论的策略来实现。减少的热量根据你超出推荐量的多少而有所不同。每一名运动员都需要足够的热量来维持生长发育，热量摄入量永远不要低于推荐的标准。

- 如果体重稳定不变但需要在此基础上减掉一些重量的话，考虑到发育年龄，持续保持体重不变是改变身体成分的一种有效方法。记住，青春期时的体重增加是正常且健康的。随着身高增长，身体成分自然会变化；许多运动员在发育期自然会瘦下来。如果有必要减重，少量减少热量摄入（如每天 837 ~ 1256 焦耳）便足以缓慢、稳定的减重，并且不对体能产生负面影响。在接下来的两周内，记录饮食和体重。你的进程将决定你是否需要重复步骤 2，或进入到步骤 3，抑或保持这个量作为你的热量摄入量新标准。

- 如果你一直在减重，但进程并不够快，那么保持你目前的摄入量，并继续记录膳食。用表 3.1 中的 EER 与你所摄入的热量进行对比。没有一个固定标准规定每周应该减掉多少体重，但我认为每周减少 0.5 千克体脂是一个合适的目标值，如果你的目标是减少体脂同时增加肌肉，则你要做的就不仅是监测体重。

3. 记录体脂

最后请记住，仅仅因为体重秤上的数字在下降，并不意味着你减掉的是脂肪。如果身体条件及年龄在允许减重的范围，记录下你的体脂率确保你正在朝着正确的目标前进。如果你想增加骨骼肌质量并减少体脂，则目标应为体脂率降低而总体重不变；如果你的目标仅仅是减少体脂，那么体脂与体重都应减少。无论哪种情况，你都应该关注身体成分的变化和体能的改善，应该觉得更加精力充沛。

有策略的减重

　　青少年运动员是很特殊的。他们比其他正在生长发育中的青少年需要更多的营养。如果发生了营养不良，他们的症状也会更明显，因为这会对体能产生负面影响。许多证据都表明青少年运动员应该避免节食减肥或任何速成的减肥方法。青少年运动员应更关注吃什么以及如何吃。每周都会有一些人因为节食产生负面后果而找到我：对食物和体态产生厌烦心理、进食紊乱、减肥过度、疲劳、骨折和骨损伤、胃肠道疾病，甚至有人一生都受体重困扰并和体重反弹做斗争。越来越多的年轻女性运动员选择无麸饮食或素食，但并没有在专业人士指导下进行。缺失的营养素如果得不到相应的补充是很危险的。

能量加油站

蒂姆（Tim）

　　蒂姆是一名16岁的棒球运动员，在刚刚开始的新赛季中，他的表现不如去年优异。虽然他击球时很有力，但他无法以足够快的速度到达垒位。在休赛期，他集中精力把时间花在锻炼肌肉上，但没有做心肺训练。他的体重主要以肌肉和体脂的形式增加，因此提高力量但是降低了速度。他的健身教练推荐我来帮助他减肥。

　　当提姆找到我时，他的体重是超标的。我也认同减少体脂后他会表现得更好；然而，在繁忙的赛季中，膳食摄入应该是为更好地赛场表现而服务，这时候进行减重于他于我都是挑战。于是我和蒂姆一起制订了体能计划，约定在他赛季的间隙，准备期与比赛结束时与我见面。

　　减重的重点是摄入的热量比消耗的少，但身体仍然需要满足每日推荐的摄入量，以防止营养缺乏和对体能产生负面影响。随着热量摄入的减少，你会产生饥饿感。饥饿往往会导致减重计划的失败。均衡营养膳食可以帮助你减轻饥饿感。热量控制期间，每一焦耳都要谨慎摄入。含有高脂肪高热量的食品不一定有营养。不过，它们在减重这件事上仍占有一席之地。完全摒弃它们会导致对食物的渴望和饥饿感，因为它们起到减缓身体对其他食物的消化吸收的作用。食用低热量的精益蛋白质也可以起到同样效果。由于蛋白质可以增加饱腹感，含有蛋白质的食物可以让你的饱腹感一直持续到下一顿饭。研究表明，在减脂的过程中，摄入较多的蛋白质有助于减脂不减肌。另一种可以增加饱腹

感的营养素是膳食纤维。健康而有效的减重膳食应包括较多的优质蛋白、富含纤维的碳水化合物和一些健康的脂肪。记住不要摒弃任何一类食物，每种营养素在膳食计划中都应有一席之地。减重膳食的原则应为调整而不是摒弃或限制。

我研究膳食已近20年，可以负责任地说，即使是一个不挑食的青少年运动员也很难满足身体的营养需求，更何况是一个限制饮食的人。以原始饮食法为例：它提倡食用很多健康食物，如蔬菜、精益蛋白、坚果和种子，但它却限制富含维生素D、钙、B族维生素的谷物和奶制品的摄入。如果没有足够多的营养学知识，无法从别处获得这些必需营养素，遵循这种限制性的饮食计划是很危险的，会使身体受到伤害。如果一份食谱告诉你可以快速减肥，但其中列出了很多你不能吃的食物，或者听起来容易得像天上掉馅饼一样，那么你应该拒绝它。在现有食谱上进行修改，按照下面的注意事项则可以安全有效地减少热量的摄入。

拒绝油炸食品

油炸食品含有高热量。建议用烤鸡肉代替炸鸡肉，烤薯条代替炸薯条，以及用煎鱼代替炸鱼。

选择精益蛋白质

白肉（如鸡胸肉）所含的热量和脂肪比黑肉（鸡腿）低，而且牛肉的某些部位比其他部位要更瘦些。尽量选择标签上标有"全白肉"的家禽肉和瘦肉量93%以上的牛肉。牛肉中的腰部和腰部周围的肉是脂肪含量最低的。使用时剔除食物中所有可见的天然脂肪，包括家禽类的皮，以及牛排上的肥肉部分。

减少分量

只是在现有基础上吃得更少一点，每天就可以减少数千焦耳的热量摄入。所有的食物只吃平时四分之三的量。当知道你对每种食物的需求量后，再减少盘子里的食物总量。注意每餐都应该含有健康的碳水化合物、精益蛋白质以及少量的健康脂肪。

避免液体热量

液体通过胃的速度比固体食物快，所以很难有饱腹感。而且液体食物中一般不含膳食纤维，不能填补饥饿感。建议吃橙子本身，而不是喝橙汁。拒绝苏打汽水和含糖饮料，取而代之喝水或脱脂牛奶。

聪明地恢复体能

用于体能恢复的营养补充对运动员们来说很重要，但是如果你正在减肥，你必须控制热量的摄入。例如，许多运动员们训练后习惯喝巧克力牛奶作为体能恢复饮料，但是如果你正在减肥，牛奶中的巧克力糖浆只会提供多余的糖分而不是营养。一份更好的营养体能恢复餐是240毫升的脱脂牛奶和一根香蕉。这份搭配提供了相同数量的碳水化合物和蛋白质，但含有更多的营养素。

避免额外的热量摄入

在食物中添加配料会产生数千焦耳额外的热量。虽然不必完全避开它们，但要有选择性地吃。点沙拉的时候单点酱汁，用比萨酱代替酸奶油淋在土豆上，选择奶酪比萨而不是香肠比萨。

用低脂替代全脂

我并不是脱脂产品的爱好者，但购买低脂产品的确比同种全脂食物能摄入更少的热量。选择脱脂或1%低脂牛奶、用低脂酸奶油取代全脂酸奶油、食用低脂黄油或人造黄油都是明智的选择。

食物法则

吃正餐，不吃零食

零食包括薯片、饼干、糖果或水果。尽管水果很健康，但如果你真的饿了，一块水果是不足以解决问题的。建议在两次正餐之间加一两次迷你餐来代替零食。迷你餐应该至少包含两个食物组，并包括优质蛋白。正在限制热量摄入的青少年运动员们需要确保他们吃的食物能够提供优质营养，以满足他们的日常需求。他们还需要摄入易产生饱腹感的食物，使得到下一餐之前不会感到饥饿。几块饼干就可以提供足够的热量，但他们不含成长所需的蛋白质而且饱腹感不持久。较好的选择是只吃一小把饼干配半个火鸡三明治。这样的搭配虽然在热量上与只吃饼干相同，但是迷你餐提供了更多食物种类及能够增加饱腹感的蛋白质。再加上迷你餐会让你觉得像是吃了一顿饭，从而有助于防止在两餐之间不停进食。

永远不要以食物为奖励

永远不要用食物作为表现良好的奖励。健康食品为身体提供养分，偶尔加入甜点以及其他喜欢的食物作为健康计划的一部分，教会年轻人如何平衡两者。使用食物作为奖励会使得青少年运动员们将食物归类为好或坏，并可能导致产生对食物的负面印象。研究表明，对于孩子们来讲，用可口的食物做奖励会使得孩子们对这种食物更感兴趣。与此相反，强迫孩子们必须吃完蔬菜才可以离开饭桌会降低他们对健康食品的兴趣。因此，可以使用其他东西作为表现良好的奖励，比如书籍、新下载的音乐或电影。

做一个榜样

提出建议很容易，但青少年运动员们更易受父母和教练行为的影响，而不是他们所说的话。关于营养的相关意识形成在儿童早期，很大程度上受家庭的影响；如果父母不吃蔬菜，就不要期望他们的孩子们会吃。作为父母不应该告诉青少年运动员如何正确地吃东西，而是以身作则做给孩子们看。而教练们则可以通过选择更健康的体能恢复食品，或者在比赛后选择可以更健康的餐馆来帮助小运动员们吃得更健康。

使之成为家庭要务

如果一个孩子需要减肥，这不仅是孩子自己的事，也是整个家庭的事。如果把一个需要减重的孩子当作负担的话，会使她感觉被孤立，对她的自尊心也是沉重的打击。因此全家都应保持积极的心态，一起努力让所有家庭成员吃得更好，使全家一同变得更健康、更有活力。

创造健康的饮食环境

你不会吃家里没有的东西。如果孩子或青少年饿着肚子从学校或运动场回到家，他们很可能会抓起一眼看到的食物就塞到嘴里。如果橱柜里装满了薯片、椒盐脆饼和甜食，那么他们就很有可能会选择这些食物。告诉孩子们别吃那些东西是没用的。父母可以选择不在家中存放这些食物，将橱柜里全部换成可以速食的健康食品来解决这一问题。但这并不意味着不让孩子们吃他们喜欢的食物。如果他们真的想吃冰激凌，开车去商店买一个小甜筒，只要不是过度放纵就好。

进餐时间关掉电子设备

正确的饮食方式应关注正在吃的食物，而不是电子产品。在吃饭的时候发短信或者看视频会导致吃得过多。当你的注意力集中在电子设备上时，你很难意识到饥饿感和饱腹感。所以请关掉电子设备，关掉电视，集中精力为你的身体补充能量。

　　成功的青少年运动员通常具有很强的行动力。正是这种行动力使得他们在运动中脱颖而出。当他们了解到锻炼肌肉或减少体脂可以改善他们的体能时，他们可能会立刻开始尝试。但是在训练或赛季时改变身体成分结果并不总是很理想的。正如上文所说，锻炼肌肉和减少体脂需要时间和意志力。当青少年运动员专心于学校、家庭作业、训练和比赛时，建议他们改变身体成分往往会给他们造成负担，因而导致失败，同时也会对他们的体能产生负面影响。而在训练周期的过渡阶段，当训练负荷较低，运动员不再专注于赢得比赛时，则是专注于调整身体成分的最佳时机。运动员应该学习如何吃得更好、更科学，从而为身体提供能量，并懂得营养在日常训练与目标达成上扮演的重要角色。一次只专注于一个目标是目标达成的前提。

第五章

为比赛日补充能量

通过本书的第二章和第三章中介绍的青少年运动员所需的个体营养相关知识，现在你应该了解了碳水化合物主要用于供能，优质蛋白用于构建和修复组织，而脂肪在供能和产生饱腹感时发挥重要作用。知道每天吃的食物会影响你的健康、发育、感受和表现。那么你已经为计算你的营养需求打下了基础。在正式计算之前首先让我们来做个小测验：下列哪项营养因素对提高运动成绩最重要？

a. 比赛日早餐吃了什么

b. 比赛期间吃了什么

c. 比赛后吃了什么

d. 比赛准备期间每天吃了什么

如果你选择 d，恭喜你答对了。下面让我们再回顾一下。

之所以每天吃的东西才是决定比赛日表现的重要因素，是因为营养缺乏导致的体能下降不是一朝一夕形成的。以缺铁为例：缺铁性贫血引起的疲劳是无法通过在比赛当天吃富含铁的食物或服用铁补充剂解决的。缺铁性贫血往往是数月甚至数年间铁摄入不足的结果。

宏量营养素也是如此。每天吃足够的蛋白质可以增加新的肌肉，充足的碳水化合物可以支持你努力训练。这些都需要时间积累，而不是在比赛当天突击补充。记住，平时支持你训练的饮食与比赛当天吃的东西一样重要，甚至更为重要。

赛前保持营养充足和身体强壮能使你在比赛中更具竞争力。在此基础上，在比赛的前、中、后保持身体充满能量和水分是比赛日饮食所关注的重点。这会给你带来更多的竞争优势。良好的状态应为比赛开始前身体中有充足的水分和充满糖原的肌肉，比赛过程中保持水合状态，最后在比赛结束后能够足量补充流失的水分和能量进行体能恢复。本章介绍了如何使你的身体在比赛前一晚保持最佳状态，并且在赛前、赛中、赛后和比赛后的几天，都保持最佳状态。记住，运动前、运动中和运动后的科学补水是运动员们要关心的首要问题。将第三章的补水指南与本章的饮食指南相结合，你会得到一个完整

61

的运动营养计划。

赛前一晚

在赛前的晚上，补充碳水化合物是体育界的一种常见做法。从孩子们六年级开始，比赛前一晚通常会邀请一位父母为球队准备富含碳水化合物的食物，称作"意大利面派对"。许多父母经常咨询我的问题是，除了意大利面外，还有没有其他富含碳水化合物的食物适合提供给成长中的运动员。答案是肯定的。

准备比赛前的晚餐前需要先了解这一餐的目的。比赛前晚上所吃的食物会影响第二天早晨起床后的营养状态及身体状态。我们的目标是充分补水、睡得好、吃得好、吃得饱但不吃撑，这样你醒来时会感觉精力充沛，做好参加比赛的准备。

以下是在比赛前一晚晚餐的注意事项。表 5.1 提供了赛前一晚营养素摄入的示例。

表 5.1　赛前晚餐营养配比示例

	碳水化合物（克）	蛋白质（克）	脂肪（克）
2 个全麦玉米饼（15 厘米）	50	6	2
3 盎司（90 克）鸡肉	0	20	2
1 盎司（30 克）碎芝士	0	7	9
2 汤匙（30 克）酸奶油	0	0	5
1/4 胡椒炒洋葱（以 1 茶匙或 5 毫升橄榄油烹调）	2	0	5
1 杯煮熟白米	60	5	0
10 个中等大小草莓	8	0	0
8 盎司（240 毫升）脱脂牛奶	12	8	0
总计	132	46	23

足量的复杂碳水化合物摄入

因为第二天不会用到前一天晚饭所提供的能量，所以不必摄入简单糖类，取而代之摄入更多的复杂碳水化合物。这顿饭的目的是给肌肉补充糖原，但不要过量。摄入过多碳水化合物会导致胃胀影响睡眠，不利于第二天的运动表现。聪明的做法是在平时晚餐摄入的碳水化合物量的基础上增加 25%。不一定是意大利面，还可以是大米、藜麦、面饼、玉米饼、土豆、红薯、薄饼或面包。

减少脂肪摄入

脂肪可以让食物更加美味，每一餐都需要它，但脂肪含量过高的食物很容易让人有饱腹感，因而导致其他营养素摄入量不足。赛前的这一餐你需要在胃里为碳水化合物留有足够的空间。

限制纤维和其他易产生气体的食物

麸皮谷类、豆类、豆科蔬菜和十字花科蔬菜（如花椰菜、球芽甘蓝和卷心菜）都是非常好的食物，但在比赛时却容易带来不必要的麻烦。这些食物在消化过程中会产生气体引起暂时性胃胀，在比赛期间可能会分散你的注意力。

加入精益蛋白质

尽管在比赛过程中摄入足够的碳水化合物是补充能量的重点，但是你仍然需要蛋白质和其他营养成分来满足你的营养需求，让身体处于最好的状态。推荐在食物中加入 90 ~ 120 克的精益蛋白质，如瘦牛肉、火鸡肉、鱼肉、鸡肉和豆腐。

注意补液

在比赛前一晚对补液更不要松懈。睡前补充足够的水分对比赛日的水合状态至关重要。坚持在赛前一晚严格遵照补水计划，并在第二天一起床及时喝水。

避免尝试新食物

在比赛期间应避免吃未尝试过的食物。坚持食用你肠胃已经熟悉的食物。如果在外地比赛则更要注意。你可以在餐馆选择最常见的食物或自带食物。本章最后的"运动员的便携餐盒"，提供了一些便于携带的食物供参考。

是否使用碳水化合物负荷法

碳水化合物负荷法，也称肌糖原超量补偿，是一种通过训练增加肌肉对糖原的储备量以更好地应对比赛的方法。在参与高强度、超过 90 分钟的持续耐力运动项目时，这种方法已被证实可以提高运动员成绩。在短时间或较低强度的运动中，尚未发现积极影响。几乎也没有证据能够证明这一方法适用于青少年运动员。即便没有证据，我们也有理由怀疑它对青少年运动员这类人群是否有益，特别是对青春期前的运动员。

　　孩子们储备碳水化合物的能力有限，因此他们可能比成年人更依赖脂肪进行能量补给。虽然糖原储存能力从青春期开始改善，但仍不推荐青少年运动员们进行碳水化合物负荷训练。与此相应，应该强调每天摄入至少 50% 的富含碳水化合物的食物，因为它们可以提供能量、营养和纤维。对于参加超过 90 分钟以上的持续耐力运动的青少年运动员来说，运动饮料、果冻和能量棒等精制碳水化合物产品在训练和比赛中都是有益的。可以基于这样的目的，推荐运动员正确使用这些产品。

　　记住，青少年运动员有着不同的身材、体型和成长速度。比赛前一天晚上吃的东西应该与一周中其他晚上吃的类似，并在此基础上多摄入复杂碳水化合物。表 5.1 所示的食谱可以通过减少每种食物的分量以减少热量的摄入，但不能完全摒弃其中某种食物。对于需要更多热量的运动员也是如此。增加所有食物的分量可以保持营养均衡，保证摄入多种维生素和矿物质。

训练或比赛日的早晨

　　无论比赛是在早晨 5 点、上午 9 点还是下午 2 点开始，青少年运动员在赛前都需要吃东西。赛前膳食已经被证明可以提高运动表现。赛前膳食可以从很多方面提高赛时表现。首先，富含碳水化合物的食物和液体可以在禁食一夜后快速补充肝糖原。这就是为什么我们强调早餐的重要性。富含碳水化合物的饮食也可以高效储存肌糖原，防止饥饿，使运动员精神饱满地投入比赛。

　　作为运动营养学家，我注意到一个问题：目前的饮食建议太过单一，对于所有运动员都基于相同的目标、训练水平及活动类型和持续时间给予建议。但

Courtesy of Eric Wilson

这明显是不正确的，一名职业运动员与一名健身爱好者的需求完全不同。长跑运动员与健美运动员的需求也不相同。没有一份万能的赛前准备餐，它应该是因人而异的。大多数的赛前补给建议都是为了提高运动表现——帮助你更努力地训练，更好地竞争，最终获得冠军。如果你正在读这本书，我认为你也是想要赢得比赛的。本章的建议是为正在训练和正在参赛的运动员们准备的。如果你的目标是改变身体成分，请参考第四章，在那一章里我们讨论了减脂与增肌。

　　那么完美的赛前膳食是什么样子呢？尽管我们可以根据基于成年人的研究结果进行推测，但目前尚无针对青少年运动员们在比赛前碳水化合物摄入推荐量的研究。需要注意的是，青少年运动员们速度发育不同，他们的需求也是因人而异。以下是一些一般性的营养指导。

- 碳水化合物。碳水化合物的来源有全麦面包、意大利面、玉米饼、大米、谷物、水果和蔬菜。在运动前吃富含碳水化合物的食物可以提供能量，并使肌糖原储备最大化。距离比赛前的时间越长，越应该选择复杂碳水化合物。距离比赛时间越近，越应该选择简单碳水化合物。也应根据不同的时间决定选择固体食物还是液体食物。赛前吃不下固体食物的运动员应优先选择液体食物（第十章提供了液体食物菜单，第十一章提供了固体食物菜单。）
- 蛋白质。赛前餐应该包含少量或中等量的蛋白质。距离比赛越近，摄入的蛋白质应该越少。
- 脂肪和纤维。赛前的饮食要保持低脂低纤维。高脂高纤维的饮食需要较长时间才能消化，这可能会导致饱腹和其他胃肠道问题，如恶心、腹胀、抽筋和身体不适。
- 补液食品。补液食品可以提供额外的水分。水果、蔬菜、思慕雪和酸奶都是不错的选择。
- 咸味食品。对于长时间的运动，或在极端条件下训练时，咸味食物有助于保持良好的钠平衡状态。比较好的选择如鸡汤、泡菜、橄榄和椒盐脆饼。

　　我的一些客户说，他们比较喜欢空腹参赛。对此我的回答是：如果你的目标是消耗热量或减肥，运动表现并不是你所关心的，那么空腹没有问题。但如果你的目标是锻炼肌肉，在比赛中变得更快、更强，渴望胜利，那么你就需要进行赛前补给。然而，我也不建议在饱腹的状态下比赛。距离比赛越近，你就应该吃越少食物。如果离赛前还有很长的时间，则可以吃更多一些。高强度的训练需要更多的时间来消化。如果你认为你的肠胃在比赛前不适应固体食物，就选择一份思慕雪或运动饮料来补充碳水化合物（参见

第十章液体食谱）。即使在相同的运动中担任相同的位置，运动员在训练前可耐受的食物种类和数量也有所不同。你需要进行多次尝试找到最适合你的方案。以下是一些基于赛前不同时间段的膳食建议。

维持体重

参加举重项目的青少年运动员经常会认为他们必须限制液体和食物的摄入来控制体重。在划船、摔跤、拳击和混合武术等分重量级的运动中经常可以看到这种自愿性的食物限制，事实上远远不止这些。参加任何强调低体重优势比赛的运动员都可能涉及不健康的减肥方法，存在健康隐患。自愿的脱水行为包括故意限制液体摄入；使用泻药或利尿剂；催吐；使用桑拿、蒸汽房，或橡胶服（也叫桑拿服）增加出汗量。

限制液体和食物摄入对任何运动员的健康和表现都可能产生负面影响，不推荐这种做法。脱水和补给不足会降低运动表现，因此，即使是在区分重量级别的运动中，摄入适量的液体和能量也是十分必要的。因为这些青少年运动员很可能受误导进行不健康的节食尝试，需要有人教给他们健康的体重控制方式。选择液体能量来源代替固体是一个可行的方案，因为液体产生较少的粪便残渣，使体重增加做到最小化。

训练或比赛前 3 ～ 4 小时

如果距比赛开始还有 3 ～ 4 小时，那么就有足够的时间去食用、消化、吸收和代谢一些健康均衡的膳食。当然，也要注意补液（参考第三章在运动前、中、后的补水事项）。此外，选择什么食物也很重要。表 5.2 分别展示了男女运动员赛前健康早餐的范例。每日所需食物量应根据每日膳食计划来计算（可以使用第二章和第三章中提到的方法）。如前所述，根据实际年龄来估计一名青少年运动员的营养需求是很困难的，因为发育年龄才是主要的影响因素。我们每个人需要的食物都不同，所以应根据每天的需求量来进行调整。

表 5.2　比赛前 3 ~ 4 小时的样本餐的营养量配比

女性青少年运动员			
	碳水化合物（克）	蛋白质（克）	脂肪（克）
2 个冷冻华夫饼	27	5	6
2 汤匙（30 毫升）糖浆	25		
2 盎司（60 克）火腿牛排		11	3
1/2 个香蕉	13		
3 瓣切半压碎的核桃			4
8 盎司（240 毫升）的脱脂牛奶	12	8	
总计（约 525 卡路里）	77	24	13
男性青少年运动员			
	碳水化合物（克）	蛋白质（克）	脂肪（克）
3 个冷冻华夫饼	39	8	9
3 汤匙（45 毫升）糖浆	40		
3 ~ 4 盎司（90 ~ 120 克）火腿牛排		17	4
1 个中等大小香蕉	27		
6 瓣切半压碎的核桃	1	1	8
8 盎司（240 毫升）的脱脂牛奶	12	8	
总计（约 800 卡路里）	119	34	21

注：1 卡路里 =4.18 焦耳。

　　因为这一餐是在比赛前 3 ~ 4 小时摄入，所以在运动开始之前，可能需要再次补充能量增加肌糖原储备，赛前的食物应选择能在比赛中提供身体所需能量的食物与液体。

训练或比赛前 1.5 ~ 2.5 小时

　　越接近比赛开始的时间，你吃的食物量应该越少，但饮食的平衡和食物组成应该是不变的。你的身体依然需要营养为工作肌提供能量。但不建议多吃，因为你不想在比赛开始的时候，胃里还有很多没被消化掉的食物。赛前迷你餐应以碳水化合物为主，也就是你的肌肉在运动过程中会用到的燃料。正如前面提到的，有些运动员喜欢用液体餐代替固体餐，尤其是在紧张和焦虑感袭来的时候。

　　如果你的赛前餐不像我推荐的那样均衡，也不要惊慌。如果你发现吃固体食物有困难，或发现对某些食物不适应，那么就不必勉强吃。一瓶简单的运动饮料或其他液体食物就可以提供适量的碳水化合物供工作肌在比赛中所用。如果在运动前吃固体食物对你来说不成问题，那么可以摄入大约 1046 焦耳，即 40 ~ 60 克易消化碳水化合物，以及少量的脂肪和蛋白质，以防止在比赛中途感到饥饿。表 5.3 列出了一些常见的均衡迷你餐的营养成分，你可以在训练前尝试。要记住，我们每个人所需要的食物量各有不同，所以要基于你的日常需求总量来调整食用量。在第八章中，你将学到如何基于个人目标与训练来创建自己的膳食框架。

表5.3　赛前 1.5 ~ 2.5 小时的迷你餐营养量

	热量（卡）	碳水化合物（克）	蛋白质（克）	脂肪（克）
1/2 个火鸡三明治，1 个橘子	200	33	14	2
水果酸奶。1 茶匙（5 克）坚果碎，2 茶匙（10 克）脱水水果	207	38	5	3
3/4 杯麦片，6 盎司（180 毫升）脱脂牛奶	200	40	9	1
格兰诺拉脆麦片，香蕉	225	40	4	5
坚果黄油和果冻三明治（1 汤匙或 15 克花生酱，1 茶匙或 5 克果冻），1/4 杯葡萄	280	40	11	10
4 个无花果条	220	44	2	5

注：1 卡路里 =4.18 焦耳。

训练或比赛临开始前

我经常会被问到同一个问题：离比赛多久前我可以进食？而每次我的回答都是一样的：要视情况而定。

虽然在训练或比赛前的 3 ~ 4 小时食用一份健康、均衡的赛前餐是最理想的，但现实中并不是总能实现。例如，高中游泳运动员通常必须在早晨 5：30 到达游泳池进行训练。当训练或比赛安排在清晨时，前一天的晚餐就变得至关重要，同时在运动临开始前再次补充能量也是必要的。对于在运动开始前要吃什么是没有具体指南的。有些青少年运动员在运动前可以很好地接受固体食物，而有些人则不能。容易消化的简单碳水化合物可能比复杂碳水化合物更易接受。液体食物比固体食物更易接受。高强度训练或比赛时，如果胃里有很多食物时会导致恶心呕吐。因此，训练和运动的强度越大，赛前餐和比赛之间间隔就要越长。

有些运动员在临赛前会焦虑感骤增。我们都知道当人感到压力和焦虑时最不想做的就是吃东西。如果你也是这样的话，记得在比赛前 3 ~ 4 小时吃一顿营养均衡的餐食，然后在运动前 1 小时喝一杯运动饮料。表 5.4 列出了一些简单碳水化合物的来源，帮助你在运动前快速储备糖原。

表5.4 赛前快速补充碳水化合物的推荐食品

	热量（卡）	碳水化合物（克）
1个中等大小香蕉	105	27
4个杏干	80	20
20盎司（600毫升）运动饮料	158	40
一个中等大小橘子	80	19
2个米饼	120	24
1盎司（30克）椒盐卷饼，加盐	101	23

注：1卡路里=4.18焦耳。

训练或比赛期间

一项发表在国际运动营养及训练代谢期刊（Baker et al., 2014）的研究表明，年龄在14～19岁的29名运动员中，所有供能营养素中碳水化合物最容易出现摄入量不足。作为运动营养师，这个结果并不令我吃惊。当我询问青少年运动员在运动中吃什么、喝什么时，最常见的回答就是水。虽然运动饮料有时也会被提及，但运动员很少能准确地说出他们喝掉了多少。长距离耐力运动员最应关注运动饮料的摄入量。无论什么运动，如果持续时间超过一小时以上，仅补水是不够的。那么到底补充多少才是足量呢？事实是很难做出具体的建议，尤其是对青少年运动员来说。目前有很多关于成年人在运动中补液量和碳水化合物摄入推荐量的研究，但这些数据却不适合青少年运动员。本书中提供的指导和建议是基于对成年人的研究并结合我与青少年运动员多年合作的经验总结而得的。

针对成年人的研究表明，在持续超过一小时的运动中，摄入碳水化合物可以延缓疲劳的产生，有助于维持血糖水平，从而有利于运动员的个人表现。虽然这些研究关注点多在耐力持久性运动，但最新研究表明同样的结论也适用于走走停停的运动，如网球、篮球和足球。鉴于青少年的营养需求比成年人要高，而且脱水风险较大，建议在运动期间摄入足够的液体和碳水化合物。

在运动过程中消耗碳水化合物对人体有一定的好处，但身体能利用的碳水化合物是有限的。了解这一点后，体育科学家们用推荐碳水化合物摄入量取代体重为成年运动员提供能量补给建议。建议在持续60～90分钟的耐力和间歇性的高强度运动过程中每小时补充30～60克碳水化合物。虽然这是给成年运动员的建议，但它也可以作为青少年运动员的参考。

易消化的碳水化合物来源，如能量棒、水果和运动饮料，都是适合长时间运动的优质能量来源（切记每小时不超过 60 克）。表 5.5 中列出了符合建议的一些食品和饮品。记住在比赛当天不要尝试新东西。

值得一提的是，一些配方产品是专门为长时间体力活动设计的（如果冻类、豆类、口嚼糖），尽管能提供碳水合物和电解质，但它们不含水。如果选择这些产品的话，就需要另外补充足够的水来保持水合状态。

表 5.5   比赛期间碳水化合物饮食建议

	碳水化合物（克）
20 盎司（600 毫升）运动饮料（每 15 分钟不超过 8 盎司或 240 毫升）	40
3 块年糕（3）	36
1 根中等大小香蕉	27
运动营养能量棒（按品牌和大小不同）	47
2 包能量果冻	50
28 个运动糖豆	50

没有足够的水，摄入以上产品会导致脱水、肠胃不适和其他潜在的危险后果。与此相对，运动饮料质地较稀，并同时含有电解质、碳水化合物和水。如果在食用了果冻、营养糖豆或咀嚼糖的同时饮用运动饮料，则会有摄入过多碳水化合物的风险。导致肠胃不适，包括恶心、胃绞痛和腹泻，这些都是运动员不想见到的。因此，务必要计算每小时摄入的碳水化合物量。

很多原因会导致胃肠道不适，但并不是所有都和营养摄入有关。一旦确定是营养问题导致的，就需要在饮食计划中做一些简单的调整。有研究表明，在运动期间摄入葡萄糖和果糖有助于提高运动成绩。不过，单独摄入果糖则会导致胃肠道不适。果糖是水果和蜂蜜等食物中的天然糖分，其吸收比葡萄糖慢，而且需要多一个步骤才能供肌肉使用。某些水果富含高浓度的果糖，当食用过多时可能会导致肠胃问题。在大多数情况下，并不是水果导致了肠胃不适，而是在特定时间内摄入了过量的果糖。在运动前摄入复合碳水化合物（葡萄糖与果糖、葡萄糖与果糖和蔗糖）可减少胃肠道不适的风险。针对成年运动员的研究也表明，摄入多种形态的碳水化合物比单一的碳水化合物更能减少疲劳和提高成绩。这里的结论很可能也适用于青少年运动员们。

选择运动营养食品的青少年运动员所关心的另一个问题是其中的添加成分。有些产品中含有咖啡因或其他草药成分，可能会造成健康风险，特别是在高温或其他极端条件下运动时。在运动中最安全和最明智的食品和饮品是那些经过多次尝试，真正身体所熟悉的，你知道是安全有效的产品。

在训练或比赛之后

训练或比赛后立即摄入的食物被称为恢复餐。所有参加透支体力运动的青少年运动员都应在运动后的 30 分钟内进行能量补充。尤其是对于那些在同一天或第二天还有另一场比赛的人来说更为重要。

虽然恢复营养是一个流行话题，但究竟哪些食物适合在运动之后立即食用仍有许多疑问。碳水化合物作为恢复餐中最关键的组成部分被广为接受，但许多运动员认为蛋白质更为重要。要想了解什么是理想的恢复餐，必须先了解运动过后身体发生了什么变化，以及你吃的食物对体能恢复有何影响。在激烈的训练或比赛过后，你的肌肉耗尽了糖原，恢复餐的目的是补充你的糖原储备，让你的肌肉做好准备投入下一场运动。每天训练过后，正确合理的补充能量会让身体得到良好的恢复，并且使你感觉良好，为下一场运动做好准备。

能量加油站

米歇尔（Michelle）

米歇尔是一名 16 岁的长跑运动员，她的高中田径教练在当地的一个研讨会上听了我做的关于运动员胃肠道不适的演讲后将她推荐给我。米歇尔的主要困扰是，每当她跑完超过 13 千米时就会出现腹泻的情况。她很担心自己的长跑职业生涯，因为她的症状随着每天增加的千米数而变得更糟。她开始犹豫自己是否应该转回短跑。在我们见面之前，我让她先坚持做 7 天的饮食记录，并写下她的训练情况及出现的症状。

米歇尔的体重对于她这项运动来说是适中的，根据她的饮食记录，她的总营养摄入量似乎也是足够的。像大多数长跑运动员一样，她通过摄入大量的碳水化合物作为获取能量的来源，包括大量的水果、蔬菜和全麦食品，而且看起来她也吃了足够的蛋白质和脂肪。我们讨论了她在休息日、短跑训练日和长跑训练日营养摄入的差异。米歇尔知道在训练前、中、后营养补给的重要性，但她也承认她只有在长跑运动时才会增加食物和饮品的摄入。她拒绝使用任何市售运动营养产品，比如果冻、运动糖豆和咀嚼糖，因为她觉得它们太甜了。相比运动饮料，她更倾向于用水来补液。

在跑步期间，她喜欢吃葡萄干，并且葡萄干很容易携带，身体似乎也适应这种食物。

　　在回顾了她的日志、症状和运动习惯之后，我得出结论，她每天摄入足量营养素，包括了各种各样的健康食品。米歇尔喜欢水果和蔬菜，在长跑中用葡萄干作为能量补给，而不是其他能量补充食品。她不知道从水果中摄取了多少碳水化合物，她也并未担心过这个，因为她认为完整的水果属于健康食物。但事实上葡萄干是一种含大量果糖的水果，我怀疑米歇尔在跑步过程中出现的肠胃问题是由于吃了过多葡萄干造成的。通过沟通米歇尔同意在长跑过程中尝试一种不同的能量来源——葡萄干搭配运动饮料。因为传统的运动饮料对她来说太甜了，所以她采用了第十章中的配方自制了属于自己的饮料。很快这个方法见效了，米歇尔的胃肠道不适症状消失了。她重新回到了长跑的训练场，并且再也没有受腹泻困扰，而且她反馈说她的运动表现也有所进步。也许是因为她感觉更好了，抑或是因为她在长跑过程中使用了多种碳水化合物来源。

　　对于在同一天要进行多次训练或比赛的青少年运动员，应在运动后立即开始补给碳水化合物。糖原在运动过后的 30 分钟补给得最快。在这短短的期间补充碳水化合物会加快恢复进程，为肌肉快速补充糖原，使运动员在开始进行下一轮运动时有更好的表现。更多关于在比赛之间正确的补给方法请参考下一节。

　　除了碳水化合物，在恢复餐中加入少量的蛋白质可以促进肌肉组织修复和蛋白质平衡。恢复餐的营养建议应基于运动员的发育年龄及训练类型和强度。青少年运动员应在恢复餐中摄取至少 40 克碳水化合物和 10 克蛋白质。记住，碳水化合物是最重要的营养素。恢复餐后的两小时内应吃正餐。表 5.6 列举了一些恢复餐及其所含的营养成分。

表 5.6　训练及比赛过后推荐的即食恢复餐

	热量（卡）	碳水化合物（克）	蛋白质（克）
12 盎司（360 毫升）巧克力牛奶	200	40	11
巧克力花生酱思慕雪（配方见第十章），1/2 杯苹果酱	290	41	18
3/4 杯麦片，8 盎司（240 毫升）脱脂牛奶，1 汤匙（15 克）葡萄干	220	43	11
6 盎司风味希腊酸奶与 1 汤匙（15 克）蜂蜜，1/4 杯蓝莓，12 盎司（360 毫升）运动饮料	290	58	17

续表

	热量（卡）	碳水化合物（克）	蛋白质（克）
花生酱和果冻三明治（1汤匙或15克花生酱，1茶匙或5g果冻），1个猕猴桃	290	42	12
1/2火鸡肉三明治，1根香蕉	230	43	14

注：1卡路里=4.18焦耳。

比赛间隙

当我的儿子还是一个游泳选手时，我曾自愿在俱乐部的小卖店帮忙。我对小卖店的销售货单感到难以置信。那份货单中仅包含甜甜圈、糖果、面包糕点、玉米饼、通心粉、奶酪及椒盐卷饼。游泳比赛持续几个小时，许多运动员都是靠小卖店出售的食物作为他们的能量补给。许多高中或青年运动俱乐部利用在小卖店赚的钱来支持俱乐部本身的运营和发展。不管你喜欢与否，比起新鲜水果，甜甜圈会给俱乐部带来更大的收益，所以它们是不会从货单上消失的。我真正想说的是，仅仅依靠赛场提供的食物并不是一个好主意。如果你想确保吃得正确，那么就请在比赛当天自己准备食物和饮品。

以背靠背比赛的能量补给为例，会有以下几种情况。

- 在同一场比赛中的两或三节之间进行能量补给。
- 为同一天的早上和晚上的两场比赛进行能量补给。
- 为连续比赛，比如星期五晚上、星期六早上、星期日早上的比赛做能量补给。

以上所述的每一种情况都需要给予额外的营养支持，但之前讨论过的一些通用原则也适用。在确定两场比赛间的最佳食品时，首先要考虑你有多少时间。以卢克为例，他星期六早上参加游泳比赛，7点30分报到。他将参加三项赛事：200米自由泳、100米蝶泳和400米混合泳接力赛。他的第一项赛事预计在上午9点30分进行，第二项在10点30分左右，最后一项大约在12点30分。这么多的项目，卢克应该怎样吃才能有效地补充能量呢？

因为他的第一项赛事是在9点30分才开始，卢克有足够的时间在离开家之前吃一顿健康、营养均衡的早餐，但是他仍需要自带食物来维持赛事之间的糖原储备补给。因为他在前两项赛事之间只有1小时的休息时间，他应该主要吃一些可以快速消化的碳水化合物类，保证在下一项赛事前能够消化掉。以下列举出几个富含能够快速消化的碳水化合物的食物，适用于两场比赛相隔不到1小时的情况：

- 运动饮料。
- 低脂肪低纤维能量棒。
- 香蕉。
- 饼干。
- 运动果冻、咀嚼糖或运动糖豆。
- 果干棒。

表 5.7 给出了背靠背比赛的膳食参考。

表 5.7　背靠背比赛补给时点

时点	参考表
赛前晚上	表 5.1 需要额外关注碳水化合物摄入
赛前 3 ~ 4 小时	表 5.2 摄入低脂肪低纤维食品；重视碳水化合物和液体摄入
赛前一个半小时到 2 个半小时	表 5.3
比赛开始前	表 5.4 通过食用易消化的碳水化合物类食品充分补给糖原储备
比赛期间	表 5.5
比赛结束后	表 5.6 在运动后 30 分钟内摄入恢复餐
下一场比赛前 3 ~ 4 小时	表 5.1 这一餐要尽可能地接近上一场比赛结束后摄入
下一场比赛前一个半小时到 2 个半小时	表 5.2 为了保持水合状态可能需要额外补液
同一场比赛中有多项赛事	表 5.3 食用简单易消化的碳水化合物类食品；分量视情况而定

运动员的便携餐盒

碳水化合物

- 微波米饭
- 干果制品
- 新鲜水果
- 苹果酱
- 面包、百吉饼、年糕、饼干
- 燕麦片

蛋白质

- 奶酪
- 袋装金枪鱼
- 牛肉干
- 鸡肉罐头
- 希腊酸奶

脂肪

- 坚果
- 花生酱
- 瓜子

可以用上面这些来制作什锦果仁

饮品

- 瓶装水
- 瓶装运动饮料
- 盒装纯牛奶或巧克力牛奶

　　比赛当天不适合尝试新的食物或饮品。你在比赛前、比赛中和比赛后吃的东西都应该是经过计算和验证的。不要在这个时候尝试多吃或少吃。成熟的运动员在训练中已经总结出他们的最佳饮食方案。

第六章

了解膳食补充剂

1997 年，当时我在新泽西州弗莱明顿市的一家名为金吉姆的健身俱乐部任营养顾问。通过一个为期 12 周的营养项目，帮助运动员和运动爱好者改善他们的身体成分。作为一名刚走出校园的年轻营养顾问，我迫切渴望分享我的专业知识，使我的客户们了解食物选择是如何影响他们的精神状态、体态和运动表现的。我迫不及待地等着回答他们关于吃什么的问题，但是，我被问到最多的却是该服用何种膳食补充剂。

快进到今天。在我工作的各个方面（咨询、演讲、写作和媒体咨询）中被问及最多的运动营养相关问题也是关于膳食补充剂和蛋白质的。大量的市场营销使它们很受欢迎，但并不意味着它们适合青少年运动员。任何没有安全性和有效性证据或用量说明的膳食补充剂对青少年运动员来说都是具有潜在危险而且不负责任的，但这并没有阻止青少年们去尝试它们。现在的青少年越来越热衷于发达的肌肉。他们对科学结论并不感兴趣，也不关心补充剂会对他们的身体健康有什么负面影响。因此家长、教练和指导员必须具备关于补充剂安全性、有效性和工业化真相的相关知识。目前，在实际生活中到处存在滥用补充剂的隐患，非常令人担忧。

本章将通过最新的科学研究结果为大家介绍部分广为人知的营养补充剂（包括膳食补充剂及其他提高运动表现的产品）。提及的产品除了在科研项目及全国性调查中出现的，以及青少年和青少年运动员中流行的膳食补充剂以外，我还加入了我所看到和听到的青少年运动员们经常提到的产品。同时我也邀请我的一些同事（运动营养师、体能训练师和教练）来分享他们身边常见的膳食补充剂。本章内容会让你了解各式各样的膳食补充剂，从对有益于健康的产品，如蛋白粉、运动饮料和多种维生素，到有潜在或有记录会对人体产生不良影响产品，如生长激素和蛋白同化激素。本章中的内容有些专业，我会尽量用简单易懂的语言来帮助大家了解膳食补充剂的相关研究、基本原理和使用现状。

什么是膳食补充剂？

根据美国食品药品管理局的定义，膳食补充剂是指可以增进膳食营养价值的元素。这种成分可能是维生素、矿物质、草本植物、植物、氨基酸、代谢物、浓缩物、提取物，或上述这些物质的任意组合（National Institutes of Health，Office of Dietary Supplements，1994）。膳食补充剂存在药丸、咀嚼片、液体和药片等多种形式。有一些产品，诸如复合维生素，通常被推荐作为每天摄入的营养素辅助产品。一旦确定存在某些特定维生素和矿物质（如铁和维生素 D）缺乏，则可以通过处方，使其储备恢复到正常水平。减重产品、减肥药和兴奋剂也属于膳食补充剂的范畴，这些物质被添加到一些针对运动员设计的商品中，目的是提高运动员的运动表现，或者增强肌肉，使人变得更壮、更强、更有活力。这些直接针对运动员的营养补充剂也通常被称为强化剂。

在体育界，强化剂被定义为用来提高运动表现的任何一种技术或物质。根据这个定义，碳水化合物负荷技术和一些产品如蛋白质粉、增肌素、赛前思慕雪、能量棒和运动饮料都属于强化剂。除上述物质之外，这里所说的强化剂还包括一些违禁和不安全的产品，如 HGH（生长激素）以及蛋白同化激素，这些物质会导致严重的、不可逆的健康危害，甚至死亡。

了解补充剂行业

膳食补充剂行业正在蓬勃发展。2012 年，美国人在膳食补充剂上花费了 325 亿美元，比 2011 年增加了 7.5%。根据 2014 年可靠营养协会（CRN）进行的一项调查表明，大约 68% 的美国成年人使用膳食补充剂；大约 50% 的美国人声称在有规律地使用膳食补充剂。

膳食补充剂使用量增长的一个原因是这些产品使用者的社会人口学特征发生了变化。不仅仅是那些想要减肥或增肌的人才会使用膳食补充剂；这些产品在普通人群中也越来越受欢迎。如今，似乎一种药片、药剂或药粉就可以解决任何问题。或者说至少这个行业希望你这样相信。这些公司想要销售他们的产品，因此他们要想尽办法来吸引你的注意。在膳食补充剂市场上，生产商吸引人注意力的策略常常是请青少年们崇拜的职业运动员们代言，让他们说出煽动性的、让人难以抗拒的宣传语。

服用膳食补充剂，是提高运动员体能、减重、增肌、加快新陈代谢，以及让人感到精力充沛的一个简单方法，因而在市场上销路很好。对于想要成功的青少年运动员来说，尤其是在当今的这种体育文化下，这种看似快速的修复力是非常有诱惑力的。针对青少年运动员进行的研究报告指出，他们赢得比赛的压力日益增加，这些压力不仅来自于教练，还来自于父母。同样，来自队友的竞争压力也会增加他们滥用补充剂的风险。

　　然而膳食补充剂行业本身就存在风险。当我告诉我的客户，膳食补充剂并不像药物那样受到美国食品药品管理局的监管时，他们对此都很震惊。膳食补充剂受 1994 年颁布的《膳食补充剂健康与教育法》（DSHEA）监控，此法规定美国食品药品管理局只有在商品投入市场，收到投诉后，才负责对假冒伪劣产品采取监管行动。在产品上架前，没有任何证据证明产品的功效性或安全性。制造商负责评估产品的所有标准，包括产品的安全性，为其制作标签，然后将其投入市场。但问题是并不是所有的制造商都像你期望的那样去测试他们的原材料纯度，那些测试了产品纯度的厂商往往自己都会对测试结果感到震惊。

　　"明智的选择"（Informed-Choice）网站在 2007 年进行了一项名为"运动营养产品、运动营养行业供应商、补充剂生产制造设备质检项目"的调查。通过对来自不同零售商的 58 份补充剂样本进行检测，结果显示 11% 的产品含有未列入标签的兴奋剂。有些产品含有类固醇，即使是自愿选择了产品测试的公司，也惊讶地发现了被禁用的物质。这些产品即使不是故意添加，检出的结果都是客观事实。植物或植物萃取的补充剂尤其危险，因为它们可能含有低水平的违禁物质。而这些物质很可能就会断送一个运动员的体育生涯。

　　2013 年，美国食品药品管理局报道称，在 16 个州中至少 72 名肝炎病毒感染者被查出曾服用过一种被污染的膳食补充剂。2014 年，研究人员调查了 14 种膳食补充剂，其中一些含有从未在人类身上进行过安全性测试的一种合成兴奋剂（1，3 - 二甲基丁胺，或 DMBA）。DMBA 类似于药物兴奋剂 1，3 - 二甲基戊胺（DMAA），最近被 FDA 禁用（Pieter et al ., 2015）。这种被查出含有 DMBA 的产品宣称可以提高运动表现，促进减肥，增强大脑功能。这些产品在一些流行的维生素商店里就有销售，其中的几家保证你也听说过。

　　2015 年，纽约总检察长指控四家主要零售商销售假冒的和存在潜在危险的中草药补充剂，因为当局发现五分之四的商品中不含任何标签上列出的草药成分，一些取而代之使用廉价的填充剂，如米粉以及一些可能会引起过敏的物质。

能量加油站

杰克（Jake）

　　杰克是一名 16 岁的曲棍球队员，向我诉说他经常感到疲倦。他说："我没办法在不感到疲倦的状态下完成整场比赛"。他对吃什么食物可以增加精力很感兴趣。他曾了解到维生素 B$_{12}$ 与

产能相关，所以他认为自己可能需要服用膳食补充剂。

在回顾了他的饮食记录后，我对他的这一观点表示怀疑。杰克是一个正在成长发育并且很有精力的运动员，他吃的食物种类很多。他所缺少的是水分。当我们沟通时，杰克承认他喝水喝得不够多，但他不认为那是问题症结所在。他解释说："我通常在比赛第三节才会感觉口渴。"

我怀疑是脱水引起了杰克的疲劳感。我要他连续记录几天的水分摄入以评估他的补水情况。他记录了自己的体重变化，并评估了尿液颜色和口渴频率，同时也记录了他的总体疲劳感觉。与此同时，我也评估了他的基本水分需求（使用膳食参考摄入量，DRIs），然后我们测定了他的出汗率。

最后我们得出结论，杰克存在脱水症状。他需要了解补水的重要性，以及脱水的一些征兆。他还需要制订一个补水计划。自从他明白了补水的重要性，并开始实施他的补水计划后，他的体能得到了有效改善，并且立即提高了运动表现。

我的观点是，市场上许多膳食补充剂的质量和纯度都值得怀疑。保健品瓶子标签上记录的并不总是所见即所得。我们要阅读标签，但要持有怀疑态度。如果你确定需要使用补充剂，请使用第三方认证或检测过的产品。一个独立认证的第三方机构有助于客观真实的确认该产品是否包含且只包含标签上的成分和含量，而没有潜在有害的杂质。例如，NSF 运动认证，它可以检测出超过 200 种违禁物质，如激素、兴奋剂、类固醇、麻醉剂、利尿剂和掩蔽剂。"明智的选择"是另一家检测组织，它负责检测项目中所有有合作的厂商生产的膳食补充剂和原材料。

ConsumerLab 是一个第三方检测资源，它是一家私人控股公司，在市场上购买补充剂。随后其研究小组会对关键成分的含量、特性和纯度进行分析，并对产品质量的其他问题进行评估。他们在网站上发布了几乎所有常见的补充剂和品牌的产品报告。你可以订阅他们的服务来接收各种产品的信息，包括多种维生素、蛋白质粉、受欢迎的能量棒。虽然每年的订阅需要支付少量费用，但是能收到最新的关于你关心的产品的安全性、纯度和质量的信息，也是值得的。

高中运动员常用膳食补充剂

虽然日常工作中也接触过很多高中运动员常用的膳食补充剂，但我也请教了一些专门从事这个领域的专家来和我的结论进行比较。事实证明，我们对于目前流行的补充剂的看法是一致的。在高中运动员中，最受欢迎的补充剂是蛋白质粉、赛前产品、肌酸产品和能量饮料。青少年运动员公开承认使用这些产品，并认为这样做没有错。那么让我们看一下科学研究结果怎么说。

关于产品的使用情况研究有限，而我们所掌握的少量数据之间也有所差异。其中一个原因是定义膳食补充剂的标准因调查而异。一项研究中认为是强化剂，另一项研究中则认为不然。2006 年发表在《儿科学》杂志（Calfee & Fasdale，2006）上的一篇文章总结了青少年运动员常用的强化剂和补充剂。因为这项研究的重点是作为膳食补充剂销售的违禁物质或化合物，因此研究对象中并不包含受青少年运动员们欢迎的蛋白质粉或单一维生素和矿物质补充剂。他们的报告显示，青少年运动员使用的强化剂包括雄性激素类固醇、类固醇前体、生长激素、肌酸和麻黄类生物碱。

2007 年，一项调查综述总结了这些不同的结论：有的研究报告称，肌酸和咖啡因是青少年使用最多的补充剂；而另一项报告称，蛋白质粉、能量饮料和运动饮料才是位列榜首的补充剂（McDowell，2007）。为什么研究结果会有这么大的差异呢，因为他们将维生素、矿物质和草药产品同研究者自己研究领域常使用的补充剂混为一谈。最近，一组研究人员针对美国儿童和青少年提高运动表现的膳食补充剂进行了调查。结果显示大多数使用者选择了复合维生素或矿物质组合产品，其次是鱼油和 Omega - 3 补充剂，肌酸和纤维素（Evans jr.et al.，2012）。

而我认为这些结果之所以有这么大差异不仅是因为研究设计不同，还因为一旦青少年使用了被告知可能存在危险的产品时，他们很可能拒绝承认服用过它。而这些被青少年运动员们藏起来的产品往往是风险最大的。

一项针对 2793 名青少年（平均年龄 14.4 岁）的调查数据显示，服用肌肉强化剂在男孩和女孩中都很常见（Eisenburg et al.，2012）。研究表明，青少年运动员中蛋白质补充剂或蛋白奶昔的使用率达 35%。令人担忧的是，报告中显示，有 5.9% 的男孩和 4.6% 的女孩使用了蛋白同化激素。这种增强肌肉的补充剂的使用率比早前报道的要高得多。

2013 年一项名为"伙伴态度跟踪研究"的调查报道了青少年类固醇产品使用率呈上升趋势；报告显示，类固醇的使用从 2009 年的 5% 增长到 2013 年的 7%。类固醇并不是唯一被报告的青少年们用来提高体能的药物；同样令人担忧的是，男孩和女孩都在没有处方指导的情况下使用了 HGH（生长激素）。结果显示，青少年中使用 HGH（生长激素）的人数成倍增加。调查显示，在 9 ~ 12 年级的青少年中，有 11% 的人在没有处方的情况下，在某个时间点使用过合成生长激素。而在 2012 年的研究中，这一比例仅为 5%。2013 年的研究显示，使用合成的生长激素和使用类固醇之间有很强的相关性。

目前，五分之一的青少年（21%）认为，获得类固醇非常容易。

接下来让我们更深入地研究一下这些提高体能的药物，以及其他青少年运动员可能感兴趣的药物。有些内容可能有些难理解。但我的目标不是用科学术语来迷惑你们，而是让你们了解补充剂是如何工作的，当与青少年运动员们谈论起它们时能够解释其中的原理。

类固醇

合成代谢类固醇是具有类雄性激素作用的人工合成激素，类似于身体中的雄性激素。虽然在医疗领域适用，但在没有处方的前提下使用是非法的，在体育比赛中是禁止使用的。一些年轻的运动员可能会因为睾丸激素的影响而非法服用类固醇，比如增加肌肉的强度和力量。然而一系列严重的副作用证明了它们的危险性。

合成代谢类固醇通常用口服或肌肉注射进入人体，也有些可以直接作用于皮肤，如乳霜、凝胶或膏药贴。类固醇使用的危害小到痤疮、油性皮肤、毛发生长过度，严重的可导致肝损伤、尿潴留、心脏病和中风（甚至更糟）。青少年运动员使用类固醇会扰乱正常的生长发育，导致发育迟缓、青春期发育加速乃至性发育异常。

如果你认为在青少年运动员中使用类固醇并不是什么大问题，那么请看下面的数据。根据 Taylor Hooton 基金会的研究，超过 150 万的青少年承认使用过类固醇药物，第一次使用年龄的中位数是 15 岁。不仅是男孩，青春期的女孩是增长最快的新用户群。40% 的高中生承认类固醇很容易获得。而且，如果你认为这还不足以引起警觉的话，研究表明，滥用类固醇的青少年更有可能参与其他更危险行为。如果青少年运动员想尝试或使用类固醇，他们很可能隐瞒父母和教练，因此这些青少年运动员的监护人应知晓类固醇药物滥用的迹象并做好应对方案。

生长激素

生长激素（HGH）是一类自然产生的激素，对青少年的生长发育，包括肌肉和骨骼的生长都起着重要的作用。在 20 世纪 80 年代后期，合成生长激素得到了 FDA 的批准。随着 HGH 注射剂被批准，在处方指导下可以用于治疗身材矮小或因疾病而导致的生长缓慢。运动员们希望通过使用 HGH 来增加肌肉或提高运动表现，尽管没有证据表明它确实有这种作用。生长激素经常与类固醇结合使用。

HGH 现在很容易通过非法途径在互联网获取。调查结果显示，在过去的两年里，青少年使用 HGH 的情况增加了一倍以上（2013 年伙伴态度跟踪研究）。这个研究的专注点有很多。首先是健康问题，HGH 可能会干扰青少年正常的生长发育。如果不需要生长激素的正常儿童使用 HGH 的话，可能会引起严重的副作用（如糖尿病、骨骼和内脏器官异常生长、动脉硬化、高血压）。其他影响还包括视力模糊、头晕、刺痛、头痛、神经紧张、心跳减慢或心跳加速、耳路感染等。

考虑到 HGH 价格非常昂贵，一些专家质疑非法销售的 HGH 补充剂是否真正含有合成 HGH。尽管青少年认为他们正在服用 HGH，但他们购买的实际上可能含有其他的物质，可能是一些有害的或尚未被认知的药物。因此在互联网上非法订购提高运动表现的药品是有高风险的。即使是货真价实的 HGH，没有处方的情况下购买也是非法且危险的，而且在体育运动中属于违禁品。

激素原

激素原——包括雄烯二酮、雄烯二醇和脱氢表雄酮（DHEA）——被宣传为是比合成类固醇更安全的药物。但是千万不要相信它，没有确凿的证据可以证明增加雄性激素可以促进肌肉生长或提高力量。此外，出于对激素原补充剂安全性的担忧，FDA 呼吁禁止销售所有雄烯二酮。这些物质被严控和禁止，在没有处方的情况下人们不再能随意购买。

膳食硝酸盐（甜菜根汁）

膳食硝酸盐作为一种运动营养补充品越来越受欢迎。硝酸盐适用于患有心血管疾病的成年人，因为它可以起到血管扩张的作用（血管扩张使血液流通顺畅）和其他生理作用。最近，关于它在体育训练方面的潜力使其有很高的热度。一氧化氮，通常被运动员称为 NO，是一个信号传导分子，在人体内有很多功能。人体可以将食用硝酸盐（食物中的硝酸盐）转化为硝酸盐和一氧化氮，特别是在氧气可用性降低的时候，比如在高强度的运动中。硝酸盐补充剂最常见的形式为甜菜根汁，甜菜根汁已经被证明可以协助加快输送氧气到工作肌。高氧气含量的工作肌可能会提高高强度运动的表现。不难理解，这点对想要提高体能的运动员来说十分有吸引力。

对于成人运动员，剂量方案建议在开始训练前服用膳食硝酸盐。目前，研究人员正在研究长期服用膳食硝酸盐补充剂支持体能运动的机制。尽管需要更多的研究才能明确膳食硝酸盐的益处，但通过对成人的研究来看还是很有前景的。然而，迄今为止还没有关于青少年运动员使用甜菜根汁的研究，因此也没有安全性、有效性验证以及剂量推荐。

青少年运动员应避免服用一氧化氮补剂，而是尽量从自然食物中摄取硝酸盐。菠菜、芝麻菜、甜菜根和芹菜等蔬菜都含有高浓度的硝酸盐。胡萝卜和其他根类蔬菜也是很好的来源。因为不同土壤中硝酸盐的浓度不定，因此很难确定一种蔬菜中确切的硝酸盐含量。有机甜菜冲剂虽然价格不菲，但能够买到，可以用来制作思慕雪（做法见第十一章）或其他食物。

目前，关于长期摄入大量硝酸盐的风险研究还很有限，选用商品补充剂时应慎重考虑。目前知道的一个副作用是，在食用了甜菜根或含有甜菜根提取物或色素的食物后，有些人会产生粉红色或红色的尿液。并不是所有人都会这样，但如果事先不知道，可能会被吓到。

没有证据表明在青少年运动员的饮食中增加硝酸盐会提高运动表现，但是鼓励青少年运动员食用含氮较多的蔬菜。甜菜根汁可以用榨汁机在家里制作，也可以在健康食品商店购买粉末或结晶冲剂。可以尝试让青少年运动员在进行大量训练之前摄入甜菜根思慕雪（参见第十一章食谱），看看他们的表现是否会有所不同。

β - 丙氨酸和肌肽

当我同其他运动营养师们一起研究在实践中青少年运动员所使用的三种最常见的补充剂时，赛前补充剂一直位列前茅。而青少年运动员使用的最多的赛前补充剂是 β - 丙氨酸。

β - 丙氨酸可作为单独成分也可与其他补充剂结合，作为一种赛前补充剂提供给运动员，是一种常见的膳食补充剂。

β - 丙氨酸是人体中天然存在的一种非必需氨基酸。我们也可以通过吃鸡肉、牛肉和猪肉等食物来获取。丙氨酸可以在肌肉中转化为肌肽。为了理解为什么要摄入 β - 丙氨酸，首先需要了解肌肽的作用。

在训练过程中，身体使用氧气来分解葡萄糖以获得能量。在高强度运动中，当没有足够的氧气时，身体就会产生乳酸。身体可以在不使用氧气的情况下将一些乳酸转化为能量。但随着时间的推移，如果你持续高强度的运动，过多的乳酸盐或乳酸无法被代谢掉。其结果产生肌肉灼烧感，以及抽筋、恶心和虚弱。相应的，运动强度也会开始下降。

肌肽是一种天然存在于体内的物质。类似一种缓冲剂，用来抑制血液中乳酸的上升。因此可以防止乳酸堆积使人更长时间保持最佳运动状态。身体中的肌肽水平因人而异，理论上讲，自身产生肌肽量较少的运动员可以通过补充剂使得肌肉产生更多的肌肽。

那么，如果丙氨酸补充剂的目的是为了增加肌肉中的肌肽，为什么不直接服用肌肽补充剂呢？这是因为补充肌肽并不会增加肌肉中的肌肽含量。因为肌肽进入人体后会在消化过程中被代谢掉，无法以肌肽的形式到达肌肉。这就是为什么要补充丙氨酸的原因，摄入的 β-丙氨酸可以到达肌肉，并在那里被用来合成肌肽。关于这点已经被充分的证实了。针对成年运动员的研究表明，补充 β-丙氨酸应该是安全的，而且确实增加了肌肉的肌肽水平。

　　但这可以提高运动员的运动表现吗？对于青少年运动员，科学研究又发现了什么呢？

　　从成人运动员的研究结果来看，β-丙氨酸补充剂是否会对运动员的表现产生影响说法不一。这可能是因为一些运动员的肌肉中已经有了高水平的肌肽，不需要进一步补充。也可能意味着它根本不起作用。目前，也完全没有证据证明它适用于青少年运动员。尽管对于成年人，补充 β-丙氨酸似乎是安全的，但我们不确定其长期摄入是否会对身体产生影响。市面上的许多赛前补充剂还含有其他成分，服用前要仔细阅读标签。我们需要更多的研究来证实 β-丙氨酸是否对运动表现有益。

支链氨基酸（BCAAs）

　　支链氨基酸包括亮氨酸、异亮氨酸和缬氨酸。所有的氨基酸对于构建蛋白质都很重要，但 BCAAs 不同。首先，它们在运动过程中可以燃烧产能，使它们成为潜在的燃料来源。另一个潜在好处是可以减少运动导致的肌肉损伤，加快体能恢复，提高免疫功能，并帮助维持血糖水平。

　　支链氨基酸还可以加速生长激素的循环，促进肌肉生长和增强力量。在这三种支链氨基酸中，目前对亮氨酸的研究是最深入的，而且它似乎对蛋白质合成的影响也最大——但所有这些都是对于成人来讲的。目前，还没有针对青少年运动员使用 BCAA 补充剂的研究。

　　在作为补充剂上市之前，BCAAs 已经被人们广泛利用了，食用足够多的优质蛋白质就能很容易获得 BCAAs。表 6.1 总结了几种常见的富含 BCAAs 的食品。我鼓励青少年运动员们以这样的形式获得 BCAAs，这不仅因为安全可靠，还因为这些天然完整的食物还提供了人体所需的蛋白质、维生素和矿物质。

表 6.1　常见食物中 BCAA 和亮氨酸含量

食物	用量	蛋白质（克）	BCAAs（克）	亮氨酸（克）
煮鸡胸肉	4 盎司（120 克）	34	6.4	2.9
煮火鸡胸肉	4 盎司（120 克）	33	5.3	2.8
炒蛋	1	6	1.3	0.5
蛋清	1 盎司（30 克）	3.6	0.8	0.34
金枪鱼罐头	4 盎司（120 克）	22	3.8	1.7

续表

食物	用量	蛋白质（克）	BCAAs（克）	亮氨酸（克）
93% 瘦碎牛肉，8 分熟	4 盎司（120 克）	24	4	1.8
生牛腩牛排	4 盎司（120 克）	31	5.3	2.4
烤花生	1 盎司（30 克）	8	1.1	0.5
白干酪	1/2 杯	14	3.1	1.4
低脂风味酸奶	6 盎司（180 克）	7	2	0.8

β - 羟基 - β - 甲基丁酸盐（HMB）

HMB 是支链氨基酸中亮氨酸的分解产物，天然存在于鲶鱼和葡萄柚等食物中。针对成年运动员的研究表明，HMB 可能有减缓肌肉和蛋白质的分解的作用。其他潜在的益处包括增加肌肉量，减少身体脂肪，增加厌氧能力，以及（对于那些开始高强度训练计划的人）提高力量水平（Durkalec-Michalski & Jeszka，2016；Wilson et al.，2013）。关于青少年人群使用 HMB 的研究很少，尽管这是体育科研人员感兴趣的话题。

因为 HMB 的主要作用包括增加肌肉量，只有在适当的发育年龄（唐纳阶段 4 或 5；参见第一章）的运动员才会从中受益。HMB 主要有两种存在形式：β - 羟基 - β - 甲基丁酸钙（HMB - Ca）和 β - 羟基 - β - 甲基丁酸盐游离酸（HMB - FA）；HMB - Ca 是比较常见的形式。一项对照试验以精英男女排球运动员（13 ~ 18 岁，唐纳阶段 4 或 5）为研究对象，在训练季的前 7 周，让他们每天摄入 3 克 HMB - Ca。结果显示，HMB - Ca 组肌肉量增加，脂肪质量下降，而安慰剂组并没有变化。此外，HMB - Ca 组的上肢和下肢力量也有所改善。在补充剂使用的过程中，激素状态没有发生变化（Portal et al.，2011）。尽管结果显示了 HMB - Ca 对改善青少年运动员身体成分的良好前景，但我们没有足够的证据证明其对不断成长发育的运动员的安全性。还需要更多的证据来确定安全推荐剂量。

正如第三章所建议的，青少年运动员可以通过日常膳食来获取 HMB，虽然要满足推荐量并不容易。根据国际运动营养协会（International Society of Sports Nutrition position）基于 HMB 的数据调查，一名成年运动员需要吃 600 克的优质蛋白质才能获得所需的亮氨酸的量（60 g），从而产生 3 克推荐剂量的 HMB（Wilson et al.，2013）。

谷氨酰胺

谷氨酰胺是一种氨基酸，存在于骨骼肌和血液中。当身体处于压力状态时，比如高强度训练或比赛后，谷氨酰胺会作为免疫细胞的重要燃料来源释放到血液中。运动员服用谷氨酰胺可以预防伤病或帮助从伤病中恢复。尽管成年人群中补充谷氨酰胺被证实是安全的，但其在预防、治疗疾病及提高体能方面的作用却缺乏足够的证据。因此不建议青少年运动员服用谷氨酰胺。他们应该通过一天的膳食来摄入足量的蛋白质用于能量供给（参见第三章示例）。

肌酸

　　肌酸由三种不同的氨基酸结合而成。人体中 95% 的肌酸都储存在肌肉中，并在肌肉中被转化为磷酸肌酸。磷酸肌酸作为一种能量来源，能够为持续几秒的爆发性动作提供能量，比如急速的肌肉收缩。肌酸也存在于某些天然食物中，并可以作为一种膳食补充剂——一水肌氨酸购买。

　　肌酸本身并不能帮助产生更强的肌肉，但它可以让肌肉更有力持久地进行训练。例如，使用肌酸后的运动员因为肌肉中含有肌酸可以完成额外的训练量。增加的训练量则提高了肌肉强度，增加肌肉量，从而逐渐提高运动表现。在成人中，肌酸是一种被广泛研究和普遍使用的强化剂，它能如此受欢迎归功于前述那些功能作用，包括在短时间的高强度运动中增加肌肉尺寸、力量和运动表现。尽管过去曾有研究人员质疑肌酸的安全性，但目前为止通过成人人群研究证明它是安全的。

　　关于肌酸补充剂应用于青少年运动员的安全性和功效我们了解得不多。一项以优秀的低年级游泳运动员为对象的研究表明，短期的肌酸补充可以提高能量和游泳成绩（Juhasz et al., 2009）。其他一些研究对各种医疗条件下肌酸的使用对儿童和青少年的影响进行了评估（Balsom et al., 1994；Smith et al., 2014）。虽然没有研究发现肌酸的使用对青少年产生副作用，但我们不能确定是否有其他的长期影响。目前为止，对于青少年运动员使用肌酸补充剂的情况还需要进行更多的调查研究。

　　但证据上的不足显然不能阻止青少年运动员们进行尝试。调查显示肌酸是青少年运动员使用率最高的膳食补充剂。一项以 1349 名高中足球运动员为研究对象的调查显示，30% 的人使用过肌酸补充剂（McGuine et al., 2001）。一些我曾合作过的青少年运动员甚至没有意识到他们服用了肌酸，因为它经常被添加到蛋白粉和代餐粉中，和其他物质混合在一起，无法推测它的剂量、安全性和有效性；而且是否会对青少年运动员成长发育产生长期的影响也是未知的，特别是早期使用时没有控制使用剂量的情况。青少年时期过量使用肌酸是否会影响未来使用补充剂的效果？肌酸对成长中的身体是否安全？这些问题我们暂时无法回答。尽管研究结果表明成长中的儿童补充肌酸似乎是安全的，但更明智的做法是重视训练计划和饮食计划。一些动物产品中含有膳食肌酸，在植物食品中也有微量存在，但是要达到研究中的使用剂量通过食物还是难以实现的。多样化膳食可以每天提供 1 克左右的肌酸。表 6.2 为常见食物资源中的肌酸含量。

表 6.2　肌酸的食物来源

食物	用量	肌酸（毫克 / 用量）
生鲱鱼	3 盎司（90 克）	553 ~ 850
生猪肉	3 盎司（90 克）	425
生三文鱼	3 盎司（90 克）	383
生牛肉	3 盎司（90 克）	383
生鳕鱼	3 盎司（90 克）	255
牛奶	1 杯	24

源自：Academy of Nutrition and Dietetics，*The health professional's guide to popular dietary supplements*，3rd ed.，2007. Reprinted with permission.

蛋白粉

　　"我应该在运动后喝蛋白奶昔吗？" 如果每次有人问我这个问题我都能得到一美元的话，那我现在一定非常富有。蛋白粉很受欢迎，而且似乎是安全的，但前提是所有标签上所说的都是真话。蛋白粉与其他膳食补充剂采用相同的生产标准，它虽不是必需的，但对那些过于繁忙的以及不吃动物性食品的青少年运动员是有益的。

　　蛋白粉是富含蛋白质的膳食补充剂。除了蛋白质，很多蛋白粉还添加了如维生素、矿物质、蔬菜、脂肪和谷物等成分。蛋白质补充剂的来源包括乳清、酪蛋白、大豆、大米和豌豆。市售的有浓缩、分离和水解三种形式，但最常见的两种是浓缩和分离。这两种的主要区别是，与浓缩液相比，分离蛋白的蛋白质比例要高一些，因为非蛋白质成分已经被去除。分离和浓缩蛋白可以被部分或完全水解，以提高吸收速度。由于蛋白质浓度含量高，分离蛋白产品价格要高于水解蛋白。

　　乳清和酪蛋白都来源于动物产品，因此是完整蛋白。大豆、糙米和豌豆蛋白都是以植物为基础的蛋白质，含量因品种而异。选择的蛋白粉应该基于运动员的需要和口味偏好。所有类型的产品都各有利弊。表 6.3 列出了一些常见的蛋白质补充剂，以及它们的性状特点和食物来源。

　　正如第三章所说，青少年的蛋白质需求取决于发育年龄、个体目标和训练强度、时长和时机。大多数青少年运动员，即使是那些营养需求量更大的运动员，都可以从食物中获得足够的蛋白质，而不必依赖于补充剂。蛋白粉确实提供了一种简便的方法来满足身体对蛋白质的需求，但过多依赖补充剂会导致其他营养素摄入不足（见第三章）。从食物中摄取蛋白质是最明智的选择。食物蛋白来源也提供了其他有益的营养物质。许多蛋白质食物都富含锌、铁、镁、钙、Omega - 3 脂肪酸、维生素 B、维生素 E 和维生素 D，在第八章的表 8.4 中，我们列出了蛋白质的食物来源。

表 6.3　不同来源蛋白粉的特点

类型	特点	食物来源
乳清	源自牛奶；完全蛋白质；高消化率，高浓度的 BCAAs，包括亮氨酸；经常被推荐用于训练后恢复；溶于水。乳清不含乳糖，适合乳糖不耐受人群	乳制品：牛奶、奶酪、酸奶
酪蛋白	源自牛奶；完全蛋白质；吸收比乳清稍慢、推荐作为代餐和睡前食用	乳制品：牛奶、奶酪、酸奶
大豆	来源于大豆；完全植物性蛋白质；水溶性比乳清差；可能对心血管有保护作用	大豆、大豆坚果、豆奶、豆腐、豆豉
糙米	植物性；低致敏性、无谷、中性味道；经济；比其他粉剂含有更多的碳水化合物；富含 B 族维生素	大米（蛋白质浓度低）
豌豆	植物性；低致敏性；易消化；经济；可以增加饱腹感，对减肥有益	豌豆（蛋白质浓度低）

代餐粉与增肌粉

代餐粉通常会被认为是蛋白粉，但它远远不止。除了可以提供高质量的蛋白质，代餐粉还含有碳水化合物、脂肪、维生素、矿物质及其他更多营养物质。虽然代餐粉被认为含有完美的营养成分，但并不是所有的产品都能达到规定标准。

代餐粉根据不同的作用分为很多种。一些用于减肥的代餐产品的热量较低，建议代替正餐食用。然而，青少年运动员不需要代餐来控制体重。一些代餐产品针对想要增重的运动员设计。这些产品的热量往往更高，建议在两餐之间食用。

尽管代餐粉和增肌粉不该取代正餐，但它们对于青少年运动员来说的确很快捷方便，尤其是那些为增重困扰的人。但是，食用前一定要仔细阅读营养成分表和配料表。因为很多这类产品都是针对那些想要大幅度增重的运动员，因此有时会添加其他的一些强化剂，比如肌酸和兴奋剂。

维生素和矿物质

维生素和矿物质是人体内重要的营养物质。很大程度上参与了能量代谢和食物消化，而且体育营养中常用于患有疲劳症的运动员。然而，维生素和矿物质没有热量，因此不供能。它们在能量代谢中协助催化碳水化合物、蛋白质和脂肪中能量的释放。

除了被确诊维生素和矿物质缺乏之外，过量摄入维生素和矿物质是没有好处的。青少年运动员往往需要吃大量食物，因此应该能够满足运动员们的日常需求而并不需要额外进行补充。

第三章中阐述了铁、钙和维生素 D 的重要性。尽管我只强调了运动员所关注的这三种营养素，但任何一种维生素或矿物质缺乏时都需注意。例如，一名乳制品过敏的运动员可能需要补钙，以满足每日的钙需求量。一名严格遵循素食主义的运动员，很可能缺乏动物来源食品的营养素，如维生素 B_{12}，所以他可能需要服用维生素 B_{12} 补充剂。在已知营养素缺乏或可能缺乏的情况下，为了使营养水平达到正常范围，可能需要营养补充剂的帮助。均衡饮食，期间补充一些营养素含量高的饮食，可以帮助确保营养均衡。

Omega－3 补充剂

回忆第二章，我们推荐 Omega - 3 脂肪酸作为健康饮食的一部分。也说过每周食用几次富含脂肪的海鱼是最简单的获取 Omega - 3 脂肪酸的方式。但问题是大多数美国人很少吃鱼，这就为 Omega - 3 脂肪酸补充剂提供了市场。目前 Omega-3 补充剂已经开足马力进军运动营养产业。本节将告诉你一些相关的信息。

与产品声称相对，Omega - 3 脂肪酸对运动表现的作用是复杂且非决定性的。最近的一篇文献对此做出总结：尽管对 Omega - 3 脂肪酸的研究很广泛，但我们不能确定 Omega - 3 补充剂对于产品声称的功能都是有效的。没有足够的数据支持它可以减少运动中的炎症反应，延迟肌肉酸痛，或提高整体表现。Omega - 3 补充剂对于那些患有哮喘或因运动诱发的支气管狭窄有一定的治疗前景。一项针对青年摔跤运动员的研究表明，在强化摔跤训练中补充 Omega - 3 可以改善运动期间及运动后的肺功能。

Omega - 3 脂肪酸没有营养素参考摄入量标准，但不代表服用越多越好。事实上，相较于食物而言，使用补充剂的主要顾虑是摄入过量。美国食品药品管理局建议消费者每日从食物中摄入不超过 3 克的 EPA 和 DHA（两种 Omega - 3 脂肪酸），而对于膳食补充剂的摄入量推荐，则为每日不超过 2 克。由于 Omega - 3 脂肪酸能稀释血液，高剂量会增加瘀伤的风险，尤其是对于需要经常训练的运动员而言。在使用鱼油补充剂时请大家睁大双眼明智选择。还记得吗，FDA 对补充剂的监管与药品不同，所以标签上列出的数量可能与你实际摄入的不同。也要记住，Omega - 3 脂肪酸的摄入量建议是针对成年人设定的。因为没有针对儿童和青少年设定的补给量，我建议青少年运动员尽量通过食物来源来增加 Omega - 3 脂肪酸的摄入量，而不是仅通过膳食补充剂。

兴奋剂和植物制剂之于体能

下列多种市售兴奋剂和植物制剂的作用都是为了提高体能，有时也添加在其他膳食补充剂（包括能量饮料）中，并不是作为单一物质的膳食补充剂。食用前请仔细阅读标签。

咖啡因

咖啡因是一种天然存在于许多食物和饮品中的兴奋剂，也可以添加到许多运动营养产品中，是能量饮料的主要成分。

大部分关于咖啡因强化剂的研究都集中在耐力运动上。成年运动员使用咖啡因可以提高耐力，延缓疲劳，促进减脂。咖啡因被认为具有燃烧脂肪的功能；但事实上尽管在摄入咖啡因后，基础代谢率可能会略有上升，但并没有证据表明对减肥或减重有显著效果。咖啡因还会影响中枢神经系统，让人在运动时感觉更轻松，减少疲劳感。

咖啡因的效果因人而异。有些人可能会感到清醒和思维敏捷，而另一些人可能会感到紧张和焦虑。由于其有提神功能，许多公司将咖啡因加入他们的产品，但是过多的咖啡因会适得其反。其中一些副作用有焦虑、易怒、腹泻和失眠。咖啡因也会干扰某些维生素和矿物质的吸收，包括铁和钙，这些都是对于青少年运动员十分重要的营养素。

关于咖啡因强化剂在青少年运动员中的使用情况至今无人涉及。人们越来越担心能量饮料的使用会对这一人群产生影响，因为很多能量饮料都含有大量咖啡因和草本咖啡因（参见本章后面的能量饮料部分）。不推荐青少年运动员摄入高含量的咖啡因，尤其是那些想取得更好成绩的。除了前面提到的副作用外，过量摄入咖啡因还可能产生毒性反应，可能会影响睡眠。如果睡眠时间减少或被干扰，身体就不能很好地完成肌肉修复。调节生长和食欲的激素分泌也会受到干扰。美国大学生体育协会（NCAA）规定高浓度咖啡因为违禁品。

瓜拉纳

瓜拉纳是一种中枢神经系统兴奋剂，可用于减肥，并起到提高运动成绩，减少精神压力和身体疲劳的作用，在能量饮料中很常见。它含有的咖啡因浓度不仅是咖啡的两倍，还包括茶碱和可可碱——两种与咖啡因相似的化学物质。没有确凿的证据表明它能提高体能。不推荐儿童或青少年运动员使用。

因为瓜拉纳含有咖啡因，与其他草药和含有咖啡因的补充剂一起服用会同时增加咖啡因的有害和有益作用。还有，当咖啡因、麻黄（一种非法的、违禁的物质）和肌酸结合时，会产生一系列的副作用。有报道称，摄入过多的咖啡因会降低肌酸提高运动表现的效果。

人参

人参有很多品种，但市面上常见的能量饮料中的人参成分多来源于五加科人参属。食品声称可以改善思维、注意力、记忆力、工作效率、体力和运动耐力。但有研究表明连续服用人参 8 周并不会提高运动员的运动表现。短期服用人参被认为是安全的，但研究人员认为，它可能有类激素效应，长期使用可能有害。最常见的副作用是失眠。不推荐青少年运动员使用。

紫锥菊

紫锥菊是一种流行的中草药补充剂，广泛应用于普通感冒和其他感染的预防和治疗。紫锥菊对普通感冒的疗效存在争议。一些研究结果表明，当感冒初期服用紫锥菊的产品可能会减轻症状；然而其他研究则显示其并无益处。一项针对健康男性的研究结果显示，连续 28 天每日服用适量的紫锥菊可以提高运动时的呼吸能力（Whitehead，2012）。同时服用紫锥菊和咖啡因可能会导致血液中的咖啡因含量过多，增加副作用的风险。没有证据支持紫锥菊可使青少年运动员受益，因此不推荐服用。

左旋肉碱

左旋肉碱是人体自身可以合成的一种氨基酸。它的主要功能是将脂肪酸运输到细胞中转化为能量使用。左旋肉碱通常与其他物质混合添加在能量饮料中。运动员在运动时利用左旋肉碱燃烧脂肪或提高能量。尽管对左旋肉碱能否提高运动表现的研究结果不一致，但高强度运动时血液中的左旋肉碱水平的确会下降。对成人的一些研究表明，它可能有助于提升耐力；而另一些研究结果则不然。没有证据支持左旋肉碱适用于青少年运动员。

麻黄属植物

麻黄属植物是一种声称可以减肥和提高运动表现的中草药。2004 年 4 月，FDA 收到含麻黄产品的不良反应报告不断增加，因此颁布禁令禁止使用含麻黄的产品。报告中的副作用包括头痛、心率加快、血压升高、失眠甚至死亡。膳食补充剂行业对这一禁令提出质疑，称低剂量不会产生不良反应；美国联邦法院后来撤销这一禁令，允许在美国出售低剂量麻黄素补充剂。但出于对其安全性的担忧，部分州颁布了自己的禁令；麻黄在这些州内的出售或购买是非法的。麻黄同时被美国大学生体育协会、国际奥委会及美国足球联盟认定为违禁品。麻黄的使用被认为对成年人和儿童不安全，青少年运动员不应服用含麻黄类产品。

草药、香料、植物营养素、抗氧化剂

长时间的训练导致青少年运动员的身体紧绷。高强度训练会引发炎症反应，从而对免疫系统产生负面影响，最终导致体能下降。身体中炎症反应的机制是很复杂的。为了让青少年运动员更容易接受，我会和他们说：如果你生病了、受伤了，或者发炎了，你就不会发挥最佳表现。如果你想拥有最棒的身体，就需要选择正确的饮食。

抗炎和改善免疫系统的一个简单（而且美味）的方法是食用富含抗氧化和抗炎成分的食物。以下是一些目前研究证实有潜在抗炎作用的食物。

生姜

生姜是一种草药。它的茎（也被称为根茎）是一种香料，也是一种治疗胃病的药物，还可以用作关节炎和肌肉酸痛等问题的止痛药。在运动医学和营养学领域，人们的兴趣在于其潜在的抗炎作用。一些证据表明生姜可以减轻成年骨关节炎患者的疼痛，还可以减少关节炎相关的髋部及膝盖疼痛。比较生姜与非甾体抗炎药抗炎效果的研究结果喜忧参半。关于使用生姜来缓解肌肉疼痛的研究结果也是矛盾的。

没有研究表明生姜有助于减轻青少年运动员的炎症反映。然而，对于那些受炎症困扰的运动员来说，在膳食计划中加入一点生姜并无害，而且会增加风味。简便的方法是添加到思慕雪或汤里，或者烤成一盘自制的能量棒。

姜黄（姜黄素）

姜黄是由姜黄植物的根提取而成的。它富含的姜黄素是一种黄色的活性成分，因其抗氧化和抗炎性而闻名。在印度，它通常被用来调味咖喱粉或其他食物。姜黄在体育界的应用主要归功于它的抗炎功能。尽管大部分研究都是基于动物实验的，却受到运动员们的广泛关注。根据美国植物学委员会出版的《草药图鉴》（*HerbalGram*）（2015）的报告指出，从 2013 ～ 2014 年，含有姜黄或姜黄素的草本膳食补充剂的销量增长了 30.9%。

姜黄或姜黄素补充剂虽好，但在你决定购买之前，了解更多的相关证据是有必要的，特别是通过成人和青少年的试验得出的结论。同时，姜黄可以很容易地为食物添加色彩和风味。可以试着把它加到米饭、炒鸡蛋或思慕雪中。或将它和柠檬混合作为鸡肉的腌料，拌烤蔬菜，或者加到汤里，味道都很不错。

大蒜

大蒜是一种大家熟知的食物调味剂。多年来，它被认为可以预防心脏病、癌症、骨关节炎、感冒和真菌引起的疾病。从大蒜中提取的化合物被证明具有抗炎作用。在体育界，大蒜因为其可以缓解训练后的肌肉疼痛以及增强耐力而被应用。两项研究表明了大蒜在这些方面的潜在效果。

说到大蒜，有人喜欢有人讨厌。如果你想把它列入你的抗炎食物名单的话，你可以简单地把它加到汤、炖菜、沙拉酱、腌泡汁和蘸酱里。然而，我不建议你尝试在思慕雪中加入大蒜。因为可能从此再也不想喝它了！

酸樱桃汁

最近不仅限于体育研究，在运动员们的实际应用中，酸樱桃和酸樱桃汁都是一个热点。樱桃含有花青素，这些化合物可以抗炎，同时有助于防止肌肉损伤。就像姜和姜黄一样，它们被认为是非甾体类抗炎药的天然替代品。有确凿证据支持它们的抗氧化性和抗炎性，特别是基于成年运动员的研究。目前尚未有关于在青少年运动员使用酸樱桃或酸樱桃汁的研究。

目前很少有公司生产面向运动员的樱桃汁。但你可以尝试在饮食中加入酸樱桃，比如加在思慕雪中或者喝酸樱桃汁，也可以添加到沙拉或酸奶中，或者加在第十一章介绍的自制能量条中。

以上这些只是你获得抗氧化和抗炎食物的少数几种方式。许多食物，例如蓝莓、红薯、苹果、绿茶、甘蓝、黑巧克力，以及其他许多食物都富含类黄酮，它们以类似的方式保护你的防御系统。这就是为什么我们强调膳食多样性的原因。

研究中使用的草药、香料或植物的量很难在日常生活中实现，特别是对于忙碌的青少年运动员而言。与其烦恼如何能摄入足量的生姜，不如想办法在你的膳食计划中加入多种类型的食物。例如，下一次在思慕雪中加入酸樱桃，或加一撮姜黄在你的炒鸡蛋里，然后用蒜香烤鸡做晚餐。少量的这些成分汇集到一起就会大大增加每天植物营养素的摄入，并有助于整体健康。

能量饮料

在过去的几年里，含咖啡因的能量饮料的消费量急剧增加，而这一增长很大一部分是由于市场推广宣称的强化剂作用。饮用能量饮料被定位为一种快速简单提升能量和情绪的方法。它们通常含有大量的咖啡因和糖，以及其他成分，如维生素 B、氨基酸和草本兴奋剂（如瓜拉纳和人参）。每瓶咖啡因含量高达 80 毫克（相当于一杯咖啡），其中一些品牌的含量更高。咖啡因与草本成分混合，会引起紧张、易怒、心跳加速和失眠。在一项以 90 名运动员为受试者的研究中，干预组运动员在运动前 60 分钟饮用能量饮料，对照组则饮用安慰剂。结果显示，与安慰剂组相比，能量饮料组的运动员出现副作用的人数更多，如失眠、紧张和兴奋（Salinero et al.，2014）。尽管每个人对咖啡因的耐受程度不同，但咖啡因和其他草药成分的混合会加重这些反应。

能量饮料在青少年运动员中很受欢迎。虽然产品标签上的警告语写着不建议儿童使用，但实际上并不能阻止青少年饮用。一家颇受欢迎的能量饮料公司赞助产品给年仅 11 岁的运动员。公司想通过请一些顶级运动明星代言以吸引年轻男性。上百万的青少年饮用了能量饮料，在这个过程中并没有产生任何负面影响，但中毒控制中心对这些产品的使用提出警告，声称这些饮料可能会导致焦虑、脱水，而且在极少数情况下会导致癫痫和心脏问题（Reissig，2009）。FDA 食品安全与应用营养中心（CFSAN）不良事件报告系统（CAERS）收集消费者的不良反应报告和投诉（2013）。消费者不良反应包括以下症状，潮热、焦虑、睡眠阻碍、出血、癫痫发作和死亡。2010 年，有线电视频道 ESPN 报道了一名 17 岁的高中足球运动员在喝了两罐 16 盎司（480 毫升）的能量饮料后癫痫发作，引起了人们的极大关注。那两罐饮料中含咖啡因 520 毫克。

过量饮用能量饮料的另一个巨大风险是会引发发热相关的疾病，这对于青少年运动员有潜在的致命风险（更多内容见第三章关于水合作用）。在开始训练或训练之前，尤其是在高温下，摄入咖啡因和草药的混合物将会引发灾难。

尽管许多青少年运动员说他们喝能量饮料后感觉精力充沛，但他们实际上可能透支了体能。因为这些产品直接刺激中枢神经系统，运动员误认为他们有更多的能量，但实际上这种效果只是短暂的。而且能量饮料会导致失眠，让运动员第二天感到更加疲劳。为了补充能量，就会继续饮用能量饮料，形成恶性循环（图 6.1）。任何破坏固有睡眠周期的行为都会对体能产生负面影响。我认为青少年运动员不应饮用能量饮料。

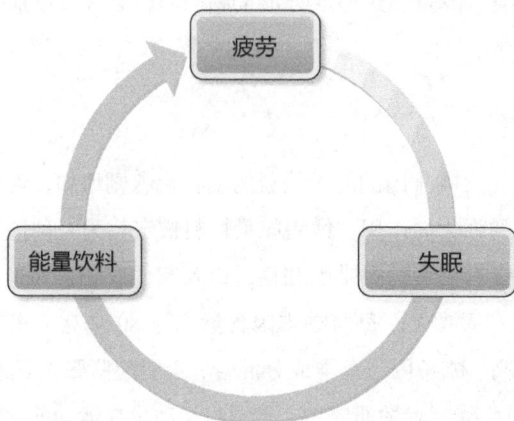

图 6.1　能量饮料对睡眠的影响

能量饮料与运动饮料

很多人将运动饮料和能量饮料的概念混淆。可以告诉大家的是，它们之间存在很大差异。能量饮料含有的碳水化合物浓度（8% ~ 11%）通常要高于运动饮料（6% ~ 8%）。这可以延缓胃的排空（营养物质离开胃的速度），并减缓胃肠道的吸收，尤其是当快速摄入饮料的时候。运动饮料是为运动期间和运动后补充水分和电解质所设计的，以最大化提高胃肠道吸收。

运动饮料是专门为运动员设计的，而能量饮料则不是。表 6.4 总结了两者的区别。

表 6.4　能量饮料与运动饮料对比

	运动饮料	能量饮料
目的	补充运动前后因出汗而流失的体液和电解质	快速获得能量
碳水化合物	含有 6% ~ 8% 的碳水化合物，会促进运动过程中的饮水，以维持正常的水合状态	含有 8% ~ 11% 的碳水化合物，可以延缓胃排空，减缓胃肠道内营养物质的吸收。不建议运动员饮用
其他成分	电解质：钠、钾有助于补充随汗液流失的钠，促进更多水的摄入	含兴奋剂，如咖啡因、瓜拉纳、人参或其他草药。可能还包括大剂量的 B 族维生素。多种兴奋剂混合可能会导致副作用，从而影响运动表现
标签	营养食品	膳食补充剂

美国高中协会联合会（NFHS）体育医学咨询委员会（SMAC）在其发布的《青少年运动员使用能量饮料的立场声明和建议》中，强调如下内容（2014 年）。

- 如 NFHS 在其纲领中所述，补充水和恰当的运动饮料可以"维持水合状态以优化体能，以及将患运动型热病的风险最小化。"
- 能量饮料不应在运动前、运动期间或运动后作为补水使用。
- 所有青少年运动员的指导者与监护者，都应该向他们宣传关于能量饮料非但没有好处还存在潜在风险的信息。
- 正在服用药物的运动员不应在未经医生准许的情况下饮用能量饮料。
- 能量饮料不是运动饮料，运动员不应在训练或比赛时使用。

能量果冻、能量软糖、能量豆和能量块

能量果冻（或能量软糖、能量豆和能量块）是独立包装的浓缩能量来源，受到耐力运动员的欢迎。它们是一种便携的能量补充剂，特别适合在长时间的运动过程中使用。一些运动员认为在比赛当天，特别是在比赛中使用这些产品可以方便快捷地补充碳水化合物。这些产品因品牌和类型而异，但大多数都含有简单碳水化合物，易于消化和吸收，能够即时提供能量。同时它们也含有电解质（钠和钾），虽然含量不及运动饮料。现在市面上的一些产品还含有其他成分，如咖啡因、草药混合物、维生素 B 和氨基酸，甚至还有姜黄果冻。但是这些浓缩产品都不含水！如果你正在使用这些产品，一定要确保饮用足够的水帮助碳水化合物吸收并防止脱水。在使用这些产品之前，请仔细阅读标签。

青少年运动员应该使用膳食补充剂吗？

我阅读了大量关于膳食补充剂、强化剂及体能提高产品的研究文字。正如我在本章中一直强调的，大部分研究都是针对成年人而不是儿童和青少年的。尽管许多家长和教练都渴望尽快帮助青少年运动员取得成功，但使用膳食补充剂并不是理想答案。儿童和青少年不是缩小版的成年人。目前，尚不清楚他们的身体对那些补充剂的耐受性以及代谢方式，也不知道是否能在这个阶段进行实验。事实上，这就是为什么很少有研究以这类人群为研究对象。以进行测试为目的，以成长中的儿童和青少年为研究对象进行膳食补充剂干预实验是不道德的，很可能会扰乱他们的生长发育。作为一名营养学家和母亲，我很赞同这一观点。

美国高中协会联合会体育医学咨询委员会发表了一份关于该主题的"补充立场声明"

（2014 年），该报告提出以下观点。

> NFHS 体育医学咨询委员会强烈反对以增加比赛优势为目的服用膳食补充剂。尽管研究表明膳食补充剂存在相当多的安全隐患，但青少年和高中运动员仍在广泛地服用。膳食补充剂被认为是可以提高运动表现及能量水平、减轻体重和感觉良好的便捷方法。青少年更容易受到同龄人的竞争压力和广告宣传的影响，这些都可能会增加膳食补充剂的使用，导致运动员们更关注短期表现，而不是长期的、全面的运动发展和健康体魄。

然而，膳食补充剂涵盖面广，其中一些膳食补充剂是可用，甚至是有益的。正如第三章中所说，某些维生素和矿物质是青少年运动员必需的营养素。这些已经被充分证实安全性和有效性的补充剂，如维生素 D 和铁，可以改善营养不良。蛋白质粉可以帮助一些运动员，尤其是素食运动员或者是那些不食用动物产品的运动员，满足他们对蛋白质的需求。增重产品可以帮助那些需要超高热量需求的运动员们满足额外能量的摄入。但在决定服用任何膳食补充剂之前，记得做好功课。使用前先想想这些关于膳食补充剂的问题会对您有所帮助。

- 对发育中的运动员是否安全？
- 是否已被证实对发育中的运动员有效？
- 是否被污染？

任何一位专业的健康护理医师都希望能够向正在成长的儿童或青少年运动员推荐安全有效的产品。但遗憾的是，目前尚且无法获得膳食补充剂对这一类人群安全性和有效性的证据。即使是在看似安全的产品中，也会存在被污染的风险。本节后文中"寻找可靠信息"部分可以回答这三个问题。希望通过本章的学习，能够让你了解为什么青少年运动员想要尝试补充剂，他们的诉求有哪些，服用膳食补充及存在哪些潜在的风险，以及目前的研究进展。

保罗·克林格（Paul Klinger）是"明智的选择"公司的业务发展主管，他以多年的从业经验告诉大家，在植物成分的选用上应格外谨慎，因为它们可能含有高浓度的天然类固醇和兴奋剂成分。他还提醒运动员们要远离那些声称含睾丸激素的膳食补充剂。

正如克林格所说："许多产品声称是天然的，暗示消费者它是安全的（个人观点）。"但如果它真的提高了睾丸素水平，它可能有潜在的危害。请记住，脂肪燃烧剂和减肥促进剂类的产品往往含有较高的兴奋剂含量，并且可能含有类固醇化合物。一些运动前使用的配方产品含有的兴奋剂和植物性成分，可能是体育赛事中的违禁物质，或者对消费

者存在潜在危险。可以理解青少年运动员想要获得比赛胜利尽早获得进入青年队或得到
大学奖学金的机会，但膳食补充剂并不是他们要找的捷径。

寻找可靠信息

回答前文提出的三个问题的前提是，你的信息是正规渠道获得的。很多时候，青少
年运动员的信息来源都不是很可靠。通过我近些年对这些小运动员的了解，他们关于膳
食补充剂的信息主要来源于教练、指导员、广告、健康食品商店员、互联网以及父母和
同伴。虽然有些信息可能是有用的，但有些则不然。健康食品商店的大多数员工因缺少
正规培训而无法正确引导消费者选购商品。

可靠的信息来源

下面列出了一些可靠的信息来源，有助于您做出正确判断。

专业运动机构和组织

　　无药体育网

　　补充剂安全网

　　美国反兴奋剂机构（USADA）

　　世界反兴奋剂机构

膳食补充剂信息资源

　　美国国家膳食补充剂健康办公室

　　公共利益科学中心

　　天然药物综合数据库

　　补充剂监控网

介绍补充剂纯度的组织

　　明智的选择

- 为信誉良好的制造商和供应商代理检测补充剂产品和添加的成分，
  包括违禁物质。
- 对每批产品进行测试，确认无被禁或被限制的物质。
- 测试多个样本，以评估同一工厂生产的其他产品是否存在交叉污染
  的风险。

NSF，体育项目认证

- 确认产品不包含主要的运动组织列出的 180 种以上违禁品。
- 验证补充剂的实际成分与产品标签上是否一致。
- 验证所测试的产品中是否含有污染物。
- 验证产品是否由 NSF 认证通过质量和安全的工厂生产。

违禁物控制小组

- 验证"零药物的补充剂认证项目"测试的补充剂，以确保它们中不含有可能导致阳性反应的药物，或造成身体伤害。
- 与"世界反兴奋剂机构"禁止名单一一比对成分。
- 为此机构测试的产品授予"BSCG 无药认证"的标识。

守护科学公司

- 独立的反兴奋剂实验室
- 根据成分列表，通过手机客户端可以快速识别膳食补充剂中含有的违禁物质。

美国药物学大会（USP）

- 对补充剂成品及原材料提供第三方独立检测服务。
- 满足本程序标准的产品在包上带有 USF 认证标识。

　　没有任何组织或个人能够回答关于膳食补充剂的所有问题。还需要自己多做功课。在安全的问题上是不容丝毫差错的。我认为最好的选择是不吃任何膳食补充剂。佐治亚州立大学的营养学教授克里斯·罗森布鲁姆（Chris Rosenbloom）建议，智能手机应用可以帮助父母、教练和青少年运动员对膳食补充剂进行评估。Aegis Shield 和 NSF 都有类似的免费应用。罗森布鲁姆说："我知道有些人会服用补充剂，所以我鼓励他们去查找相关信息，而不是依赖谷歌（个人观点）。"

与青少年运动员谈论膳食补充剂

　　如果你是一位家长、指导员或教练，当青少年运动员为了训练效果向你咨询关于膳食补充剂和产品选择的问题时，不要无视这个问题。忽视并不可能让他们失去兴趣，反而会让他们选择从别的地方（如互联网）获取信息。就像我们引导他们使用最好的训练设施、鼓励他们吃蔬菜一样，我们需要教育他们关于膳食补充剂和强化剂的知识，以及其他提高体能的药物的真相。即使你确信你的青少年运动员没有服用这些药物，他也很可能听说过这些药物，甚至可能会想尝试一下。有些运动员，即使在知道了风险之后，仍然想要尝试。

当与青少年运动员谈论补充剂的时候，请记住这些要点。

- 使信息更贴近生活。青少年对研究结果或补充剂的统计数据可能不感兴趣，但他们对一些与自己从事同样项目的选手的经历却很关注。分享一些真实的事例，比如泰勒·胡顿（Taylor Hooton），一名高中运动员，因滥用合成类固醇而导致了自杀。
- 对强化剂和膳食补充剂保持开放的态度。如果你的运动员认为你对补充剂持坚决反对态度的话，她甚至可能不会找你谈论这个话题。会因此错过了教育她和帮助她找到实现目标的正确方法的机会。
- 向运动员分享 NCAA 违禁物清单。这是与他们谈论这一话题很好的方法，告诉他们如果有想要在大学或专业水平上开始运动生涯将要面对什么。一定要强调高剂量的咖啡因也是在此清单上的。
- 如果你是一名家长，一开始请向你孩子的教练或指导员了解他对膳食补充剂的看法。对他们建议的补充剂，如果有你不了解的内容我建议要多提问和索要证据。
- 了解强化剂的最新讯息，并关注青少年运动员之间的热点问题。多和他们沟通。
- 运用你掌握的信息，也教会青少年运动员使用信息！下载移动应用程序，如"Aegis Shield"或"NSF"，这样你就可以对他们了如指掌。

还记得第一章我们讨论了如何养成良好习惯吗？孩子们从小不仅要培养饮食和运动习惯，他们也会效仿成年人，从他们认为是榜样的人身上学习正直、价值和道德。当人们对膳食补充剂的兴趣超过了对努力工作和正确饮食的重视程度时，运动训练就会走向歪路。一个看似无害的建议，很快就会引起人们对其他补充剂和兴奋剂的兴趣。大多数青少年运动员能够通过日常饮食获得足够的营养而不需要依靠补充剂。父母、教练和指导员必须严格把关膳食补充剂，推荐那些已经被证明是安全有效的运动营养，比如本书中列出的那些。

如果你想要帮助你的青少年运动员表现得更好、长期内保持良好竞技状态，那就需要专注于提高体能的饮食方式和那些被证明有效的技巧，比如以下几点。

- 有挑战性的培训计划。
- 通过饮食计划支持运动训练，促进体能恢复，保持运动员健康强壮。
- 保证充足的睡眠以促进生长和发育。

- 充分补水。
- 只在确定饮食不当或营养不良的情况下补充维生素或矿物质补充剂。
- 选择适合且符合运动员目的的安全补充剂，如运动饮料或代餐食品。

正如运动营养学家塔维斯·皮亚特里（Tavis Piattoly）指出的那样，"补充剂不是一种万能的药丸，如果热量摄入不能满足热量消耗时，它对任何的运动表现都成效甚微"。

专家们如是说

一些运动营养学家提出以下观点，认为这些是高中运动员在使用膳食补充剂时所犯的错误。

高中运动员很少了解补充剂产品的作用机制，选择去用只是因为他们的伙伴正在使用。此外，学生们误认为补充剂是受到严格管理的。

罗伯塔·安定（Roberta Anding），MS，RD / LD，CSSD，

得克萨斯州儿童医院运动营养院主任

他们从错误的渠道获取信息，听到的只是广告宣传和一些传言，而不是真正的科学。此外，一些青少年运动员身体还不成熟，在进入青春期之前是不会增加肌肉的，但他们仍然认为补充剂会对此有所帮助。

克里斯·罗森布鲁姆（Chris Rosenbloom），PhD，RDN，CSSD，

佐治亚州立大学营养学教授

高中运动员容易接受健康食品商店员工的建议，往往会导致购买到剂量错误的产品。我还很遗憾地发现，他们在购买之前不与父母商量，而且他们的实际摄入量也超过了标签上推荐的剂量。

塔维斯·皮亚特里（Tavis Piattoly），MS，RD，

"我的运动营养学家"联合创始人和主管

在我看来，很多高中运动员服用补充剂之前不咨询父母、医生、教练、运动指导员或有执照的运动营养师，这是非常严重的错误。市场上有太多的补充剂，加上缺乏对 18 岁以下人群的相关研究，这可能会导致学生服用不安全或无效的补充剂，甚至可能危及生命。

金姆·施瓦本鲍尔（Kim Schwabenbauer），RD，CSSD，

"点燃激情"创始人

　　青少年们最大的误区是认为仅仅依靠补充剂就可以提高运动表现、恢复体能或改变身体成分。要知道，用肌酸代替午餐不会帮助肌肉生长，也不会在训练或锻炼过程中提高体力、速度或力量。我们需要运动员们保持加满油的状态，正确选择食品，而不是补充剂，以这种方式吃得好、训练好、尽最大努力。

莱斯利·邦西（Leslie Bonci），RD，CSSD，

"积极饮食建议"的老板

　　高中运动员犯的最大错误就是认为膳食补充剂是一颗神奇的子弹，可以瞬间提高他们的表现或增强他们的肌肉量。此外，许多人不明白的是，当服用膳食补充剂时，会面临很多风险。

琳达·塞缪尔（Linda Samuels），RD，CSSD，

"运动营养训练表"的体能营养师

第七章

诊断及治疗饮食失调

个人喜好、食物口感好坏、比赛日的限制，这些都是青少年运动员们吃或不吃某种食物的原因。我们难免对这种饮食偏好是否正常产生怀疑。因为某个特殊的饮食习惯对某些人来说是完全正常和健康的，但对于另一些人来说却不是。

并不是所有奇怪的饮食习惯都属于饮食失调的范畴，也并不是所有饮食失调的运动员都会被诊断为进食障碍症。有些运动员可能不喜欢某些食物，或者当他们吃某些食物时会感觉不适。当被告知吃一些东西不好或不利于他们的运动表现时，一些运动员甚至可能改变他们的饮食习惯或限制某种食物的摄入。这些运动员可能只需要学习怎样吃才更健康以及明白为什么要合理饮食。然而，一些青少年运动员可能患有饮食失调或被确诊的进食障碍症。而要弄清楚这之间的界定标准要比你想象的难得多。

在我的运动营养工作室刚成立的时候，对进食障碍症患者的治疗经验几乎为零。在学校时我对常规训练处理的得心应手，而且在我的第一份营养师的工作中也积累了一些经验，但是却鲜有接触进食障碍症的病例。开始我认为我并不需要学习这些，因为我的专长是运动营养，关注点应是如何通过饮食让运动员表现得更好。但很快我就发现这种想法真是大错特错，在青少年运动员当中饮食失调现象非常常见，多到超出你的想象。

识别饮食失调

饮食失调往往发生在运动员的青春期。从第一章中我们得知，这一时期身体快速变化，尤其是对女性运动员来说，并不是所有的运动员都能适应自身的这种变化。教练、指导员和家长应帮助青少年运动员理解他们的身体变化是正常现象，是健康成长和发育的必要条件。同时还要强调营养补给的重要性。如果对体重及身体成分感到不满意，或者担心过重或过轻，最好的方法是向专业人士寻求建议。即使教练和父母是出于好意，提醒运动员需要减重或增重，但也可能会导致运动员饮食失调。我之所以知道这一点，是因为在我的训练实践中，我看到很多这样的例子。

当我立志成为这一领域的专家时，我对一个问题非常感兴趣：相对于其他非运动员的青少年，是否青少年运动员发生饮食失调的概率更高？如果是，原因又是什么？这是一种行业现象吗？是运动员更注重身体形象吗？还是作为一个明星运动员的专业素养（注意力集中，动机较强，虚心受教和行动力强）使他们更容易导致饮食失调？许多年轻运动员不愿意承认自己对体形或体重的恐惧，很多时候他们选择独自承受。当我和青少年运动员交流时，有时需要几周时间才能让他们承认对食物的恐惧。青少年运动员以是否有利于运动来作为他们饮食行为的标准。在一些项目中饮食失调很常见，而且是被人们默认可行的。

通过问卷调查发现，高中运动员患饮食阻碍的风险并不比同龄的对照组高，尽管专家对结果提出质疑。饮食失调和进食障碍症是否可以通过简单的问卷来辨别？许多研究人员认为，除了问卷以外，还需要对青少年运动员进行临床试验，以确定一名运动员是否有患进食障碍的风险或已经存在进食障碍。一项包括访谈在内的临床研究证实了这一观点，在优秀的青少年运动员中，饮食失调的患病率要高于对照组（Martinsen & Sundgot - Borgen，2013）。这一证据进一步支持了高中学校需要制定一项针对青少年运动员饮食失调的筛查方案，包括面对面的访谈。最理想的情况是，所有的高中都应配有一名运动营养师，他们可以进行上述筛查。所有的体育协会都做好准备，随时帮助苦恼于饮食及体格的运动员们解决烦恼。

尽管有工具可以辅助诊断，但运动营养师往往是第一个留意到运动员饮食问题的人。这不难理解，因为他们经常与那些有体重、健康和体能问题的运动员和那些从伤病中恢复过来的运动员接触。不幸的是，那些饮食失调或有进食障碍的运动员最后通常都会出现上述问题。

我一直自认为是一个好顾问。我天生拥有良好的阅人能力，而且直觉很准。虽然在我职业生涯的早期，对于诊断治疗进食障碍症缺乏专业经验和实践，但我很留心他们出现的问题。我的客户很信任我，和我分享他们对食物和体形的困扰。然而，我并不是这方面的专家。当我认为有疑似饮食失调或进食障碍的症状时，我会把他们介绍给一些专门从事该领域的营养师。渐渐地，推荐的人越来越多，这让我非常难过。难以想象在青少年运动员中，饮食失调是这么普遍。我意识到再这样下去是不行的，我费尽心思与每一个客户建立信任，却在他们敞开心扉诉说了苦恼后转而把他们送到另一个营养师那里去咨询。我是运动营养专家，我也是他们信任的人，所以他们肯与我谈论他们对饮食和体形的烦恼。我想帮助他们改善他们的饮食方式。我的运动员们需要一名既擅长运动营养又懂得如何处理饮食失调的专家，于是我决定是时候学习新的技能了。

我参加了一些学术会议，向专门研究饮食失调领域的同事请教，同时采访了许多曾患有饮食失调的运动员，查阅大量文献研究了运动员饮食失调的表现。我发现虽然治疗方法多种多样，但有一件事是肯定的：要帮助一名青少年运动员克服进食障碍症，是需要团体合作的。教练、指导员和家长需要学习相关知识来预防饮食失调，但一旦事态变得严重，就一定要寻求专家的帮助。因为这不仅关乎他们的运动生涯，他们的健康和幸福也有赖于此。

进食障碍的类型

2013年5月，美国精神病学协会出版了《精神疾病诊断与统计手册》第五版（DSM-5），描述了进食障碍症的诊断依据和分类标准。三种主要的进食障碍症分别为神经性厌食症（AN）、神经性贪食症（BN）和暴食症（BED）。第四种被称为其他特定的喂食或进食障碍（OSFED），其特征是饮食行为的紊乱，但不属于厌食症、贪食症或暴食症。虽然OSFED没有具体的标准，但同样值得重视。因为它也是最常见的进食障碍症之一。

进食障碍看似只是关于食物的问题，但实际上却远远不止。到目前为止，进食障碍的病因尚未明确，但几个因素可能起到了关键作用。首先是遗传因素。进食障碍通常在一个家族中高发，因此人们猜测进食障碍可能与遗传基因相关。其次是社会因素。对理想身材的过分追求也会带来心理压力，造成饮食失调。心理因素或其他心理健康阻碍，如抑郁、焦虑、强迫症和自卑也会导致患进食障碍的风险增加。人际关系方面，比如有被虐待史、曾被人嘲笑体重、生活中受过创伤以及常见的情绪低落，都可能引起进食障碍。虽然诊断进食障碍并不是教练、指导员或家长的工作，但如果了解疾病的症状，可以第一时间感知到潜在的危险信号，可以帮助他们决定是否需要向专家寻求帮助。

男性运动员进食障碍

毫无疑问，男性也会患上进食障碍。很多人认为只有女性才会患进食障碍症，这真是一个很大的误区。而这种观念也会令男性感到困惑，甚至无法判断自己是否真的在进食及体态判断上出了问题。同时这也会令他们羞于承认并试图掩盖这些症状。一项研究发现，年轻男性认为，进食障碍只会对女性产生影响，因此只有当他们的病情变得更严重时，他们才会意识到自己可能患有进食障碍（MacLean et al.，2015）。即使在今天，媒体仍然宣称男性进食障碍为非典型病例。进食障碍没有性别区分，要像关注女性一样去关注青年男性运动员。

男性的进食障碍与女性相似，但也有些不同的特点。他们的发病年龄往往晚于女性。而且男性更倾向于关注自己的身体成分，追求更少的脂肪和更多的肌肉。他们在患有进食障碍前往往体重超标，或者被人嘲笑过身材肥胖。他们从事的多为对体重有限制的运动，如摔跤、骑马、足球等。但患有进食障碍的青年男性运动员并不局限于这些运动。我接触过的青年男性运动员患此症的还包括从事冰球、赛艇、棒球、摔跤、游泳和舞蹈等项目。男客户很少因为饮食失调来向我咨询。他们来找我的初衷往往是因为体能下降，低于健康标准的体脂率，或者为了改善体格发现自己使用了不健康的产品。大多数情况下，除非我们之间建立起信赖关系，否则他们是不会坦诚自己的饮食问题的。

神经性厌食症（AN）

神经性厌食症（Anorexia Nervosa）的特点是扭曲的身材判断，对肥胖有强烈的恐惧以及自主禁食，以致严重的体重下降。以下是神经性厌食症的危险信号。

- 体重明显下降。
- 对身材不自信，经常谈论变胖或感觉自己肥胖。
- 对体重增加有强烈恐惧。
- 对体重、热量、脂肪和普通食物感到抗拒。
- 进餐后有罪恶感。
- 严重焦虑、抑郁，或两者兼有。
- 不与朋友联系，不参加活动。
- 找借口不吃东西、否认饥饿，以及逃避进餐。
- 严格的进食标准。
- 滥用泻药、减肥药或利尿剂。
- 过度或强迫性锻炼。

神经性贪食症（BN）

神经性贪食症（Bulimia Nervosa）的特点是暴饮暴食，随后采取极端手段弥补罪恶感。症状包括不断反复的进食与排空，贪食时往往会失控，或者在暴饮暴食后采用极端的方法补救（如使用泻药或利尿剂、强迫运动或禁食），以及对体重和体形的极度关注。
以下是贪食症的危险信号。

- 暴饮暴食（如短时间内大量进食）。
- 独自进食或囤积食物，并将包装纸藏在隐蔽的地方。
- 在饭后频繁地出入卫生间进行"排空"，或有呕吐的迹象（听到或嗅到）。
- 对食物有偏见。
- 体重起伏大。
- 因经常催吐手背或手指关节处结茧。
- 过度严格的锻炼方案，言语间总是透露需要减少热量。
- 滥用泻药、减肥药或利尿剂。
- 牙齿变色或染色。
- 眼睛或面部因呕吐而出现红血丝。
- 反应有喉咙痛、胃部灼热或反流等现象。
- 常感到羞耻和内疚，从而导致焦虑、抑郁，或两者兼有。
- 自我否定和自卑。

暴食症（BED）

暴食症（Binge Eating Disorder）的特点是在短时间内反复吃大量的食物，进食时感觉失去控制。以下是暴食症的危险信号。

- 不饿的时候也会吃大量的食物，之后没有"排空"。
- 进食时有失控感。
- 吃到撑。
- 体重增加或肥胖。
- 有羞耻感和内疚感，或对此感到厌恶。
- 独自进食、偷偷进食或藏匿食物。
- 极度焦虑、抑郁，或两者兼有。

其他特定的喂食或进食障碍（OSFED）

其他特定的喂食或进食障碍（OSFED）是一种由于进食障碍引起的明显痛苦或身体损害，但不属于厌食症、贪食症或暴食症的范畴。OSFED 的危险信号与其他进食障碍症相似，潜在的健康后果同样严重但不典型。以下是 OSFED 不同于其他三种可诊断进食障碍的特征。

- 所有的标准都符合暴食症的诊断，但体重正常或高于正常范围。
- 除了暴食和其他补偿性行为发生频率较低外，所有的标准都符合贪食症的标准。
- 除了暴食的频率低于平均每周一次或持续少于三个月或两者皆有，所有标准都符合暴食症。
- 无暴饮暴食的"排空"。
- 夜食综合征（NES），这是一种持续的深夜暴食。是在晚餐后食用大量食物，或者从睡眠中醒来后进食，或两者兼有。

其他形式的进食障碍

前面列出的是常见的进食障碍症，但还有许多其他与体形管理及不健康的饮食习惯相关的病症。躯体变形障碍患者和肌肉上瘾者也属于进食障碍，男性女性都可能发病。逃避和限制性进食障碍和强迫性运动则是另外两种。本章的目的并不是要总结每一种进食障碍，而是想让大家明白进食障碍存在多种形式。在这里，我还想在单独介绍一种进食障碍症。

健康食品强迫症（Orthorexia Nervosa，ON）在初期是一种无害的改善饮食习惯的尝试，但对一些高风险的人来说却可能形成病态的执迷。与那些患有厌食症或贪食症的人一样，健康食品强迫症患者花费大量精力在食物选择上，但比起热量，他们更关注的是食物的质量和纯度，包括它是如何生产、加工和储存的。这种情况开始时通常是无害的。一个运动员可能会为了一个好的原因而改变他的饮食习惯——例如，避免摄入过多的糖和反式脂肪，因为它们分别会导致炎症和升高低密度胆固醇。一些关于食物或食物组的负面信息，不管它是真的还是假的，都能诱发健康食品强迫症。在当今文化中存在恐惧营销，媒体宣传和流行的减肥书使用了耸人听闻的词汇，如危险、致命和有毒等来博取眼球。这些话对某些人尤其是对青少年运动员来说可能会产生毁灭性的后果。家庭习惯、营养趋势或近期所患疾病也会引发健康食品强迫症。一开始，患者会移除某个食物组或某种食物成分（例如人工甜味剂和人工色素、加工食品、脂肪、糖、转基因食品）。随着时间的推移，他们会移除越来越多的食物和成分，痴迷于健康食品，仅吃他们认为安全的食物。

能量加油站

艾利森（Allison）

　　艾利森是一个 16 岁的网球运动员，每周训练五六次。她身高 157 厘米，体重 42 千克。当艾利森开始决定吃素食时，她的母亲向我咨询是否她可以得到足够的营养。她妈妈很担心，因为自从艾利森改变饮食习惯后，她的体重下降了，运动成绩也随之下降。她过去的体重是 50 千克，这意味着她在过去的 4 个月里减掉了 7.7 千克。

　　最初约见时，我和艾利森讨论了她的饮食习惯、过往体重，以及每周的训练方案。她告诉我她已经 4 个月没有月经了。基于她的症状，很明显，艾利森明显营养摄入不足。那么原因是什么呢？

　　我对艾利森选择素食的原因很好奇，所以我们花了一些时间来讨论这个问题。艾利森解释说，她的健康老师在课堂上放映了一部名为《食品产业》的电影。她看到电影中人们对待动物的方式后决定成为素食主义者。同时她也限制糖的摄入，因为她被告知糖是有毒性的，对她的身体有害。

　　艾利森的这些片面的营养信息影响了她在饮食上的决定，并扭曲了她对健康的看法。她并不害怕摄入太多的热量；她只想吃健康的食物。艾利森的表现符合健康食品强迫症的症状。与许多患有健康食品强迫症的人不同，艾利森是一次把所有她认为不健康的食物全部移除掉了。这导致了她的低热量、低营养的饮食状态，致使体重迅速下降、月经紊乱、营养不良和体能不佳。她不是故意在减肥的，之所以变成现在这样是因为她从食谱中移除了太多食物，几乎没有什么东西可以用来滋养她的身体了。

　　几周后，艾利森终于开始承认她对食物的恐惧。她否认对于体重增加的担心，但她承认她害怕吃某些"不健康"的食物，为此会减少社交，变得孤僻。

　　根据艾利森的情况我制订了一个饮食计划，可满足她 100% 的营养需求，前提是只选用她认为安全的食物。这个计划提供了足够的热量、碳水化合物和营养素，可以帮助她恢复健康的体重，恢复正常月经，同时我和她的心理医生合作，一起解决她的心理问题，从而提高她的运动表现。

　　我热衷向大众宣传关于健康食品强迫症的危害，所以我经常在文章中和演讲时谈论这一话题。健康食品强迫症可以理解为由于过度关注健康的饮食习惯而导致的极端成瘾

现象（如完美饮食）。这个词是由史蒂文·布拉特曼（Steven Bratman）博士在1997年最先使用，并在近年获得了人们的普遍认可。目前，健康食品强迫症并不属于典型的进食障碍症，但由于近年来越来越多的病例报告使健康管理专家对它变得熟悉。虽然目前没有权威的诊断标准，但已有人对此进行了总结（Bratman & Dunn，2016）。

健康食品强迫症很难察觉，因为这些人往往会对他们的饮食方式感到自豪，而不是自责。在极端情况下，这些强迫行为会导致疾病甚至毁掉运动员的生活。他们可能会脱离集体，避免外出就餐，因为他们不相信其他人做的食物。尽管他们想要少投入些精力思考食物，但随着对健康饮食的痴迷，他们在社会上会越来越孤立。

健康饮食和健康食品强迫症是有区别的。仅仅因为一名年轻的运动员食用健康的食物，并为此而自豪，这并不意味着她患有健康食品强迫症。我们鼓励青少年运动员花时间关心他们的身体状况，希望他们吃健康的食物。为一个良好的饮食习惯而努力是无可厚非的，但它不应该建立在损害健康的前提下。表7.1对比了健康饮食和健康食品强迫症的区别。

患有健康食品强迫症的青少年运动员并没有严格限制热量和宏量营养素的摄入，因此在初期他的运动表现可能不会受到影响。但随着时间的推移，运动表现下降就会逐渐显现。患有健康食品强迫症的青少年运动员经常会感到孤立、孤独和焦虑。如不经治疗可能会演变为厌食症。

那些受进食障碍困扰的人，并不一定完全符合上述定义中的某个类别。他们的饮食模式可能在严格限制食物、不进食、暴饮暴食、排空然后又变回严格限制食物间不断转换。这些饮食失调模式有一个共同点，那就是对食物的痴迷，以及对健康饮食的错误认识。

我的使命是通过对经历过进食障碍的运动员进行采访，更多地了解进食障碍，并研究发病原因。许多女运动员回忆说，他们的教练告诉他们减几千克体重会提高她的表现。尽管这建议听起来没错，但可能会让一个极具进取心的运动员走上进食障碍的道路。教练可能没有意识到他们对青少年运动员的影响有多大，但事实上，青少年运动员非常敬仰他们的教练，比起生活中其他的榜样他们更愿意听从教练的建议。所以作为教练，当和一个青少年运动员谈论体重时，一定要非常谨慎。记住，青春期前体重增加是正常的生理现象，是为了迎接接下来的生长发育高峰期的必要条件。在这个阶段的运动员经常对他们的身体变化感到不适应，对任何有关他们身材的讨论或评论都非常敏感。

表 7.1 健康饮食和健康食品强迫症

健康饮食	健康食品强迫症
限制加工食品和合成添加剂，或限制饱和脂肪、反式脂肪、糖和钠的摄入量	完全不吃任何认为不健康的食物（因人而异），以至于很难找到足够的食物来满足营养需求
可以尝试不同的饮食或尝试不同的膳食模式，如吃素食、无谷蛋白饮食，或"清洁饮食"	花过多的时间去思考吃什么食物
外出就餐时选择健康食品	避免由别人购买或准备食物
提前计划饭菜	花费数小时准备食物，并为准备饭菜而焦虑
通常不吃甜点	即使是在特殊场合，也不吃甜点
选择健康食物，但保持社交，享受生活	变得沉默寡言，避免社交；生活质量下降
阅读食物成分表	沉迷研究食物中的成分
当吃不健康的食物可能会让人感觉不好	每次餐后都要进行总结：满意或内疚

女运动员三联征

女运动员三联征是备受关注的问题，它包括了相互联系的三个征象，即进食障碍、月经紊乱和早发骨质疏松。

体能活动较多的女性通常会出现上述的一种或多种情况。持续的低热量摄入会对健康和运动表现产生显著影响。当发生进食障碍时更是如此。月经紊乱似乎只是一个小问题，但它是身体释放的一个求救信号，说明身体出现了问题。如果不及时治疗，会导致更严重的并发症，包括闭经和其他相关的疾病。低热量摄入对骨密度也有负面影响。据报道，月经不调或骨密度低（或两者兼有）的女性更易发生应力性骨折，长此以往会导致骨质疏松症。而我们都知道优秀运动员最怕的就是受伤。

尽管女性运动员患进食障碍的风险更大，但并不是所有低能量摄入的运动员都有进食障碍症。因为成长中的青少年对营养需求非常高，他们中很多人都纠结于如何满足营养需求。由于时间的限制，食物利用率低以及缺乏正确的营养知识都会影响运动员的进食量。最重要的是，要意识到这是一个严重的问题。当低能量摄入未在短时间内被识别和纠正时，就会造成更严重的并发症（如临床进食障碍、闭经、骨质疏松症）。这需要通过监测、教育和大众媒体宣传来强调饮食对成长、发育和运动表现的重要性。

　　国际奥委会（IOC）通过定义"运动中相对能量摄入不足（RED-S）"一词，对女运动员的三联征和低能量摄入之间的风险进行了进一步阐述。这一词汇扩展了三联征的范围，并确认了问题的复杂性。同时也意识到男性运动员也可能受到影响。特别强调了与 RED-S 相关的其他健康影响，包括对成长发育的影响（图 7.1）。

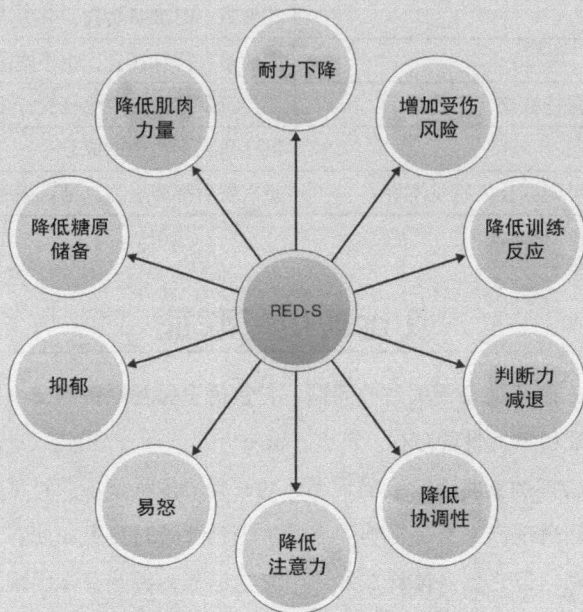

图 7.1　能量摄入不足的潜在影响

源自：M. Mountjoy，J. Sundgot-Borgen，L. Burke，et al.，2014，"The IOC consensus statement：Beyond the Female Athlete Triad—Relative Energy Deficiency in Sport（RED-S），" British Journal of Sports Medicine 48：491-497，by permission of M. Mountjoy. Adapted from N.W. Constantini，2002，Medical concerns of the dancer. XXVII FIMS World Congress of Sports Medicine，Budapest，Hungary，by permission of the author.

　　对正常发育中的身体提出减重建议是完全错误的。事实上，任何涉及体重的事情都有风险。为了防止饮食失调，或对食物的消极情绪，无论目的是什么，父母、教练和指导员都应鼓励运动员遵循符合他们生长、发育和体能需要的营养方案。本书中提供了构建这个方案的工具。如果已经明确发育中的运动员有超重的情况，那么请参照第四章中的内容，在不节食的情况下减重和减脂。

　　如果你怀疑一名青少年运动员在饮食方面出现了问题，并想和这名运动员谈论这个问题，那么请选择一个私密的空间。告诉运动员你很担心他，引导他对你敞开心扉。教练、指导员或家长在预防和发现问题上起重要作用，但要记住你并不是医生。发现有进食障碍倾向时请向专业人士寻求帮助。一旦发现问题，建立一个治疗小组是首要任务，成员要包括心理医生、营养师和医生。你可以向运动员表现出你的关心，也要在选择治疗团队以及支持团队方面发挥积极作用。

第三部分

定制专属运动营养计划

第八章

创建你的个人计划

每当我开始和一名运动员合作时，他和他的父母都渴望我给他们一份详细的饮食计划并列出他们应该吃什么。但这不是我要做的。相反，我会教他们如何为自己制订饮食计划。在这一章，我想将这个方法教给你们。

青少年在营养需求方面有很大的差异。回顾一下之前我们说过的：营养需求不仅受到运动员身高、体重和发育年龄的影响，而且因运动项目、担当的位置、训练水平和目标不同而有所差异。而且，即使所有这些事情都解决了，还有其他的问题需要考虑。如果一个运动营养计划不能满足运动员的日常需求，那这个计划无疑是失败的。以下是制订个人营养计划时需要考虑的问题。

- 运动员的训练日程是什么？
- 运动员的学校日程是什么？
- 个人以及家庭在负担食物消费方面是否有困难？
- 运动员的饮食偏好是什么？

如果我给你一份事先确定好的饮食计划，你能否完全按照我说的做？食谱中是否包含了你喜欢的食物？你是否懂得如何将一种食物替换成另一种食物？或者你为了坚持这个计划，能够每天都吃同样的东西吗？根据我的经验，饮食计划失败的原因（减重同理）是人们倾向于遵循他们自己喜欢的部分，而无视他们不喜欢的部分。结果导致营养摄入不足。

比起现成的食谱，我更愿意为客户制定个性化的饮食框架。用这个框架来教会他们如何创建饮食计划。本章将为大家介绍如何运用前几章学到的知识来创建一份属于自己的专属饮食。这样可以在满足每个人特殊需求、食物偏好和训练计划的基础上来制订适合自己的饮食计划。

虽然开始制订饮食计划时可能会有些烦琐，但一旦掌握就是能让高中运动员受益终身的技能之一。因为在制订的过程中不仅学会了吃什么能够完成目标，还学会了如何根据训练和目标调整饮食计划。形成习惯后，这项技能会伴随运动员整个职业生涯及人生。

准备好纸笔，接下来我将手把手教你怎么做。

1. 给食物分类。你将知道碳水化合物、蛋白质和脂肪的食物来源。

2. 学习食物分量。你将会了解到每种食物每份的重量。

3. 估算你的营养需求。通过前几章的信息来计算你的营养需求，并决定食物分量。

4. 创建一个饮食框架。你将学会如何分配所需的热量和营养物质到每一餐，如何在正确的时间吃足量的食物。

5. 创建具体饮食计划。使用食物图表，用自己喜欢的食物来丰满你的框架。

此外，本章还提供了早餐、午餐、晚餐和迷你餐的选择。饮食计划中的许多食谱都会在第十章和第十一章中列出。和我合作的人都喜欢从我这得到食谱和灵感，想知道何种饮食计划才是适合他们的。如果你也和他们一样，那么这本书将对你非常有用。虽然有时候一对一的营养咨询很必要，但这本书是除此之外的最佳选择。那么，让我们开始学习吧。

第 1 步：食物分类

在之前的章节中，你已经了解了为什么要在饮食计划中加入每一种宏量营养素（碳水化合物、蛋白质和脂肪）。现在，你需要知道每种食物属于哪个类别。我敢说大多数青少年运动员——甚至他们的父母——在发现那些意外的属于碳水化合物食物时都会很惊讶。学习如何对食物进行分类是创建饮食计划的第一步。

哪些食物是碳水化合物的来源？

回想一下，之前我们说过碳水化合物分为复杂碳水化合物和简单碳水化合物。第二章中提到的美国政府推出的热门计划"我的餐盘"，餐盘中的 5 个部分全都含有碳水化合物，只是有的部分有更多的选择性。粮食、水果和蔬菜类都含有碳水化合物。牛奶和酸奶等乳品类也是碳水化合物的来源。在"我的餐盘"的蛋白质部分出现的豆类和豆科植物中也含有碳水化合物。含添加糖的食物也有碳水化合物。有些食物，如运动饮料或糖果中的糖，可能在"我的餐盘"中没有提及，却是青少年运动员们会接触到的食物。这些功能食品添加糖类以满足长距离或高强度运动的能量需求。

哪些食物是蛋白质的来源？

记住，蛋白质中含有氨基酸，而氨基酸是用来组建和修复身体组织的重要物质。蛋白质存在于大多数动物性食品中，如红肉、家禽、鱼、牛奶、鸡蛋、奶酪，以及一些植物性食物中，如大豆、豆类和豆科植物。

有些食物被认为仅含蛋白质（如蛋清和去骨去皮鸡胸肉）。鸡腿和整蛋则是蛋白质和脂肪的食物来源。有些食物则包含蛋白质和碳水化合物两种营养素（如豆类和豆科）。

我们选择的蛋白质食物应该取决于个人需求、目标和训练量。你可以选择完全或不完全的蛋白质，尽量在每一餐，包括迷你餐中加入含蛋白质的食物。

哪些食物是脂肪的来源？

膳食脂肪是青少年运动员的重要能量来源。在第二章中我们说过，膳食脂肪分为不饱和脂肪、饱和脂肪和反式脂肪。许多食物含有天然的脂肪，刚刚提到的许多蛋白质食物也都包含在这一类食物中。有些食物含有添加脂肪（如黄油饼干或生日蛋糕）。有些食物不含或含有极少的碳水化合物和蛋白质，被认为仅是脂肪的食物来源，包括油、黄油、花生酱、坚果、种子和沙拉酱。在完善你的饮食框架时，脂肪来源一栏中要列入所有的脂肪，包括天然脂肪和所有添加脂肪。

表 8.1 提供了如何分类食物的一览表。记住，许多碳水化合物食品也含有脂肪，应该同时计在两种类别下。许多蛋白质食物也含有脂肪，也应同时计入两种类别。在第 2 步我将提供更具体的信息，包括每份食物的重量。届时你将知道自己所需的食物量为多少。

表 8.1　食品分类

碳水化合物	蛋白质	脂肪
淀粉（面包和谷类）	牛肉	所有油类
淀粉类蔬菜，包括豆类和豆科植物	家禽	鳄梨
水果	鱼类和贝类	黄油和人造黄油
非淀粉蔬菜	鸡蛋	坚果
牛奶和酸奶	牛奶和酸奶	种子
添加糖	豆类和豆科植物	花生和花生酱
	豆制品，如豆腐和豆豉	橄榄
	奶酪	

第 2 步：学习食物分量

现在你知道如何对食物进行分类，接下来就需要了解食物的分量。某种食物不能单纯地以好坏定论；你的食用量将会影响你能否完成目标。例如，在训练前，一块涂上花生酱的吐司是一个不错的选择。可以将糖原储存起来，同时摄取少量脂肪延缓饥饿感。但如果将食物分量改成三份烤面包，加一大勺花生酱，那你可能就要胃痛了。运动员们，特别是青少年运动员，每餐对食物的需求量都不同。一名运动员可能需要每餐吃三份碳水化合物，而另一名运动员可能需要六份。知道每类食物每份的量，是正确地完成饮食框架的必要条件。

分量的多少取决于食物中所含碳水化合物、蛋白质和脂肪的克数。一份所含的量并不一定是你一次吃的食物量；它只是作为一种计数方法用于完成饮食框架。一个青少年运动员在早餐时可能需要两份碳水化合物，而年纪稍大的运动员可能需要五份。表 8.2 显示了每种营养成分每份所含的大概热量和重量，有助于帮你确定食用量。在第 4 步中我们将深入讨论这个问题。

表 8.2　每种营养素每份所含的重量和热量

营养素	每份重量（克）	每份热量（焦耳）
碳水化合物	15	335
蛋白质	7	167
脂肪	5	188

碳水化合物分量和分类

表 8.3 列出了在你完成饮食计划时加入的食物换算成碳水化合物（CHO）和脂肪（FAT）的份数。记住，一些碳水化合物食物中同时含有脂肪。

留意那些含有添加糖的食品，如糖果、冻酸奶、含糖谷物和含糖饮料，这些也含碳水化合物，属于其他糖类。其他食物，如蛋糕、饼干、甜甜圈和冰激凌，添加了糖，同时也含有脂肪。我没有办法在本书中列出所有食物。如果要确定你选择的食物究竟含有多少添加糖和脂肪，最简单的方法就是参照食品标签。记住，一份脂肪等于 5 克。所以，如果一个 1 / 2 杯的冰激凌的标签注明含有 15 克脂肪，你可以把它记为三份脂肪。如果这个冰激凌还含有 15 克碳水化合物，则记入一份碳水化合物。

蛋白质分量和分类

表 8.4 列出了蛋白质食物的重量以及对应的份数，份数按照蛋白质、碳水化合物和

脂肪记入 。将这些食物列入饮食计划时要注意，许多蛋白质食物中含有脂肪，有些则含有碳水化合物。

膳食脂肪分量和分类

表 8.5 中的食物仅归类为纯脂肪。列表中不包括蛋白质食品中含有的天然脂肪，也不包括其他食物中添加的脂肪。食物的量已经根据每份含量做了调整，每种食物都提供 5 克脂肪。

表 8.3　碳水化合物食品清单

淀粉类食物		
食物	分量	计数
迷你份百吉饼（直径 6.4 厘米）	1	1 CHO
小份百吉饼（直径 7.6 厘米）	1	2 CHO
大份百吉饼（直径 10 厘米）	1	4 CHO
薄款百吉饼	1	2 CHO
面包	1 片（30 克）	1 CHO
小圆面包、热狗或汉堡	1	2 CHO
膨化谷物	1 1/2 杯	1 CHO
即食含糖谷物	1/2 杯	1 CHO
即食不含糖谷物	3/4 杯	1 CHO
煮玉米	1/2 杯	1 CHO
大份胡萝卜餐包	1（60 克）	2 CHO
小份胡萝卜餐包	1（60 克）	1 CHO
英式松饼	1	2 CHO
格拉诺拉麦片	1/4 杯	1 CHO + 1 FAT
热谷物	1/2 杯，煮熟	1 CHO
馕饼	1 张	3 CHO
小份薄煎饼（音乐 CD 大小）	1	1 CHO
煮意大利面	1/3 杯	1 CHO
煮豌豆	1/2 杯	1 CHO
大份口袋面包	1/2	2 CHO
烤迷你红皮马铃薯	3	1 CHO
烤带皮马铃薯	90 克	1 CHO
马铃薯泥	1/2 杯	1 CHO
烤箱烘焙马铃薯（法式炸薯条）	12 ~ 15 根法式炸薯条	1 CHO
煮藜麦	1/3 杯	1 CHO

续表

淀粉类食物		
食物	分量	计数
年糕（直径 10 厘米）	2	1 CHO
熟米饭	1/3 杯	1 CHO
冬南瓜泥	1 杯	1 CHO
红薯（直径 6.4 厘米，或长 12.7 厘米）	1	2 CHO
精制塔博勒色拉	1/2 杯	1 CHO
硬脆皮玉米饼	2	1 CHO
面粉制玉米薄饼（25 厘米）	1	3 CHO
面粉制玉米薄饼（15.2 厘米）	1	1 CHO
冷冻华夫饼	1	1 CHO
淀粉类零食		
食物	分量	计数
烤薯片	21 克（13 ~ 18 片薯片）	1 CHO + 1 FAT
马铃薯薯片（正常规格）	30 克（12 ~ 16 片薯片）	1 CHO + 2 FAT
玉米薯片	30 克（8 ~ 13 片薯片）	1 CHO + 1 FAT
Goldfish 牌饼干	45	1 CHO + 1 FAT
Cheez-It 牌饼干	15	1 CHO + 1 FAT
全麦饼干（6.4 平方厘米）	3	1 CHO
圆形黄油味饼干	6	1 CHO + 1 FAT
椒盐味饼干	6	1 CHO
加黄油爆米花	3 杯	1 CHO + 3 FAT
原味爆米花	3 杯	1 CHO
烤迷你红皮马铃薯	3	1 CHO
椒盐脆饼干	21 克	1 CHO
年糕（直径 10 厘米）	2	1 CHO
香草煎饼，正常规格	5	1 CHO
非淀粉蔬菜		
食物	分量	计数
大多数的熟蔬菜	1/2 杯	1 CHO
大多数的生蔬菜	3 杯	1 CHO
莴苣	不限量	0
深绿叶蔬菜	不限量	0
鲜辣椒酱	3/4 杯	1 CHO
意式番茄酱	3/4 杯	1 CHO

续表

植物蛋白碳水化合物食物		
食物	分量	计数
烤豆类	1/2 杯	2 CHO + 1 PRO
煮熟豆类（黑豆、鹰嘴豆、芸豆、利马豆、菜豆、花豆、白豌豆）	1/2 杯	1 CHO + 1 PRO
煮扁豆	1/2 杯	1 CHO + 1 PRO
水果		
食物	分量	计数
小苹果	1（120 克）	1 CHO
无糖苹果酱	1/2 杯	1 CHO
超小香蕉	1（120 克）	1 CHO
黑莓	3/4 杯	1 CHO
蓝莓	3/4 杯	1 CHO
哈密瓜块	1 杯（330 克）	1 CHO
西柚	1/2	1 CHO
葡萄	12	1 CHO
白兰瓜块	1 杯（300 克）	1 CHO
狝猴桃	1	1 CHO
柑橘罐头	3/4 杯	1 CHO
杧果	1/2（165 克）	1 CHO
中等大小油桃	1	1 CHO
中等大小橘子	1	1 CHO
中等大小桃	1	1 CHO
桃罐头	1/2 杯	1 CHO
中等大小梨	1/2	1 CHO
梨罐头	1/2 杯	1 CHO
菠萝罐头	1/2 杯	1 CHO
新鲜菠萝	3/4 杯	1 CHO
新鲜小梅子	2	1 CHO
树莓	1 杯	1 CHO
中等大小草莓	15	1 CHO
甜樱桃	12	1 CHO
小金橘	2	1 CHO
西瓜切块	$1\frac{1}{4}$ 杯（405 克）	1 CHO

续表

果汁		
食物	分量	计数
苹果汁	1/2 杯	1 CHO
蔓越橘汁	1/2 杯	1 CHO
葡萄汁	1/3 杯	1 CHO
西柚汁	1/2 杯	1 CHO
橙汁	1/2 杯	1 CHO
菠萝汁	1/2 杯	1 CHO
西梅汁	1/3 杯	1 CHO

干果		
食物	分量	计数
苹果	3 个苹果圈	1 CHO
杏脯	9 瓣	1 CHO
蓝莓	2 汤匙（30 克）	1 CHO
蔓越橘	2 汤匙（30 克）	1 CHO
枣	3	1 CHO
无花果	3	1 CHO
西梅	3	1 CHO
无籽葡萄干	2 汤匙（30 克）	1 CHO

牛奶、酸奶和代乳类		
食物	分量	计数
脱脂或 1% 低脂牛奶	1 杯	1 CHO + 1 PRO
2% 低脂牛奶	1 杯	1 CHO + 1 PRO + 1 FAT
全脂牛奶	1 杯	1 CHO + 1 PRO + 2 FAT
脱脂巧克力牛奶	1 杯	2 CHO + 1 PRO
全脂巧克力牛奶	1 杯	2 CHO + 1 PRO + 2 FAT
淡豆奶	1 杯	1 CHO + 0.5 FAT
常规纯豆奶	1 杯	1 CHO + 1 FAT
原味杏仁牛奶	1 杯	0.5 CHO + 0.5 FAT
调味杏仁牛奶	1 杯	1 CHO + 0.5 FAT
不含糖原味或调味杏仁牛奶	1 杯	0.5 FAT
调味大米饮品	1 杯	2 CHO
纯大米饮品	1 杯	1 CHO

续表

牛奶、酸奶和代乳类		
食物	分量	计数
零脂纯希腊酸奶	150 克，1 独立包装	0.5 CHO + 2 PRO
零脂调味希腊酸奶	160 克，1 独立包装	1 CHO + 2 PRO
低脂纯酸奶	180 克	1 CHO + 1 PRO
水果风味酸奶	180 克	2 CHO + 1 PRO
增加人工甜味剂酸奶	180 克	1 CHO + 1 PRO
添加糖食品		
食物	分量	计数
运动饮料	60 毫升	2 CHO
运动果冻	1	2 CHO
运动豆	约 16	2 CHO
能量咀嚼片或者块	约 3	2 CHO

源自：1）US Department of Agriculture，Agricultural Research Service，Nutrient Data Laboratory. USDA National Nutrient Database for Standard Reference；2）Academy of Nutrition and Dietetics，American Diabetes Association，2014，*Choose your foods：Food lists for weight management.*

表 8.4　蛋白质食品清单

瘦蛋白		
食物	分量	计数
加拿大产培根	1 片	1 PRO
豆类和豆科植物	1/2 杯	1 CHO + 1 PRO
牛肉干	22.5 克	1 PRO + 1 FAT
无骨无皮鸡肉和火鸡肉，白肉	30 克	1 PRO
白软干酪	1/4 杯	1 PRO
熟食肉类：火鸡、烤火腿、鸡肉	30 克	1 PRO
日本青豆	1/2 杯	1 CHO + 1 PRO
蛋白	2	1 PRO
甲壳类动物	30 克	1 PRO
金枪鱼罐头	30 克	1 PRO
白鱼肉	30 克	1 PRO

续表

含有天然脂肪的蛋白质		
食物	分量	计数
无皮鸡肉与火鸡肉，深色肉	60 克	2 PRO + 1 FAT
加拿大产培根	1 片	1 PRO
猪肉制培根	2 片	1 PRO + 2 FAT
火鸡肉制培根	2 片	1 PRO + 1 FAT
餐馆制牛肉肉饼	120 克	4 PRO + 4 FAT
85% 瘦牛肉馅	60 克	2 PRO + 2 FAT
93% 瘦牛肉馅	60 克	2 PRO + 1 FAT
有可见脂肪的上等牛肉块	60 克	2 PRO + 2 FAT
奶酪：美国干酪、科尔比干酪、切达奶酪、瑞士干酪、普罗沃干酪	30 克	1 PRO + 2 FAT
奶酪：羊乳酪、马苏里拉奶酪	30 克	1 PRO + 1 FAT
低脂奶酪	30 克	1 PRO + 1 FAT
鸡蛋	1	1 PRO + 1 FAT
平均大小热狗	1	1 PRO + 2.5 FAT
薄热狗（猪肉、火鸡肉、牛肉）	1	1 PRO + 2 FAT
猪腰肉	60 克	2 PRO + 1 FAT
高脂熟食肉：博洛尼亚大腊肠、熏牛肉、硬意大利腊肠、意大利辣味香肠	4 片	1 PRO + 2 FAT
火鸡肉腊肠	2 片	1 PRO + 2 FAT
油煎金枪鱼	30 克	1 PRO + 0.5 FAT
豆腐	1/2 杯	1 PRO + 1 FAT

源自：1）US Department of Agriculture，Agricultural Research Service，Nutrient Data Laboratory. USDA National Nutrient Database for Standard Reference；2）Academy of Nutrition and Dietetics，American Diabetes Association，2014，*Choose your foods：Food lists for weight management*

表 8.5 膳食脂肪食品清单

食物	分量	计数
鳄梨	2 汤匙（30 克）	1 FAT
黄油及人造黄油	1 茶匙（5 克）	1 FAT
淡黄油及人造黄油	1 汤匙（5 克）	1 FAT
奶油干酪	1 茶匙（5 克）	1 FAT
低脂奶油干酪	2 汤匙（30 克）	1 FAT
半奶半奶油	2 汤匙（30 毫升）	1 FAT
蛋黄酱	1 茶匙（5 克）	1 FAT
淡蛋黄酱	1 汤匙（15 克）	1 FAT
油	1 茶匙（5 毫升）	1 FAT
大橄榄	10	1 FAT
沙拉酱	1 汤匙（60 毫升）	1 FAT
淡沙拉酱	2 汤匙（30 毫升）	1 FAT
酸奶油	2 汤匙（30 克）	1 FAT
花生酱	2 茶匙（10 克）	1 FAT
果仁奶油	2 茶匙（10 克）	1 FAT
杏仁	8	1 FAT
澳洲坚果	3	1 FAT
花生	10	1 FAT
开心果	16	1 FAT
美国山胡桃	5 瓣	1 FAT
核桃	5 瓣	1 FAT
奇亚籽	1.5 汤匙（23 克）	1 FAT
亚麻籽	1 汤匙（15 克）	1 FAT
南瓜子	1 汤匙（15 克）	1 FAT
葵花籽	1 汤匙（15 克）	1 FAT

源自：1）US Department of Agriculture，Agricultural Research Service，Nutrient Data Laboratory. USDA National Nutrient Database for Standard Reference；2）Academy of Nutrition and Dietetics，American Diabetes Association，2014，*Choose your foods：Food lists for weight management.*

第 3 步：估算你的营养需求

现在你知道每份碳水化合物、蛋白质和脂肪换算成食物后大概的重量，接下来要做的就是知道你需要吃多少。正如之前所说，每份食物的量是不变的，但是每个运动员需要吃几份则因人而异。想要制订一份属于你自己的饮食计划需要知道，为了达成目标你需要吃几份碳水化合物、蛋白质和脂肪，而这些需要通过你每天的需求量计算得知。下一节我们将根据你自身的需要，教给你怎样计算营养需求。

计算热量需求

计算儿童和青少年的垫量需求比计算成人的热量需求要困难得多。回想一下在第三章我们讨论过评估青少年体力活动水平（PAL）有多困难。以我的经验，我通常会先利用表 8.6 做一个初步的总体能量需求评估。大多数竞技体育的青少年运动员的体力活动水平都在 PAL[3] 或 PAL[4]，当然也有一些在较低的水平。但记住，这只是一个估算值；还需要根据个人目标、身体成分、发育年龄和训练强度而做出必要调整。

表 8.6　判断青少年的 PAL

开始计算能量需求……	……如果你……	示例
久坐型 PAL[1]	不参加任何运动、训练或活动	运动员伤病期或赛季后休养期
低活跃 PAL[2]	休闲运动员，每周练习 1 小时，每周 1 ~ 3 次，周末进行 1 小时的比赛	• 参加初级运动的运动员，如当地比赛、棒球、足球或篮球队 • 参加休闲啦啦队或体操，或参加舞蹈或体操训练的运动员
活跃 PAL[3]	每天活动时间小于 1 小时，或者参加中等强度的训练	• 参加初级运动的运动员，另外自己每周进行最多 1 小时训练或练习 • 参加低负荷或技巧性运动，如高尔夫、棒球和潜水
非常活跃 PAL[4]	每天活动时间超过 1 小时	竞技能力的运动员，每天练习或训练超过 1 小时，特别是那些参加高强度运动的运动员

1 久坐型 PAL = 儿童罕见。
2 低活跃型 PAL = 每天活动少于 1 小时。
3 活跃型 PAL = 每天活动大约 1 小时。
4 非常活跃型 PAL = 每天活动超过 1 小时。
源自：J. Otten，J.P. Hellwig，and L.D. Meyers for Institute of Medicine of the National Academies，2014，*Dietary Reference Intakes：The essential guide to nutrient requirements*（Washington，DC：National Academies Press），84.

Courtesy of Lisa VanVeenendaal. Photographer: Chelsea Rae Moses.

计算一名青少年运动员每天的营养需求量并不是简单地罗列数字。即使在同一项运动中，也会根据日程安排的不同而产生不同的能量需求

　　表 8.6 中列出的可以作为一般性指南。有些特殊的体育运动的训练强度时高时低。啦啦队就是一个很好的例子。当运动员在练习常规舞蹈部分的时候是一种高体能消耗的运动，而进行技巧性训练则是一项较低体能消耗的运动。体操也是如此，再练习翻跟头时体能消耗很大。但在练习如平衡木等技巧性动作时，则是一项低耗能运动。一些运动员，比如高中游泳运动员，每天练习 2 小时甚至更多。他们消耗的体能很有可能已经超过图表上列出的最大值。记住，饮食框架和饮食计划是为了支持你的体能目标。如果你的目标还包括改变身体成分，如增重或减脂，则需要进行额外调整（详见第四章）。

计算蛋白质需求

　　回顾第三章中我们曾说过，蛋白质的需求量根据运动类型以及训练目标的不同而变化。利用图 8.1 可以简单地计算蛋白质的需求量。

	低范围蛋白质需求	高范围蛋白质需求	记录你的范围
耐力运动项目	体重（千克*）×1.2 = ____	体重（千克）×1.4 = ____	
力量运动项目	体重（千克）×1.2 = ____	体重（千克）×1.7 = ____	

* 磅与千克的换算标准为，磅数除以 2.2 即为千克数：你的体重磅数（lb）____ ÷2.2 =____你的体重千克数（kg）。

图 8.1　计算蛋白质需求

　　一些青少年运动员参加的项目同时属于力量型和耐力型。但不必为此困惑。如果不确定你应遵循哪种，可以将两者都计算一下。记住，大多数运动员在一天中所食用的蛋白质的量是超过他们的实际需要的，但重要的是是否在适当的时候吃。饮食框架可以帮助你将所需蛋白质的量合理分配到每一餐，这样就能最大限度地提高食物的利用率。

　　现在请记住你需要的蛋白质需求范围，在接下来的图 8.5，即"我的每日营养需求"中我们还会用到它。

计算碳水化合物需求量

　　计算青少年运动员的碳水化合物需求量并不容易。和总能量一样，碳水化合物的需求量取决于你的年龄、性别、体重以及你的活动强度、日常能量消耗和运动类型。图 8.2 提供了一般性碳水化合物需求量的计算方法。

　　同样也请记住你的碳水化合物需求量范围，并将它填入图 8.5，即"我的每日营养需求"中。

活动强度	碳水化合物的需求（克，每千克体重每天）	计算你的需求（较低范围）*	计算你的需求（较高范围）*
低强度训练	3 ~ 5	体重（千克**）____ ×3=____	体重（千克）____ ×5=____
中等强度训练	5 ~ 6	体重（千克）____ ×5=____	体重（千克）____ ×6=____
高强度训练	7 ~ 8	体重（千克）____ ×7=____	体重（千克）____ ×8=____

* 低年龄段运动员进食应保持在接近下限的量；年龄较大的青少年男性可能会更接近上限的水平。
** 磅与千克的换算标准为，磅数除以 2.2 即为千克数：你的体重磅数（lb）____ ÷2.2 =____你的体重千克数（kg）。

图 8.2　计算我的碳水化合物需求

计算膳食脂肪需求量

　　在确定每日营养需求量时，脂肪是最后要计算的营养物质，但并不是因为它不重要。事实上，正如你在第三章中学到的，脂肪是青少年运动员宝贵的能量来源。每克膳食脂肪可以提供比碳水化合物或蛋白质更多的热量。一旦确定了为大脑和工作肌供能所需的碳水化合物量，以及组建和修复肌肉所需的蛋白质的量后，剩下的热量将全部来自脂肪。因此，需要首先将之前计算出的碳水化合物和蛋白质换算成相应的热量。图 8.3 示范了如何计算一位运动量非常大的 68 千克、16 岁男生的膳食脂肪需求量；而利用图 8.4 可以计算你自己的需求量。

	日常需求量	热量换算	每份营养热量（卡）	总卡路里
步骤 1：记录你的总热量需求				3663
步骤 2：确定碳水化合物来源总热量：每天摄入 CHO 总量（克）× 每克 CHO 换算的热量数	68 千克 ×8 克 / 千克 =544	总克数（544）× 卡 / 克（4）=2176	2176	
步骤 3：确定蛋白质来源总热量：每天摄入蛋白质总量（克）× 每克蛋白质换算的热量数	68 千克 ×1.6 克 / 千克 =109	总克数（109）× 卡 / 克（4）=436	436	
步骤 4：碳水化合物和蛋白质中获得热量数相加（步骤 2 和步骤 3）			2176+436	2612
步骤 5：从总热量需求（步骤 1）中减去第 4 步中算得数字，即为需要从脂肪中摄入的总热量			3663–2612	1051
步骤 6：用步骤 5 中得到的数字除以每克脂肪的热量所含热量（9），即为一天所需的脂肪量	117	9	1051	

注：1 卡路里 =4.18 焦耳。

图 8.3　计算膳食脂肪需求

　　脂肪的供能比应为总热量的 25% ~ 35%。为了方便自查，可以将你的脂肪来源的热量数除以总热量数。以图 8.3 为例：

$$1051 \div 3663 = 29\%，脂肪供能比为 29\%$$

如果你的脂肪功能比超过了35%，那么你可能低估了你所需的碳水化合物量。记住，EER 表中的热量水平（表3.1）应与碳水化合物需求中的活动强度（图8.2）相匹配。大多数青少年运动员每天的脂肪供能比不会超过30%。那些对热量需求很高或者想要增加体重的年龄较大的青少年，他们的脂肪供能比可能会接近35%。尽量从健康的食物来源中摄取你所需的大部分脂肪，比如坚果、种子、橄榄油和富含 Omega - 3 脂肪酸的鱼类。

现在轮到你来计算脂肪需求量了。当你完成后，同样记录下这个数字，稍后在图8.5，即"我的每日营养需求"中将其记录下来。

	日常摄入克数	每克的热量	营养中的热量	总计
步骤 1：记录估算所需总热量				
步骤 2：碳水化合物中来源总热量		4		
步骤 3：蛋白质来源总热量		4		
步骤 4：碳水化合物和蛋白质中获得热量数相加（步骤 2 和步骤 3）				
步骤 5：从总热量需求（步骤 1）中减去第 4 步中算得的数字，即为需要从脂肪中摄入的总热量				
用步骤 5 中得到的数字除以每克脂肪的热量所含热量（9），即为一天所需的脂肪量		9		

源自：H.R. Mangieri，2017，*Fueling young athletes*（Champaign，IL：Human Kinetics）.
注：1 卡路里 =4.18 焦耳。
图 8.4　计算我的膳食脂肪需求

现在你已经有了用来计算每日应摄入的营养素份数的所有数据了。如果你还没有填写图8.5，即"我的每日营养需求"，那么现在就填写吧。记住，总克数和总热量这两栏一定要填写。

一旦你得出了每一种营养素来源的总热量和图8.5中所记录的每一种营养素的重量，将每种营养素（碳水化合物、蛋白质和脂肪）的总热量数除以每份食物的热量数（根据表8.2），你就可以估算出你需要各种营养素的份数。

记住，制作饮食框架并不是一门要求精确的科学。虽然我提到了很多关于热量、每克热量和每份热量的信息，但目的并不是要计算精确热量数，而是要估算出你需要的食物份数以便你制订饮食计划。

　　如果你试图精确地计算这些数字，让它们相加得到100%，那结果很可能会让你失望。请记住，每种食物的热量含量会根据品牌以及食物中的其他营养成分的不同而变化。例如，通常我们认为半杯谷物是一份碳水化合物，即它含有约15克碳水化合物和334.7焦耳热量。然而，你吃的牌子可能含有17克碳水化合物和376.6焦耳热量。但是，它仍然被认为是一份，因为数值接近即可。记住，这些都是估算。重要的是，你的饮食框架的每一餐都含有均衡的各种宏量营养素和微量元素，而不是精确计算出的热量数。

　　我们依然以前面这位体重68千克重的男性为例进行计算，教给你如何计算所需食物份数（图8.6）。然后，在图8.7中，请尝试计算你自己每天所需的碳水化合物、蛋白质和脂肪份数。

	克数	热量
每日总热量		
每日碳水化合物		
每日蛋白质		
每日脂肪		

源自：H.R. Mangieri，2017，*Fueling young athletes*（Champaign，IL：Human Kinetics）.
图8.5　我的每日营养需求

营养素	每日各种营养素供能	除以	每日摄入份数
碳水化合物	2176	80	**27**
蛋白质	436	40	**11**
脂肪	1051	45	**23**

图8.6　大活动量的16岁男生每日所需营养素份数计算

营养素	每日各种营养素供能	除以	每日摄入份数
碳水化合物		80	
蛋白质		40	
脂肪		45	

源自：H.R. Mangieri，2017，*Fueling young athletes*（Champaign，IL：Human Kinetics）.
图8.7　计算我的每日所需营养素份数

第 4 步：制定饮食框架

　　一份饮食框架会告诉你每次需要吃多少食物，以及什么时候吃，这是饮食计划的基础。在第 3 步中，你已经计算出了每天需要的宏量营养素（碳水化合物、蛋白质和脂肪）份数，但这还远远不够。作为一名每天都在成长中的运动员，你还需要这些宏量营养素提供的维生素和矿物质来满足你对健康和体能训练需求。为了确保你能获得足够的营养素，注意膳食多样性很重要，尤其是在碳水化合物摄取方面。如果仅从某个食物组（如淀粉）中摄取所有的碳水化合物，你将错过水果、蔬菜和奶制品中所含的重要维生素和矿物质。在这一节，你将学习如何在众多食物来源中获得每日所需的碳水化合物能量。饮食框架可以将各营养素份数均衡得分配到每一餐（包括迷你餐）中。回答以下问题，将帮助你建立最有利的饮食框架。

你现在一天吃几餐？

　　确定每日吃几餐很重要，因为你的第一个运动营养计划不应该与你目前的饮食习惯有太大区别。当我为客户制订计划时，我会着重考虑他们在找到我之前的饮食习惯。因为想要让一个每天只吃两顿饭的运动员改为每天吃八顿饭是不现实的。这一章可以帮助你建立一个近乎完美的营养计划，但如果你不能或不愿遵循它，那这个计划便毫无用处。所以，当你制订计划时，要客观地考虑你的接受程度。当你能适应新的饮食方式的时候，你可以回到这一章，继续创建一个新的饮食框架。

营养总结

　　在这本书中，我们一直在讨论营养，以及如何在一天中吃各种食物和分配这些食物的重要性。下面让我们来回顾一下重点。

碳水化合物

- 从不同的食物组中选择碳水化合物来源。
- 目标是每天至少吃 5 份水果和蔬菜。
- 目标是每天吃 3 份奶制品。
- 在你的饮食计划中，应包含复杂碳水化合物，尤其是那些富含纤维的碳水化合物。
- 在运动前避免摄入高纤维食物。

- 在运动时要限制对添加糖和简单糖的摄入。

蛋白质

- 保证每餐或迷你餐（零食）中都有一种蛋白质来源。运动前或运动时除外。

- 保持蛋白质均衡摄入，每餐摄入 20 ~ 30 克（3 ~ 4 份）蛋白质，每顿迷你餐（零食）可摄入 10 ~ 15 克（1 ~ 2 份）。

脂肪

- 保证每餐或迷你餐中都有一种脂肪来源。有时它会在你的碳水化合物或蛋白质的选项中。

- 在即将运动前限制脂肪的摄入量，并在运动期间避免摄入脂肪。

- 试着在一天中均衡地分配脂肪摄入量。一次进食过多脂肪会导致你吃得太饱而影响下一餐或迷你餐。一般来说，每顿饭脂肪的摄入量要控制在 25 克（5 份）以内。

维生素和矿物质

- 第二章的那些图表展示了如何补充足量的人体必需维生素和矿物质。一定要在你的饮食计划中加入这些食物。

- 记住，多样的食物意味着多样的营养。

你的训练和运动强度如何？

回忆一下第五章所讲的内容，你所选的食物种类会根据你的训练强度和类型的不同而变化。那么，你的运动强度如何？是高强度（无法进行对话）还是低强度（可以进行对话），抑或是介于二者之间？此外，你从事的是什么类型的运动（如力量运动还是耐力运动）？你的饮食框架需要与你的训练类型和强度水平相对应。第五章中关于比赛日补给的例子可能会有所帮助。

你在何时训练或运动？

这个问题的答案将决定你每天吃多少顿饭。正如第五章所讲的，一些青少年运动员需要通过赛前餐和赛后恢复餐补充体能。如果你的训练时间超过 1 小时，那么还需要在运动过程中摄入运动饮料或其他碳水化合物来补充能量。

你什么时候吃午饭？

学校午餐的时间段可以从上午 10：00 到下午 1：30。如果在下午一点半吃午餐，那么你需要在上午的某个时间吃点零食。如果在上午 10：00 吃午餐，那么你可能需要在下午加一餐零食。

你什么时候醒来，什么时候上床睡觉？

你的第一餐应该在你醒来之后。从那时起，你的正餐和迷你餐应该在均匀地分配在一天当中。当你在合适的时间吃合适的食物和合适的量时，你会感到一整天都精力充沛。当你感觉更好时，你的身体也会表现得更好。

一旦你确定了需要摄入的营养素份数，并回答了前面的问题，那么你已经为你的饮食框架做好了准备。在实践中我发现，青少年运动员中不吃早饭的大有人在，然后在午餐时毫不节制，晚饭更是大快朵颐。这样吃虽然可以满足你的总能量需求，但它对体能状态来讲并不是一件好事。一个理想的饮食计划要包括每日 4 ~ 5 次的正餐，而且每餐的食物量要均匀。早餐、午餐和晚餐的量可能会多些，同时营养均衡的迷你餐和零食也有助于你保持一整天精力充沛。同时，你的日程计划可能不会每天都相同。也许你每周只有两个晚上在放学后训练，或者周六与周日的日程安排大相径庭。别担心，饮食框架的设计是灵活的。

图 8.8 a 和图 8.8 b 分别展示了基于两种日程安排的饮食框架的例子——较早的午餐时间和较晚的午餐时间。因为训练可能会安排在不同的日子和不同的时间，所以你需要学习如何相应地调整你的饮食。记住，灵活性是成功的关键。

在这两个例子中，我用的依然是前面那位 68 千克的 16 岁男生的数据。在图 8.6 中，我们确定了他的每日营养素所需份数如下。

- 碳水化合物：27。
- 蛋白质：11。
- 脂肪：23。

现在轮到你来创建自己的饮食框架了。首先，在图 8.9 中，填写你实际的进餐时间。记住，不是每个青少年运动员都需要吃运动前零食或恢复零食的，也不是每个青少年运动员在运动期间都能从能量补充食品中获益。青少年运动员比年长运动员需要的能量少，想要减脂的运动员比试图增重的运动员需要的热量少。在你开始记录前，要充分考虑到一天中的种种因素——你的课程安排、训练安排、晚餐时间、睡觉时间，以及其他的一切。接下来，将你每天需要的摄入量分配到每一餐。

	时间	地点	淀粉	水果	非淀粉类蔬菜	牛奶或酸奶	其他糖类	蛋白质	脂肪	食品示例
餐1：早餐	上午7：00	家	2	1	0	1	0	4	5	早餐三明治：2枚蛋；30克芝士；2片全麦面包；1汤匙（15克）人造黄油；1杯低脂牛奶，3/4杯蓝莓
餐2：午餐	上午11：00	学校	3	2	1	1	0	4	4	烤鸡肉三明治；1/2杯玉米（加人造黄油）；一杯低脂牛奶；一大根香蕉；混合蔬菜沙拉；2汤匙（30毫升）沙拉调味汁
餐3：训练前零食	下午2：30	学校	2.5	0	0	0	1	1	2	自家做赛前能量棒（参见赛前高热量棒）
餐4：训练中	下午4：00	训练场	0	0	0	0	2	0	0	600毫升运动饮料
餐5：恢复零食	下午5：30	训练场	1	1	0	1	1	2	3	240毫升巧克力牛奶；什锦干果：坚果、谷物、水果干
餐6：晚餐	下午6：30	家	2	0	1	0	0	3	5	90克烤猪排；1.5杯煮胡萝卜，1杯土豆泥（配人造黄油）；2茶匙（10毫升）橄榄油
餐7：夜宵	晚上9：30	家	1	0	0	1	1	2	4	150克调味希腊酸奶；1/4杯格兰诺拉麦片；30克杏仁

图8.8a　饮食框架模板：正常午餐时间且在放学后训练

	时间	地点	淀粉	水果	非淀粉类蔬菜	牛奶或酸奶	其他糖类	蛋白质	脂肪	食品示例
餐1：早餐	上午7：00	家	1	2	0	1	1	3	3	60克火腿牛排；1/2杯燕麦片；1汤匙（15克）红糖；1杯脱脂牛奶；香蕉；16个碎杏仁
餐2：早间零食	上午10：00	学校	1	1	0	0	1	1	4	什锦干果：水果干，巧克力豆，干谷物，坚果；30克牛肉干
餐3：午餐	下午1：00	学校	3	1	0	1	0	3	4	1杯牛奶；1份手撕猪肉三明治；1/2杯土豆泥（配人造奶油）；水果杯
餐4：训练中	下午4：00	训练场	0	0	0	0	2	0	0	600毫升运动饮料
餐5：恢复零食	下午5：30	训练场	2	0	0	0	1	1	2	自家做能量恢复棒（参见第十一章食谱）；水
餐6：晚餐	下午6：30	家	3	0	1	1	0	3	5	1杯意大利面；海鲜汁；1.5杯西蓝花；3枚肉丸；1根面包棒
餐7：夜宵	晚上9：30	家	2	1	0	1	0	2	4	30克干酪；10块饼干；12颗葡萄；1杯脱脂牛奶

图8.8b　饮食框架模板：稍晚午餐时间且在放学后训练

	淀粉	水果	非淀粉类蔬菜	牛奶或酸奶	其他糖类	蛋白质	脂肪
餐 1：							
餐 2：							
餐 3：							
餐 4：							
餐 5：							
餐 6：							
餐 7：							

源自：H.R. Mangieri，2017，*Fueling young athletes*（Champaign，IL：Human Kinetics）.

图 8.9　饮食框架模板

第 5 步：制订一份饮食计划

　　现在，你已经知道如何进行食物分类、需求量计算，并创建了一份属于你的饮食框架，以及理解了从每一个食物组中选择食物的重要性。现在你需要了解另外一件事：你选择的食物不仅含有碳水化合物、蛋白质和脂肪，还需要其他微量营养素。在这本书里，我没有足够的篇幅来解释如何制订一份营养满分的饮食计划，而且也没有必要。但正如第三章所说的，营养不良不是在一夜之间形成的。当你日复一日地缺乏某种关键营养素时，就会导致营养不良。

　　如果你正确地建起了你的饮食框架，每一餐在量上应该看起来很相似。如果你还在吃少量的早餐、中等量的午餐和大量的晚餐的话，你就需要在饮食平衡上多加努力了。不过没关系，从你喜欢的食物开始，慢慢把它均衡到一天中的每一餐。有时你可能会认为某些食物只是早餐食品或零食，不过你的身体并不这么想。你吃一把椒盐脆饼，你的身体并不知道你在吃椒盐脆饼。它只知道你摄取了淀粉类碳水化合物，之后会分解成葡萄糖。这就是为什么食物分量如此重要的原因。如果你在放学后打开一袋椒盐脆饼开始吃，很快就会吃掉 75 克，相当于 45 克碳水化合物或 3 份淀粉。尽管淀粉类零食的热量足够，但营养成分却不充足。想一想，12 个椒盐脆饼（约 75 克）等于 3 份碳水化合物。如果把它与一杯脱脂牛奶、一只中等大小的橙子和 18 个迷你胡萝卜进行比较，这些食物同样也是 3 份碳水化合物，并且都提供了等量的能量，但后者含有更多的营养素。它们不仅含有多种维生素和矿物质，还能提供膳食纤维和蛋白质。

　　记住，你并不需要改变你所吃食物的种类来迎合饮食框架，但你必须调整分量（你所吃的食物量）。表 8.7 ~ 表 8.12 中的例子并不是以天为单位，而是基于每餐的分量制订的。以上这些我的目的是想向你展示如何调整每餐的分量，找到适合自己的食物量。可以根据你的具体需求，模仿表 8.7 ~ 表 8.12 来构建自己的饮食计划。

关于休息日的注意事项

我经常被问及是否应该在休息日减少热量摄入而在训练的时候增加摄入量。答案取决于以下几点。首先，你有多饿？如果仅是一周当中的一天没有进行高负荷的训练，这并不意味着你需要的营养变少。

为一周的每天都制定不同的饮食框架工作量大且不必要。在某些日子里，你可能需要较少的热量，但是你所减少的食物应该是那些低营养的食物，比如运动饮料、能量豆或咀嚼棒，这些食物只用于训练时补给能量。在理想情况下，每天应该保持相似的饮食框架，根据饥饿程度加减食物的分量。也许你在休息日时，每天只需要一杯意大利面，但训练日可能会需要一杯半。如果你正在增重，那么你可能需要继续摄入额外的零食和迷你餐。

原则上我们要增加或减少的是食物的分量，而不是减少食物组，全家人吃同样的食物。可能家庭成员们每个人的热量需求都不同，但并不意味着要为每个人准备不同的饭菜。只需要吃相同食物的不同分量。

如果你觉得创建饮食框架有困难，那么请参考图 8.8a 和图 8.8b 中的例子，对于食物的分配和选择可以保持不变，只需要调整每餐的营养素份数，以更好地满足你的个人需求。

表 8.7　食物分量示例：早餐

如果你此餐的总分量包含……	……那么你可以这样吃	热量（卡）（估计）
2 CHO，1 PRO，2 FAT	均衡营养早餐棒（见第十一章食谱）（2 CHO + 1 PRO + 2 FAT）	300
2 CHO，2 PRO，1 FAT	1/2 杯隔夜燕麦（见第十一章食谱）（2 CHO + 1 PRO + 1 FAT） 30 克加拿大培根或早餐火腿（1 PRO）	275
2 CHO，2 PRO，2 FAT	1 片全麦吐司（1 CHO） 3/4 杯蓝莓（1 CHO） 1 整枚鸡蛋（1 PRO+ 1 FAT） 2 个蛋白（1 PRO） 1 汤匙（15 克）淡人造黄油（1 FAT）	350

续表

如果你此餐的总 分量包含……	……那么你可以这样吃	热量（卡） （估计）
3 CHO，3 PRO， 1 FAT	1/2 杯隔夜燕麦（见第十一章食谱）（2 CHO＋1 PRO＋1 FAT） 1 杯脱脂牛奶（1 CHO＋1 PRO） 30 克加拿大培根或早餐火腿（1 PRO）	400
3 CHO，2 PRO， 2 FAT	2 片全麦吐司（2 CHO） 3/4 杯蓝莓（1 CHO） 1 整枚鸡蛋，（1 PRO＋1 FAT） 2 个蛋白（1 PRO） 1 汤匙（15 克）淡人造黄油（1 FAT）	425
3 CHO，2 PRO， 2 FAT	均衡营养早餐棒（见第十一章食谱）（2 CHO＋1 PRO＋2 FAT） 1 杯脱脂牛奶（1 CHO＋1 PRO）	425
4 CHO，4 PRO， 3 FAT	1 杯隔夜燕麦（见第十一章食谱）（4 CHO＋2 PRO＋2 FAT） 60 克加拿大培根或早餐火腿（2 PRO＋1 FAT）	625
4 CHO，3 PRO， 3 FAT	2 片全麦吐司（2 CHO） 1 根大香蕉（2 CHO） 2 整枚鸡蛋（2 PRO＋2 FAT） 2 个蛋白（1 PRO） 1 汤匙（15 克）淡人造黄油（1 FAT）	575
4 CHO，3 PRO， 3 FAT	均衡营养早餐棒（见第十一章食谱）（2 CHO＋1 PRO＋2 FAT） 1 杯脱脂牛奶（1 CHO＋1 PRO） 1 只橙子（1 CHO） 1 枚煮透鸡蛋（1 PRO＋1 FAT）	575
5 CHO，3 PRO， 5 FAT	1 个大面包圈（4 CHO） 3/4 杯蓝莓（1 CHO） 2 整枚鸡蛋（2 PRO＋2 FAT） 2 片火鸡香肠（1 PRO＋2 FAT） 1 汤匙（15 克）淡人造黄油（1 FAT）	750
5 CHO，3 PRO， 3 FAT	均衡营养早餐棒（见第十一章食谱）（2 CHO＋1 PRO＋2 FAT） 1 杯脱脂牛奶（1 CHO＋1 PRO） 1 枚煮透鸡蛋（1 PRO＋1 FAT） 1 根大香蕉（2 CHO）	750
5 CHO，5 PRO， 4 FAT	1 杯隔夜燕麦（见第十一章食谱）（4 CHO＋2 PRO＋2 FAT） 90 克加拿大培根或早餐火腿（3 PRO＋1 FAT） 1 茶匙（15 克）花生酱（配燕麦！）（2 FAT） 1/2 杯橙汁（1 CHO）	775

注：CHO 为碳水化合物，PRO 为蛋白质，FAT 为脂肪。

表 8.8　食物分量示例：早间迷你餐或早间零食

如果你此餐的总 分量包含……	……那么你可以这样吃	热量（卡） （估计）
1 CHO，2 PRO， 2 FAT	1/2 火鸡三明治： 1 片全麦面包（1 CHO） 30 克火鸡肉（1 PRO） 30 克干酪（1 PRO+2 FAT）	250
1 CHO，2 PRO， 2 FAT	150 克希腊酸奶（1 CHO+2 PRO） 10 瓣核桃碎（2 FAT）	200
2 CHO，3 PRO， 2 FAT	1/2 火鸡三明治： 1 片全麦面包（1 CHO） 60 克火鸡肉（2 PRO） 30 克芝士（1 PRO+2 FAT） 1 个橘子（1 CHO）	325
2 CHO，2 PRO， 2 FAT	150 克希腊酸奶（1 CHO+2 PRO） 2 汤匙（30 克）蔓越莓干（1 CHO） 10 个半块核桃碎（2 FAT）	330
3 CHO，2 PRO， 1 FAT	1/2 杯什锦干果（见第十一章食谱）（2 CHO+1 PRO+1 FAT） 1 杯脱脂奶或 1% 的鲜牛奶（1 CHO+1 PRO）	330
3 CHO，2 PRO， 2 FAT	1/2 杯什锦干果（见第十一章食谱）（2 CHO+1 PRO+1 FAT） 1 杯 2% 的鲜牛奶（1 CHO+ 1 PRO+1 FAT）	375
3 CHO，3 PRO， 3 FAT	1/2 火鸡肉三明治： 2 片全麦面包（2 CHO） 60 克火鸡肉（2 PRO） 30 克芝士（1 PRO+2 FAT） 1 茶匙（5 克）蛋黄酱（1 FAT） 12 颗葡萄（1 CHO）	500
3 CHO，3 PRO， 2 FAT	1 杯原味希腊酸奶（1 CHO+3 PRO） 2 汤匙（30 克）蔓越莓干（1 CHO） 3/4 杯黑莓（1 CHO） 10 个半球核桃碎（2 FAT）	500
6 CHO，3 PRO， 3 FAT	1 杯什锦干果（4 CHO+2 PRO+2 FAT） 1 杯 2% 调味鲜牛奶（2 CHO+1 PRO+1 FAT）	500
4 CHO，4 PRO， 4 FAT	1 火鸡肉三明治： 2 片全面面包（2 CHO） 90 克火鸡肉（3 PRO） 30 克芝士（1 PRO+2 FAT） 2 茶匙（10 克）蛋黄酱（2 FAT） 1 根大香蕉（2 CHO）	650

注：1 卡路里 =4.18 焦耳。

表8.9　食物分量示例：午餐

如果你此餐的总分量包含……	……那么你可以这样吃	热量（卡）（估计）
2 CHO，3 PRO，1 FAT	玉米饼： 2 个玉米饼皮（1 CHO） 60 克 93% 瘦肉带皮牛肉馅（2 PRO+1 FAT） 1 杯脱脂牛奶或 1% 的鲜牛奶（1 CHO+1 PRO）	325
2 CHO，3 PRO，2 FAT	90 克烤鸡肉（3 PRO） 1 份小汉堡（2 CHO） 2 茶匙（10 克）蛋黄酱（2 FAT）	375
2.5 CHO，3 PRO，2 FAT	鸡肉沙拉： 2 ~ 3 杯混合绿叶蔬菜（无热量） 1 杯半生菜（0.5 CHO） 90 克无骨无皮鸡肉（3 PRO） 10 根烤薯条（2 CHO+1 FAT） 2 汤匙沙拉酱加淡油醋汁 （1 FAT）	415
3 CHO，3 PRO，2 FAT	鸡肉沙拉： 2 ~ 3 杯混合绿叶蔬菜（无热量） 1 杯半生菜（0.5 CHO） 90 克无骨无皮鸡肉（3 PRO） 13 根烤薯条（2.5 CHO+1 FAT） 2 汤匙（30 毫升）沙拉酱加淡油醋汁 （1 FAT）	450
3 CHO，4 PRO，2 FAT	3 盎司烤鸡肉（3 PRO） 1 份小汉堡（2 CHO） 30 克美式芝士（1 PRO+2 FAT） 1 个小苹果（1 CHO）	500
3 CHO，3 PRO，3 FAT	玉米饼： 2 份玉米饼皮（1 CHO） 60 克 93% 瘦肉带皮牛肉馅（2 PRO+1 FAT） 30 克车打芝士（1 PRO+2 FAT） 1 个油桃（1 CHO） 1 杯半熟胡萝卜（1 CHO）	500
3 CHO，4 PRO，3 FAT	90 克烤鸡肉（3 PRO） 1 份小汉堡（2 CHO） 30 克美式芝士（1 PRO+2 FAT） 1 茶匙（5 克）蛋黄酱（1 FAT） 1 个小苹果（1 CHO）	575

如果你此餐的总分量包含……	……那么你可以这样吃	热量（卡）（估计）
4 CHO，5 PRO，3 FAT	玉米饼： 2 份玉米饼皮（1 CHO） 60 克 93% 瘦肉牛肉馅（3 PRO+1 FAT） 30 克车打芝士（1 PRO+2 FAT） 1 杯脱脂牛奶（1 CHO+1 PRO） 1 个油桃（1 CHO） 1 杯半熟胡萝卜（1 CHO）	575
4 CHO，4 PRO，4 FAT	牛排沙拉： 2～3 杯混合绿叶蔬菜（无热量） 1 杯半生菜（0.5 CHO） 90 克西冷牛排（3 PRO+2 FAT） 13 根烤薯条（2.5 CHO+1 FAT） 1/2 杯鹰嘴豆（1 CHO+1 PRO） 2 汤匙（30 毫升）沙拉酱加淡油醋汁（1 FAT）	675
4 CHO，4 PRO，3 FAT	90 克烤鸡肉（3 PRO） 1 份小汉堡（2 CHO） 30 克美式芝士（1 PRO+2 FAT） 1 个小苹果（1 CHO） 1 杯半西蓝花（1 CHO） 1 茶匙（5 毫升）橄榄油（1 FAT）	750
5 CHO，5 PRO，4 FAT	玉米饼： 3 份玉米饼皮（1.5 CHO） 90 克 93% 瘦肉带皮牛肉绞馅（3 PRO+2 FAT） 30 克车打芝士（1 PRO+2 FAT） 1 根中等大小的香蕉（1.5 CHO） 1 杯半熟菠菜（1 CHO） 1 杯脱脂牛奶（1 CHO+1 PRO）	750
5 CHO，4 PRO，4 FAT	牛排沙拉： 2～3 杯混合绿叶蔬菜（无热量） 1 杯半生菜（0.5 CHO） 90 克西冷牛排（3 PRO+2 FAT） 13 根烤薯条（2.5 CHO+1 FAT） 1/2 杯鹰嘴豆（1 CHO+1 PRO） 2 汤匙（30 克）蔓越莓干（1 CHO） 2 汤匙（30 毫升）沙拉酱加淡油醋汁（1 FAT）	750

注：1 卡路里 =4.18 焦耳。

表 8.10 食物分量示例：课后零食

如果你此餐的总分量包含……	……那么你可以这样吃	热量(卡)（估计）
2 CHO，2 PRO，1 FAT	240 毫升调味牛奶（2 CHO+1 PRO） 1 个熟鸡蛋（1 PRO+1 FAT）	275
3 CHO，2 PRO，1 FAT	烤牛肉卷： 1 份小玉米面饼（1 CHO） 60 克烤牛肉，全熟（2 PRO） 2 汤匙（30 克）牛油果（1 FAT） 生菜（无热量） 1 根大香蕉（2 CHO）	375
3 CHO，2.5 PRO，1 FAT	360 毫升调味牛奶（3 CHO+1.5 PRO） 1 个熟鸡蛋（1 PRO+1 FAT）	385
4 CHO，2 PRO，1 FAT	1/2 花生酱果酱三明治： 1 片全麦面包（1 CHO） 2 茶匙（10 克）花生酱（1 FAT） 1/2 汤匙（8 克）果酱（0.5 CHO） 1 根中等大小的香蕉（1.5 CHO） 1 杯盒装脱脂牛奶（1 CHO+1 PRO） 30 克牛肉干（1 PRO）	450
4 CHO，2 PRO，1 FAT	烤牛肉卷： 1 份中等大小玉米面饼（2 CHO） 60 克烤牛肉，全熟（2 PRO） 生菜（无热量） 1 汤匙（15 克）牛油果（1 FAT） 1 根大香蕉（2 CHO）	450
4 CHO，3 PRO，2 FAT	1/2 花生酱果酱三明治： 1 片全麦面包（1 CHO） 2 茶匙（10 克）花生酱（1 FAT） 1/2 汤匙（8 克）果冻（0.5 CHO） 1 根中等大小的香蕉（1.5 CHO） 1 杯盒装 2% 的牛奶（1 CHO+1 PRO+1 FAT） 60 克牛肉干（2 PRO）	525
4 CHO，3 PRO，2 FAT	1 份花生酱果酱三明治： 2 片全麦面包（2 CHO） 4 茶匙（20 克）花生酱（2 FAT） 1 汤匙（15 克）果冻（1 CHO） 1/2 杯生的小胡萝卜（无热量） 1 杯盒装脱脂牛奶（1 CHO+1 PRO） 60 克牛肉干（2 PRO）	525

续表

如果你此餐的总分量包含……	……那么你可以这样吃	热量（卡）（估计）
4 CHO，3 PRO，3 FAT	烤牛肉卷： 1 份中等大小玉米面饼（2 CHO） 60 克烤牛肉，全熟（2 PRO） 30 克芝士（1 PRO+2 FAT） 2 汤匙（30 克）牛油果（1 FAT） 1 根大香蕉（2 CHO）	525
4 CHO，3 PRO，3 FAT	240 毫升调味牛奶（2 CHO+1 PRO） 1/2 份皮塔饼（1 CHO） 鸡蛋沙拉： 1 个鸡蛋（1 PRO+1 FAT）+2 个鸡蛋清（1 PRO）+2 茶匙（10 克）蛋黄酱（2 FAT） 1 个小苹果（1 CHO）	575
5 CHO，2.5 PRO，1 FAT	60 克脱脂调味牛奶（3 CHO+1.5 PRO） 1 个熟鸡蛋（1 PRO+1 FAT） 480 毫升运动饮料（2 CHO）	550
5 CHO，3 PRO，2 FAT	1 份花生酱果酱三明治： 2 片全麦面包（2 CHO） 4 茶匙（20 克）花生酱（2 FAT） 1 汤匙（15 克）果冻（1 CHO） 1 根小香蕉（1 CHO） 1 份盒装脱脂牛奶（1 CHO+1 PRO） 60 克牛肉干（2 PRO）	625
5 CHO，4 PRO，3 FAT	烤牛肉卷： 1 份中等大小玉米面饼（2 CHO） 60 克烤牛肉，全熟（2 PRO） 30 克芝士（1 PRO+2 FAT） 2 汤匙（30 克）牛油果（1 FAT） 1 根大香蕉（2 CHO） 1 杯脱脂牛奶（1 CHO+1 PRO）	650
2 CHO，2 PRO，2 FAT	2 火鸡肉丸（见第十一章食谱）（2 PRO+1 FAT） 1/2 杯意大利面（1 CHO） 1/4 杯意大利面酱（0.5 CHO） 混合蔬菜沙拉（0.5 CHO） 2 汤匙（30 毫升）沙拉酱加淡油醋汁（1 FAT）	325

注：1 卡路里 =4.18 焦耳。

表 8.11　食物分量示例：晚餐

如果你此餐的总分量包含……	……那么你可以这样吃	热量（卡）（估计）
2 CHO，3 PRO，2 FAT	90 克无骨无皮鸡胸肉（3 PRO） 90 克红皮土豆（1 CHO） 1 杯半熟胡萝卜（1 CHO） 2 茶匙（毫升）油（用来烤土豆和调味鸡肉）（2 FAT）	375
2 CHO，3 PRO，2 FAT	90 克大西洋鲑鱼片（3 PRO+1.5 FAT） 1/3 杯米饭（1 CHO） 1 杯半菠菜，熟（1 CHO） 1/2 茶匙（3 毫升）橄榄油（加入菠菜中）（0.5 FAT）	375
3 CHO，3 PRO，2 FAT	90 克鸡胸肉，无骨无皮（3 PRO） 90 克红皮土豆（1 CHO） 1 杯半胡萝卜，熟（1 CHO） 2 茶匙（10 毫升）油（用来烤土豆和做调味鸡肉）（2 FAT） 1 杯切块哈密瓜（1 CHO）	450
3 CHO，3 PRO，2.5 FAT	3 个火鸡肉丸（见第十一章食谱）（3 PRO+1.5 FAT） 2/3 杯意大利面（2 CHO） 1/4 杯意大利面酱（0.5 CHO） 混合蔬菜沙拉（0.5 CHO） 1 汤匙半（23 毫升）沙拉酱加淡油醋汁（1 FAT）	450
3 CHO，3 PRO，2 FAT	90 克大西洋鲑鱼片（3 PRO+1.5 FAT） 2/3 杯米饭（2 CHO） 1 杯半菠菜，熟（1 CHO） 1/2 茶匙（3 毫升）橄榄油（加入菠菜中）（0.5 FAT）	450
4.5 CHO，3 PRO，3.5 FAT	3 个火鸡肉丸（见第十一章食谱）（3 PRO+1.5 FAT） 1 杯意大利面（3 CHO） 1/2 杯意大利面酱（1 CHO） 混合蔬菜沙拉（0.5 CHO） 2 汤匙（30 毫升）调味料加油醋汁（2 FAT）	625
4 CHO，4 PRO，3 FAT	120 克无骨无皮鸡胸肉（4 PRO） 180 克红皮土豆（2 CHO） 1 杯半熟胡萝卜（1 CHO） 1 杯切块哈密瓜（1 CHO） 1 汤匙（15 毫升）油（用来烤土豆和调味鸡肉）（3 FAT）	625
4 CHO，4 PRO，3 FAT	120 克大西洋鲑鱼片（4 PRO+2 FAT） 1 杯米饭（3 CHO） 1 杯半熟菠菜（1 CHO） 1 茶匙（5 毫升）橄榄油（加入菠菜中）（1 FAT）	625

续表

如果你此餐的总分量包含……	……那么你可以这样吃	热量（卡）（估计）
5 CHO，4 PRO，4 FAT	120 克无骨无皮鸡胸肉（4 PRO） 270 克红皮土豆（3 CHO） 1 杯半熟胡萝卜（1 CHO） 1 个小圆面包（1 CHO） 1 汤匙（15 毫升）油（用来烤土豆和调味鸡肉）（3 FAT） 1 茶匙（5 克）黄油（涂在面包上）（1 FAT）	750
5 CHO，4 PRO，4 FAT	120 克大西洋鲑鱼片（4 PRO+2 FAT） 1 杯米饭（3 CHO） 1 杯半熟菠菜（1 CHO） 1/2 杯玉米（1 CHO） 2 茶匙（10 毫升）橄榄油（混合到蔬菜中）（2 FAT）	750
5 CHO，4 PRO，4 FAT	4 个火鸡肉丸（见第十一章食谱）（4 PRO+2 FAT） 1 杯半意大利面（3 CHO） 1/2 杯意大利面酱（1 CHO） 混合蔬菜沙拉 +4 块油煎面包丁（1 CHO） 2 汤匙（30 毫升）沙拉酱加油醋汁（2 FAT）	750

注：1 卡路里 =4.18 焦耳。

表8.12　食物分量示例：夜间迷你餐或零食餐

如果你此餐的总分量包含……	……那么你可以这样吃	热量（卡）（估计）
1 CHO，2 PRO，0 FAT	基础款蓝莓思慕雪（见第十章食谱）	120
2 CHO，3 PRO，0 FAT	蓝莓思慕雪（见第十章食谱）	200
2 CHO，3 PRO，2 FAT	巧克力草莓思慕雪（见第十章食谱）	260
3 CHO，2 PRO，1 FAT	青苹果、葡萄和菠萝思慕雪（见第十章食谱）	275
2 CHO，2 PRO，2 FAT	2 个鸡蛋松饼（见第十一章食谱）（2 PRO+2 FAT） 300 克西瓜（1 CHO） 1 个迷你百吉饼（1 CHO）	325
2 CHO，2 PRO，2 FAT	金枪鱼沙拉饼干： 6 块圆形奶油饼干（1 CHO+1 FAT） 30 克金枪鱼（1 PRO） 1 杯脱脂牛奶（1 CHO+1 PRO） 1 汤匙（15 克）低脂蛋黄酱（1 FAT）	325

续表

如果你此餐的总分量包含……	……那么你可以这样吃	热量（卡）（估计）
3 CHO，2 PRO，2 FAT	2 个鸡蛋松饼（见第十一章食谱）（2 PRO+2 FAT） 300 克西瓜（1 CHO） 1/2 个大百吉饼（2 CHO）	425
3 CHO，2 PRO，3 FAT	金枪鱼沙拉饼干： 12 块圆形奶油饼干（2 CHO+2 FAT） 60 克金枪鱼（2 PRO） 1 汤匙（15 克）低脂蛋黄酱（1 FAT） 1 个橘子（1 CHO）	450
3 CHO，3 PRO，3 FAT	小吃拼盘： 1/2 杯浆果（1 CHO） 1/2 杯小胡萝卜（无热量） 60 克火鸡肉丁（2 PRO） 30 克芝士丁（1 PRO+2 FAT） 10 块全麦饼干（2 CHO+1 FAT）	500
3 CHO，3 PRO，3 FAT	小吃拼盘： 1 个桃子（1 CHO） 1 茶匙（5 克）果仁奶油（2 FAT） 1 个熟鸡蛋（1 PRO+1 FAT） 1/2 杯 1% 脂肪的松软干酪（2 PRO） 1 杯橙汁（2 CHO）	500
4 CHO，3 PRO，4 FAT	2 个鸡蛋松饼（见第十一章食谱）（2 PRO+2 FAT） 1/4 杯车打芝士碎（1 PRO+2 FAT） 300 克西瓜（1 CHO） 1 个中号百吉饼（3 CHO）	575
4 CHO，4 PRO，3 FAT	金枪鱼或鸡肉沙拉饼干： 12 块圆形奶油饼干（2 CHO+2 FAT） 90 克金枪鱼或鸡肉（3 PRO） 1 汤匙（15 克）蛋黄酱（可选：混合 1 茶匙或 5 克芥末）（1 FAT） 12 颗葡萄（1 CHO） 1 杯脱脂牛奶（1 CHO+1 PRO）	625
5 CHO，3 PRO，4 FAT	2 份鸡蛋松饼（见第十一章食谱）（2 PRO+2 FAT） 1/4 杯车打芝士碎（1 PRO+2 FAT） 300 克西瓜（1 CHO） 1 个中号百吉饼（3 CHO） 1/2 杯橙汁（1 CHO）	700

续表

如果你此餐的总分量包含……	……那么你可以这样吃	热量（卡）（估计）
5 CHO，4 PRO，4 FAT	金枪鱼或鸡肉沙拉饼干： 12 块圆形奶油饼干（2 CHO+2 FAT） 120 克金枪鱼或鸡肉（4 PRO） 2 汤匙（30 克）低脂蛋黄酱（2 FAT） 24 颗葡萄（2 CHO） 1/2 杯苹果汁（1 CHO）	725

注：1 卡路里 =4.18 焦耳。

　　虽然在这一章中你学会了创建个人饮食计划的具体步骤，但相信有很多人此时并没有消化理解所有知识点，可是不必因此有心理压力。

　　因为当我指导我的客户时，通常直到第三次或第四次约见他们才会觉得自己有能力和自信去制订饮食计划和学会食物交换份的方法，而且前提是在我面对面的指导下。而作为读者的你现在仅仅依靠书中的相关内容来学习。如果你仅读了一次本章内容就可以完成一份完美的饮食计划，那么你一定是个天才。而作为一般的读者，现在你已经通读过一遍本章的内容了，接下来你需要做的是将本章分成多个章节，逐一学习每章节的内容。花一整天时间来熟悉如何将食物分类，然后实践并进行自我测试，一旦你认为这一章节的内容已经掌握，就可以进入下一章节的学习了。

　　不必强迫自己背下所有的食物分量表。我将它们列在本书中就是为了方便你查阅。随着制订饮食计划的经验累积，自然就会记住每种食物的具体分量了。

　　不要认为只要计算出一次营养需求量就万事大吉了，有时还需要重复这个过程。记住，我们算得的数字并不是一个精确值，它只是一个估算的数字，是可以根据你的饥饱程度及目标而进行调整的。

　　试着创建一些不同的饮食框架，并练习利用其创建多种饮食计划。熟能生巧，相信很快你就可以掌握其中的诀窍。

　　如果你已经掌握了本章的计算方法，并对你的饮食计划感到满意，那么下一个阶段就是如何实施了。如果你认为创建计划对你来说已经是一种挑战，那实施计划则更加不易。接下来的一章我将分享一些实用的技巧，让你在尽量保持生活节奏不变的基础上实践营养计划。俗话说，知之非难，行之不易，接下来请跟随我一起进入下一章开始实践吧！

第九章

扫除阻碍　健康饮食

相信通过前面的学习，现在你已经知道了自己的营养需求，并可以制订运动营养计划。那么接下来是最难的部分：如何实施计划。即使你有着最好的初衷，生活往往不能尽遂人愿。也许你不吃蔬菜或者不喜欢蛋白质食物；也许你总是很忙，大多数时间都是在外就餐。不管你是在小学、初中、高中还是大学，或者正在工作或抚养一个家庭，许多事情都会成为你实践计划路上的阻碍。想要成功，你和你的家人可能都需要做出一定的牺牲。

这一章将为大家列出一些常见的成功路上的阻碍，也许出现的问题五花八门，但请相信每一个问题都会找到解决的办法。实践的诀窍在于：投入、动力以及灵活性。

早餐

早餐被誉为一天中最重要的一餐，这是有科学依据的。证据显示吃早餐的学生注意力更集中，专注时间更长，记忆力也更好。研究还表明，吃早餐的青少年铁元素的摄入量更充足，铁能够帮助运送氧气到全身，使人保持精力充沛。不吃早餐很难满足一天中身体对营养素的需求。早餐是否吃好决定了接下来一整天的营养基础。

阻碍：宁愿睡觉也不愿花时间吃早餐。

解决方法：带着早餐上路。

跳出早餐的固有模式。在前一天晚上准备并打包好食物，这样你就可以在去学校的路上或公共汽车上吃早餐。带上塑料勺子和以下食物享受你的早餐吧。

- 1/2 杯干麦片，2 汤匙（30 克）果干，15 枚坚果，以及一只煮熟的鸡蛋。
- 将百吉圈对切，夹上一片熟食火腿和一片奶酪。
- 1/2 杯格兰诺拉麦片和 2 汤匙（30 克）果干放在一个塑料袋里，吃的时候倒入希腊酸奶中。
- 盒装脱脂牛奶和早餐棒（见第十一章的自制均衡营养早餐棒，或购买你喜欢的品牌）。

- 2 根奶酪和 1 根香蕉。

阻碍：早上不饿。

解决方法：吃一点儿总比不吃好。

不管你是否饥饿，早餐都是你的运动营养饮食计划的一部分，而饮食计划又是训练的一部分。早餐不必非要坐下来吃一顿培根炒蛋或一大碗燕麦片。如果你不习惯吃早餐，那就先从少量吃起。从液体食物开始尝试会比较容易接受。在第一周，喝 240 毫升的牛奶或 12 颗葡萄。它可能不是冠军的标配早餐（目前还不是），但它已经可以称为早餐了。记住，冠军不能决定他们的未来，冠军决定他们的习惯，而习惯决定了未来。所以请养成吃早餐的习惯！

阻碍：不能起床后第一件事就吃东西，会让身体觉得不舒服（恶心）。

解决方法：喝点儿液体。

早餐不一定必须是固体食物，液体也可以提供营养。如果早上起床第一件事就是吃东西会让你的胃不舒服，那么就尝试喝一些营养饮品吧。即使是只喝 120 毫升的牛奶或果汁，也比什么都不吃要好。然后当你感到胃已经适应的时候就可以尝试吃早餐棒等固体食物了。

学校午餐

对于一个青少年运动员来说，理想的一天应该是在家里吃一顿丰盛的早餐，4 小时后在学校吃一顿营养均衡的午餐。但是现实往往不尽人意。学校午餐时间早的可能在上午 10：00，晚的会安排在下午 1：30。学生无法自由选择吃午饭的时间。这对于需要按时进食的青少年运动员而言是个挑战。

阻碍：学校午餐是上午 10：30，训练是在放学后。而下午 2：00 我已经很饿了。

解决方法：在学校午餐之外，带上一份便携零食。

午餐时间较早，实际上对青少年运动员来说是好事。这是因为放学后吃一顿迷你餐比在中午吃要容易些。如果你的学校午餐是上午 10：30，你应该试着在下午 1：30 和下午 2：00 之间吃一顿加餐。什锦麦片、燕麦棒和盒装的便携式牛奶都是很好的选择，你可以将它们存放在储物柜或背包里，并在课间时快速将它们吃掉。有些老师允许学生在教室里吃东西。如果是这样的话，你就可以扩大选择面，比如花生酱果冻三明治或者放在便携式冰箱里的酸奶。不管怎样，你应该在放学后大概下午 2：30 左右吃一顿迷你餐。食物量取决于你之前吃了什么以及距离你训练还有多长时间。

如果你在午饭后吃了三明治或酸奶，那么放学后，在训练之前你只需要吃少量食物补充糖原便可。

如果训练在放学后立刻开始，比如下午 3：00 或 3：30，这时你需要一顿可以快速消化的迷你餐，如运动饮料、几片水果或能量棒（见第五章"训练或比赛临开始前"）。如果训练安排在下午 4：00 或 4：30 开始的话，你应该吃些营养更均衡的食物，如含有蛋白质和健康脂肪的迷你餐。

记住我一再强调的，灵活性是你创建饮食计划的关键。学校午餐的时间每年都在变化，你的计划也要随之改变。

阻碍：学校的午餐对我来说不够吃。

解决方法：购买两份午餐，或在学校午餐的基础上自带一份午餐，或者带一个大分量的午餐。

凡是加入美国学校午餐计划的学校，无论你是否是运动员，向所有学生提供的都是含相同热量的午餐，这意味着一名 155 厘米、50 千克的高一女生和 188 厘米、77 千克的高三男生分得的午餐是相同的。虽然他们也可以额外购买食品，但这意味着要花更多的钱。我曾见过一些高中运动员常常需要吃 2 ~ 3 份学校午餐才能吃饱。我的观点是，既然学校午餐不能满足你的个人需求，那么就需要你创建一份适合你的饮食计划，由你决定吃些什么。这通常需要购买额外的食物或从家里带食物。

阻碍：学校午餐提供了适量的蛋白质，但脂肪量超标，且碳水化合物量不足。

解决方法：调整你的选择。

记住，标准的学校午餐是为了满足一般学生的需求而制定的，并不能满足饥饿的高中运动员的额外需求。为了摄入饮食计划中的所有食物份数，你需要做些调整。如果你选择购买学校提供的午餐，首先计算选购的食物是否满足饮食计划；如果没有达到推荐的分量，则需要额外自带一些食物作为补充。根据我的经验，大部分需要补充的食物都属于复杂碳水化合物类。可以 选择带一份水果、一块面包或椒盐脆饼来满足你的额外需求。同时要注意的是，许多学生不能将学校午餐提供的水果和蔬菜都吃掉。而作为一名青少年运动员，这些果蔬对你来说很重要，一定要尽量吃掉它们，而不是将它们丢进垃圾桶。

体育训练和练习

我们在之前的几章中谈到过，良好饮食在训练前、训练中以及训练后的重要性，但这需要年轻运动员们付出额外的努力，尤其是对上学前和放学后都有训练的人来说。即使时间紧张，你也需要制订一个能量补充计划。

阻碍：我的训练是在早上 5：30，时间太早，没办法吃饭。

解决方法：在训练前喝运动饮料，并在训练后吃一份便携早餐。

尽管最好的方案是提前 1 小时起床，在训练前补充好体能。不过我知道大多数青少年运动员可能都做不到。更实际的解决方法是出门前带一瓶运动饮料饮用。经过一夜，你的糖原储备已减少，运动饮料可以为你的晨练提供一个快速而容易消化的能量补充。但这并不意味着你可以越过早餐。因此上课之前，尽量吃一些营养均衡的早餐，可以利用便携冰箱从家中带几杯酸奶；一盒或一瓶牛奶，将它们倒在即食麦片上；带花生酱的百吉圈；而像奶酪、火腿片、煮熟的鸡蛋和牛肉干等都是便携的优质蛋白质来源。

阻碍：我放学后直接去训练，没有时间吃饭。

解决方法：打包一份营养丰富又均衡的便携快餐，以便快速进食，快速消化。

我特别提倡吃双晚餐——一餐在放学后，另一餐是在 3 或 4 小时后。但如果你放学后直接去训练，那就没时间吃第一餐了。然而，你仍需要食物和营养。因此我的建议是带一些花生酱果冻三明治或花生酱饼干；干麦片、豆类干果、水果干和坚果组成的什锦干果（见第十一章的食谱），以及完整的水果。确保这些便携迷你餐中含有一定量的蛋白质，如 90 克左右的火鸡、火腿、虾、酸奶、鸡蛋、鸡肉或金枪鱼沙拉（塞进皮塔饼）。放学时间距开始训练时间的间隔越长就需要越多的固体食物，时间间距越短就越需要依赖于牛奶、酸奶、运动饮料或思慕雪等液体养分。

阻碍：我的训练在晚上，经常错过晚餐时间。

解决方法：在训练前吃晚餐，并确保训练后吃一顿恢复餐。

如果正确地创建了饮食框架，你的每一餐都应包括均衡的碳水化合物、蛋白质和脂肪。唯一的例外是你在运动过程中的能量补给。如果每一餐都能做到营养均衡的话，就可以很容易地调整你的饮食安排。解决晚间训练无法用餐的办法非常简单，晚餐时间提前，并在训练后加一顿恢复餐。

阻碍：我的教练在训练过程中不给我喝水休息的时间。

解决办法：大声说出你对食物和液体补给的需求。

每一名青少年运动员都会在运动生涯中接触到各种各样的教练，他们通常有着不同的做事风格和训练方法。这对于专业技巧的学习是件好事，因为能够帮你找到适合自己的训练方法。然而，当一名教练采用体罚的形式来达到训练目的的话，你完全有权力指出来。还记得第三章中描述的场景中玛莉的例子吗？ 我帮助玛莉制订了补水计划，以确保她开始训练时保持水合状态。我还鼓励玛莉的妈妈建议教练允许运动员们有规律地喝水休息。记住，不是所有的教练都懂得营养学和水分补充的重要性。除非有人告诉他们，否则他们不会意识到问题的严重性。所以，请放心大胆地说出来吧。

家庭作业和训练

毫无疑问，青少年运动员们很忙。他们面临着一整天的学校功课、训练和家务分工，还需要学习和做大量的家庭作业。一些青少年运动员还做兼职打工。完成所有这些事情需要精心计划和对所有事情进行优先级别排序。

阻碍：我晚上 8：00 才能开始做作业。只能依靠能量饮料来保持清醒，因为我太累了。

解决方法：将健康营养补给和补水放在优先考虑的位置，避免饮用能量饮料。

青少年运动员犯的最大的错误之一就是不能优先考虑饮食计划和补液。正如第六章所讨论的，能量饮料的名字中虽有"能量"二字，但是晚上靠喝能量饮料来保持清醒、完成家庭作业的话，只会适得其反。回忆一下之前提到的恶性循环：

能量饮料→疲劳→失眠

为了在学校、训练、比赛和家庭作业中找到平衡点，最明智的选择是保持充足的睡眠和水合状态。利用白天的碎片时间（如课间休息、课后休息及坐车时间）做家庭作业。在不太忙的周末将周中该做的功课做好。你可能仍会有几个晚上必须熬夜完成作业，但无论如何一定要将日常营养和补水放在首位，这将有助于你的成功。

出差

和团队一起出差总是很快乐的，但也会成为你实现饮食计划的一大阻碍。如果你的运动项目需要你在周末出差，你可能只能吃路途中遇见的食物。不管你喜不喜欢，你可能都无法掌控下一餐会吃什么。我从未说过做到最好是件容易的事。做到最好是需要更多额外的思考和准备的。

阻碍：我必须在长途高速休息区吃饭，但那里通常只有快餐。

解决方法：在可选的食物中择优选择。

虽然可能不是理想的选择，但外出就餐并不一定会成为你饮食计划的阻碍。大多数餐馆，包括快餐店，都有健康的菜品。从菜单上点些你经常会吃到的食物，并留意吃的分量。表 9.1 提供了一些与团队一起出差时的饮食建议。

阻碍：教练在选择餐厅的时候没有考虑到营养问题。

解决方法：向负责人建议，提供更好的选择。

并不是所有的教练都懂得营养搭配，你也许能帮上忙。找出为团队选择餐厅或携带食物和饮品的负责人，并提供你的建议。在去客场比赛之前，研究一下当地的餐馆，并建议去餐食更为健康的餐馆用餐。

阻碍：我试着向我的教练建议餐食更为健康的餐馆，但没被采纳。

解决办法：自带食物。

如果你认为训练时还要打包食物听起来非常痛苦，那么请记住：成功来之不易，一分耕耘一分收获。因此拿起你的便携冰箱和冰袋，用你的饮食计划上的食物填满它吧。这样你就不必一定要在停车时才能吃东西，而是在任何你需要和想吃东西的时候就可以立刻吃到（见第五章的图 5.1，运动员的便携式厨房，想了解更多请参考关于周末出差的打包方案）。此外，这样你还可以自带一顿其他的加餐，例如一份健康的恢复餐。

阻碍：我厌倦了总是吃燕麦棒、什锦干果、水果和酸奶。我希望在出差的时候能吃上一顿热饭。

解决方法：打包一顿热饭！

你完全可以在出差时吃到自带的热饭。因为大多数餐馆都会提供加热服务。但是快餐店和机场餐厅除外；他们可能不会愿意为你加热食物。但多数便利店都有微波炉，你可以用它来加热。这似乎听起来非常不便，但实际操作起来并没有那么难。

表 9.1   旅途中的餐饮小贴士

情景	做法
欧式早餐是酒店唯一的选择	尽量不要吃含糖和高脂肪的薄脆卷饼、甜甜圈。选择百吉饼、全麦吐司或英式松饼，配合一些花生酱和果酱 选择干谷物、牛奶、水果或燕麦片 一些欧式早餐吧有热食。吃一个煮鸡蛋或酸奶来满足你对蛋白质的需求。请提前考虑选择几样东西作为稍后的迷你餐
当服务站或便利店的早餐是唯一的选择	选择一份麦片粥，配上牛奶和一份水果 在冰柜中，你会找到煮鸡蛋、奶酪或酸奶杯 有些店内会提供热的早餐三明治，但要小心。它们的脂肪含量可能比你想要的高得多 早餐棒也是一种选择，但一定要阅读标签
当快餐店的早餐是唯一的选择	在快餐店里，玉米煎饼是很好的早餐选择 不要害怕点餐。如果英式松饼或百吉饼是以三明治形式提供的（如鸡蛋、培根、芝士三明治），你可以点一个原味的百吉饼或英式松饼，加一些花生酱和果酱 如今，大多数快餐店提供各种各样的水果，再搭配牛奶就是一顿控制脂肪的健康早餐

续表

情景	做法
如果你在车里，并且不想停下车用餐	买一个旅行冰箱和一些冰袋。在冰箱里装满一天所需的食物和零食，随身携带到车里或飞机上 带上足够的水或其他饮料（但不含糖）保证水分补充 杏仁、腰果、核桃和果干等坚果类在旅途中非常方便携带，无论是单独包装还是大包装
当住在旅馆里时，需要早餐、午餐和晚餐之间的零食	找一家当地的食品店，买一些健康的零食，比如水果和坚果，或者是在自助沙拉吧或熟食处选择一些健康食品 如果你住的旅馆里有冰箱或微波炉，你可以买健康的冷冻晚餐或汤 如果你唯一的零食选择是酒店自动售货机，那就避开糖果和薯条，选择坚果或饼干
当午餐和晚餐的唯一选择是快餐时	找到可供选择配料的三明治店，选择全麦面包、瘦肉和大量蔬菜 许多快餐店供应沙拉，但要小心，有些沙拉中含有非常高的脂肪，尤其是墨西哥玉米卷沙拉和上面放的炸鸡块 选择烤鸡肉而不是炸鸡肉做的三明治。如果你想找一些健康的碳水化合物产品，那就尝试一家可以提供烤土豆或烤薯片的快餐店，而不是高脂肪的炸薯条 不要以外出就餐作为暴饮暴食的借口。尽量选择那些和家里一样的食物和饮品

睡眠

　　你的身体已经工作了一整天。到了晚上，它需要休息一下。睡眠正是你恢复身体状态的最佳时机。当你进入深度睡眠时，你的身体会变得更放松，新陈代谢变慢，身体开始恢复。当身体得到充足的休息后，它会很好地为你工作。这就是为什么晚上睡个好觉应该是优先选项。缺乏睡眠会导致学习、听力和注意力下降，直接对你的课堂和运动表现产生负面影响。甚至会使人感到沮丧，并导致激进的行为。睡眠不足也会导致错误的食物选择。研究表明，青少年运动员受伤的概率似乎也与睡眠不足有关（Milewski，2014）。具体来说，每晚睡眠时间少于 8 小时的运动员受伤的概率是那些睡眠时间达到或超过 8 小时的运动员的 1.7 倍。

　　对许多青少年运动员来说，获得充足的睡眠并不容易。当孩子们进入初中和高中阶段，早晨到校时间比以前更早，学习量也增加了，体育训练和社交生活增多，以上这些都会导致睡眠减少。即便没有体育运动，青少年时期发生的各种变化也很容易影响睡眠。

　　为了提高青少年的睡眠质量，美国国家睡眠基金会建议：

- 坚持遵循睡眠时间表，即便在周末。
- 不要把家庭作业留在最后一刻才做。尝试把家庭作业和学习机会安排在白天。
- 如果有必要，做一个放松的睡前体操。
- 每天锻炼（青少年运动员应满足此项）。
- 小心那些可能影响睡眠的东西，如能量饮料。
- 建立一个良好的睡眠环境：设定一个舒适的温度、声音和光线。
- 使用舒适的枕头和床垫。
- 关掉所有的电子产品（你可以把它们放在别的房间）。

家族内差异

当我的两个孩子分别在三年级和五年级的时候，他们在学校很早就吃午饭，于是下午放学回家的时候已经非常饿了。此时他们不需要课后零食，而是需要一顿正餐。我的解决办法是在下午4：00吃晚饭，然后在晚上7：00左右吃一顿迷你餐。晚餐和晚上的迷你餐中间，是常规的游泳练习、体操活动和我第三个儿子的治疗（他患有严重的自闭症，所以他晚上的时间都用来治疗而不是运动）。每天的时间都安排得很满！幸运的是我有一份时间灵活的工作，这样当我的孩子们坐校车回家的时候，我已经在家了。然而，并不是所有的父母都能像我一样。不管你的孩子是去课后托管班，还是放学后留下来训练，又或者回家由保姆照顾，他们都需要一顿营养均衡的餐食。可能是一顿迷你餐，也可能是一顿正餐。如果孩子们在饿的时候没有教会他们选择健康饮食，他们很可能就会用垃圾食品来填饱肚子了。

还记得在第一章中我们讨论了明星运动员是如何练成的吗？冠军不能决定他们的未来，冠军决定他们的习惯，而习惯决定了他们的未来。

今年，我家的情况发生了变化。我四年级的女儿在学校很早就吃午饭，但六年级的儿子午饭吃得较晚。这意味着女儿回家时会很饿，但儿子却还不饿。我的解决办法是在下午3：45给女儿吃晚饭，然后在下午4：30左右热饭给儿子吃。我的第三个儿子很难增加体重，所以他需要有规律的进食时间。他的进餐时间是下午3：30和晚上7：00。

那么，当孩子们吃饭时间都不同时，你该如何做呢？此时需要灵活应对。有时，甚至在同一个家庭里，饮食框架也需要区别设置。这就是有运动员的家庭要面对的现实！现实中有时家中有多个孩子会从事多种项目，但这并不意味着要牺牲家人的健康。

阻碍：孩子们到家时就已经很饿了，但我来不及立刻做好晚饭。

解决方法：提前批量购买，批量烹饪。

每到周一，如果你打开我的冰箱，你会以为我已经准备好养活一支军队了。那是因为周日晚上我要花 3 ~ 5 小时去准备和烹饪接下来这一周的 7 ~ 8 顿饭。我会动用厨房中一切的烹饪工具：慢炖锅、烤箱、灶台、微波炉——甚至我的室外烤架也会派上用场。先将蔬菜切成小块供一周使用，然后清洗水果并切成小块，这样就可以随时食用了。所有东西都放在冰箱的玻璃容器中，这对我们家很有效，因为在家庭作业和课外活动期间，我没有时间每天晚上做一顿健康的饭菜。

花一分钟时间想想当你听到"零食"这个词时，能想到的食物有哪些？对许多孩子来说，这个词代表一种能立刻吃到的、通常是咸的、松脆的（如爆米花或炸薯条）、可以用来充饥的食物。零食能让孩子们很快吃饱，但很多零食无法提供适当的营养。

在冰箱里准备好食物可以防止孩子们随手抓起一包低营养的零食来缓解放学后的饥饿感。帮助他们养成健康的饮食习惯，随后在当天晚些时候可以在加一顿营养均衡的迷你餐。

阻碍：我平时没有时间做饭，而且周末我们还总是跟着我女儿的旅游联盟跑来跑去。

解决方法：提前计划，要有创造力。

要想吃得好，除了在厨房花大量时间以外，还有其他的方法。这里举几个例子。

- 使用慢炖锅。对于一个忙碌的家庭而言，慢炖锅是个福音。早上去上班之前，将所有配料扔进锅里，打开开关，然后就可以去上班了。当你回到家的时候，饭已经做好了。当然你还需要在前一天晚上提前做一些准备工作。我建议你把一切都准备好，洗净并切好鸡肉，洗好土豆备用，把菜切好，这样早上就能轻松些。如果要加调料，称好需要的量，第二天早上只需加在菜里就好了。

- 在餐馆吃一顿健康的快餐。对许多忙碌的体育家庭来说，外出就餐是无法避免的，也是被允许的。如今，在大多数餐馆，甚至快餐店里，都有可能找到一款健康食品。在本章的前面，表 9.1 中提供了一些在旅行时如何吃好的小贴士。它同样适用于从学校到训练场中的路上。

- 装满你的便携冰箱，随身携带你的食物。如果你按照我的建议提前备好食物，现在是享受劳动果实的时候了。从冰箱里取出那些自制的食物，把它们放在一个便携冰箱内，加入一些冰袋就大功告成了。

- 吃一顿冷冻食品。我并不鼓励食用冷冻食品（除非是自制的），但是忙碌的时候的确需要简单的解决办法。如果你有一种喜欢的冷冻食品或开胃菜，而你的青少年运动员也爱吃，那么就在冰箱里留一些作为备用。在所有其他都吃光的时候，冷冻食品总好过什么都没有。

阻碍：我做了一顿健康的晚餐，但我的孩子却不吃。

解决方法：提供两顿晚餐；或者在他们吃零食之前先吃饭。

有些家长总是抱怨他们的孩子不吃他们做的晚餐。如果孩子们放学后吃了低营养的零食（如炸薯条、小饼干、小点心），那么到了晚餐时间，他们可能已经不饿了，已经吃不下你做的营养均衡晚餐了。杜绝零食，青少年运动员们需要吃正餐。正餐永远是第一选择！

阻碍：我所有的孩子都很挑剔，喜欢不同的食物。

解决方法：提供选择。

像成年人一样，儿童和青少年也有喜欢的和不喜欢的食物。他们也在努力想要掌握对食物的决定权（比其他人更努力）。解决的方法是为他们提供食物选择——不是10个选择，而是2个。提前备好餐更易于操作，因为食物已经在冰箱里了。想出一种被大多数家庭成员接受的食物放在冰箱中。例如，我的冰箱里总是会有火鸡汉堡。如果我的儿子不喜欢我准备的晚餐，我会允许他加热一个火鸡汉堡，并和水果蔬菜一起吃掉。

阻碍：我的孩子总是抱怨我做的晚餐。

解决方法：创建一个更加丰富的食谱。

如果孩子们每天晚上都爱吃家长准备的晚餐就太好了，但现实往往难遂人愿。作为父母，有一个好处就是你可以不买或不做自己不喜欢的食物；可孩子们就没这么幸运了。对孩子来说，尝试新的食物和吃多样化食物是很重要的，但不公平的是，你才是做出所有决定的人。为了增加孩子们吃你做的食物的概率，可以让他们参与到买菜和做饭的过程中来。孩子们喜欢参与决策，这也有助于他们了解食物、营养和饮食计划。让他们帮你设计一周的食谱，其中包括他们每个人最爱吃的。让每个家庭成员选择一周中的一天，写下他那天想吃什么。当其中一个孩子抱怨他不想吃那个食物的时候，你可以提醒他，这不是属于他的晚餐，而在另一个人的晚餐，每个人都要吃他所选择的食物。在每个人的帮助下，每周的菜单就这样做好了。

如果每个人都同意，饭菜可以简单些，并每周重复一次。让家人决定每个人都爱吃的5顿饭，比如意大利面、肉丸、玉米饼、炒菜、辣椒三明治。在忙碌的时候，如果必要的话，轮流吃这些食物。我们的目标是在不给厨师造成压力的情况下吃一顿健康、均衡的晚饭。

家庭餐

作为父母，我们做出了很多牺牲来帮助我们的孩子获得成功，有时甚至忘记了他们最基本的需求。总有一天，你回顾这些疯狂的日子，都会感叹自己是怎么做到的。你可能还会怀念它。虽然有时难以实现，但家人团聚对于孩子的情感发育非常重要。对于一个家庭最重要的，优先于其他所有家庭活动的就是一家人在一起吃一顿团圆饭。

虽然刚开始你的孩子可能会不理解你的坚持向你翻白眼，但终有一天这会成为他最难忘的时光。一家人坐在一起讨论体育之外的话题，可以帮助你的孩子意识到，对你来说他并不只是运动员，而是一个你爱着并且全力支持的孩子。有来自多方面的证据也证实了这一点。更频繁的家庭聚餐与儿童、青少年和成人的健康食品消费量呈正相关，并能降低儿童和青少年超重和肥胖的风险。家庭聚餐同时也可以预防饮食失调和其他消极的行为。家庭聚餐可以改善家庭成员之间的关系，让儿童和青少年感到安全与被关心。

阻碍：我的 3 个孩子从事不同的运动，有不同的训练时间，无法进行家庭聚餐。

解决办法：灵活定义聚餐内容。

这一顿饭不一定是热食，也许是在晚上 7：30，所有人坐到一起吃一顿迷你餐（如一顿营养均衡的零食餐）。也许爸爸吃更丰盛的晚餐，但妈妈只是在喝茶。并不是所有的家人都能坐下来共进晚餐。对于忙碌的体育家庭来说，家人团聚的时间可能是早上 6：30，或者晚上 8：30。地点可能是球场的毯子上，或者是在比赛后的餐馆里。重要的是一家人在一起。

可能一周中的有些日子大家无法聚到一起。不过没关系，如果周日晚上或周一早上是一家人能聚在一起的唯一时间，那就在这个时间进行家庭聚餐吧。重要的是让孩子和青少年认同这种行为的重要性，让他们知道家人聚在一起的时间是非常珍贵的。

阻碍：我的家人从不能同时在家。

解决方法：安排家庭聚餐或约会之夜。

研究结果证明了经常家庭聚餐的重要性，但由于工作和训练的时间不同，想要进行家庭聚餐着实不易。如果不能每天都进行家庭聚餐也不要勉强。如果可能的话，每天留出 15 ~ 20 分钟让大家聚在一起聊聊天。重要的是让孩子们感受到家庭时间的重要性。与此同时，安排一个家庭约会之夜。也许你们可以将打保龄球的时间安排在周日下午或将与别人的聚会安排在中午，以确保家庭时间不被打扰。如果在安排好的家庭聚会时间上有别的安排，请选择去参加家庭聚会，不要让家人等待。你可能不会想到，当你对别人说"我无法做这件事，因为我和家人有个约会"时，大家会是多么尊敬你。

阻碍：我不知道要做什么饭菜，因为我的孩子们目标各不相同。我的女儿需要减肥，但我的儿子正在努力增加体重。

解决方法：做同样的食物，只需做出分量上的调整。

每个家庭成员有着不同的营养需求和目标，并不意味着你们不能一起享用晚餐。只是在你的家庭聚餐上，每个人吃的食物量有所不同而已。每个人只需要吃自己需要的分量。例如，一名年轻些的运动员可能只需要半杯土豆泥，而一名想要增重的年纪较大的运动员可能需要两杯。有时增加了分量还不够，当需要更高热量时，可以通过加入添加物来实现。例如，将一茶匙（5毫升）橄榄油加入土豆泥中以增加热量。具体请参考第四章中关于增加体重的其他建议。

另一个办法是做同样的食物，但用不同的烹调方式。这无疑增加了做饭人的工作量，但可以使这顿饭适用于家中的每个人。例如，如果你正在准备一份焙盘鸡肉，你只需要在一半的鸡肉上加入奶酪。那些试图控制饮食脂肪和热量的人可以吃没有奶酪的部分，而那些需要额外热量的人则可以从奶酪中得到热量。另一种选择是选用两个20厘米×20厘米的烤盘，来取代23厘米×33厘米的烤盘。用两个盘子意味着你可以使用不同的调味料、蛋白质来源等。

伙食费

较多的食物，尤其是吃高质量的食物会导致高昂的伙食费，这对许多家庭来说是一个巨大的负担。幸运的是，成长中的运动员所需的大多数额外食物都不是很贵。复合碳水化合物食材如谷物、意大利面、燕麦和其他谷物可以买家庭装，而这些食物本身相对于其他食物来说也比较便宜。高质量的蛋白质是最昂贵的食材了，但是按照这本书中介绍的策略将蛋白质均分到每一餐，实际上每餐需要的蛋白质的量是不多的。这样既能改善营养利用率又能省钱。本节涉及一些经济上的阻碍和克服它们的一些技巧。

阻碍：我家有3个青少年体育生，他们吃光了家里所有的东西。我的购物清单贵得离谱。

解决方法：根据你每周的菜单创建一个购物清单，并严格遵守这份清单！

食物是昂贵的。如果你不能按照之前预算的清单选购食物的话，那么养活一大家子人会让你感到很崩溃。确保每周制订一份膳食计划，并花时间规划下周所需的食材。许多额外食品（很快被吃掉的零食）会在你每周的账单上增加数百美元，而且它们往往是吃得最快的食物。这也会导致你准备的食物没有人吃，让你觉得浪费了你的时间和金钱来准备这些食物。确保你的购物车里装满营养丰富又可以充饥的食物，而不仅是好吃的食物。

阻碍：吃健康的食品费用昂贵。

解决办法：在可能的情况下，选择商店自有品牌，而不是所谓名牌。

超市自有品牌的标签可能看起来并不花哨，但营养价值却基本是一样的。许多商店的自有品牌和你喜欢的名牌食物都是同一个厂家生产的，之所以它们的价格更低，是因为它们看起来没有那么漂亮。以炸薯条为例，一袋你最喜欢的品牌的薯条，里面的薯条的宽度和长度都一样。消费者倾向于这种整齐的产品。而打开一袋商店自有品牌的薯条，你可能会看到不同的形状和长度。这些炸薯条"次品"所含的营养并不比名牌薯条差，只是它们看起来不同而已。

阻碍：我的孩子们总是很饿；我买的所有食物在周四之前就都没了，我承担不起两倍量的食物。

解决方法：购买家庭装。

买独立包装的食物确实更方便，但也更贵。如果可以的话，买家庭装更加经济。也许一次购买看起来花了较多的钱，但是一个月下来却能省下很多。

阻碍：如果我买家庭装，我的孩子就会吃得更多。

解决方法：将购买的食品转移到小包装盒中。

饥饿的青少年不会花太多时间考虑家中的其他人是否饥饿，他们只关心自己。有多少次你在柜子里发现了一个空的纸箱，因为有人拿走了最后一袋，却没有将盒子扔掉。买家庭装可以省钱省时的前提是你的孩子们没有将他们的食量翻倍。因此，当你购物回家后，立即将大份的食物转移到独立包装中，这样即有了独立包装的便利性同时又节省了伙食费。忙碌的青少年认为给自己的食物分份是件麻烦事（他们是对的！），但在购买家庭装的基础上多加一步，就能使他们吃适量的食物。

阻碍：购买新鲜的水果和蔬菜很贵。

解决方法：购买冷冻食品。

冷冻蔬菜和新鲜蔬菜有着一样的营养价值，而且更易储存。冷冻蔬菜经常以易于解冻的小包装出售，可以简单地在冰箱和微波炉中加热食用。但和其他独立包装食品一样，你必须为这种便利买单。因此我建议购买家庭装的冷冻蔬菜，做饭时只拿出所需分量。你所要做的就是把冷冻蔬菜倒入可以微波加热的盘子中，加入几汤匙的水和少量橄榄油，然后蒸 10 ~ 15 分钟（取决于你所准备的分量）。袋中剩下部分将继续保鲜在冰箱中，避免浪费食物。

　　水果也可以买冷冻装，特别是如果用于制作水果思慕雪或果泥。像香蕉和苹果这样的水果购买新鲜的家庭装是很划算的。

　　阻碍：我有两名高中运动员，他们每天都要喝一两瓶运动饮料。我负担不起。

　　解决办法：学会自制运动饮料。

　　一瓶 600 毫升的市售运动饮料，每瓶售价超过 1 美元。如果你家里有多名运动员，每人每天喝一瓶或更多，将会是一笔不小的费用。比起知名品牌的饮料，你可以在家自制相同的 600 毫升饮料，而成本仅需不到 0.25 美元。找一个孩子们喜欢的运动饮料瓶子，自制运动饮料并把它们倒进瓶子里，这样孩子们就可以拿来喝了。

　　阻碍：即使我注意了分量大小，可高质量的蛋白质还是很贵。低脂部位比高脂部分更贵。

　　解决方法：选择较便宜的蛋白质。

　　与其他的营养素相比，蛋白质是昂贵的，但是你可以通过选择适当的产品来节省开销。在你的每周饮食计划中加入更多的选择，比如富含植物性蛋白质的豆类和豆科食物。其他可供选择的较便宜的蛋白质包括牛奶、金枪鱼罐头、鸡蛋、乳清蛋白、松软干酪和酸奶。发挥创意地使用这些产品的话，你可以很容易地摄入到 20 ~ 30 克蛋白质，而不需要吃一顿以肉为基础的食物。尝试以下方法来搭配肉类提高蛋白质的摄入量。

- 奶酪加上以豆类为基础的辣酱，配上一杯牛奶。
- 用茅屋干酪做煎饼（做法见第十一章的食谱）。
- 用半杯茅屋干酪代替肉酱做全麦意面。
- 做鸡蛋松饼（做法见第十一章的食谱；每个松饼只需 0.25 美元）。
- 做一个茅屋干酪和水果拼盘。
- 捣碎半杯白豆然后抹在全麦面包上，加入蔬菜和牛油果。
- 用乳清蛋白做一个代餐思慕雪。

　　实施一项运动营养计划需要家庭成员和运动员都做出牺牲。以上我分享的一些克服阻碍的方法不可能包含你遇到的所有情况。保持灵活性和创造性，你就一定会克服所有的阻碍。

第四部分

食谱

第十章

液体能量食谱

有时，液体食物比固体食物更容易被接受。有些运动员只喜欢喝液体饮品，而有些人则用它来补充额外的热量需求。本章介绍了一些液体状易消化的能量饮料食谱供大家参考，如思慕雪和运动饮料。

思慕雪

思慕雪是一种能够快速摄取高质量营养的加餐。制作思慕雪的关键在于如何保证在营养均衡的基础上做到口感更好。作为正餐以及迷你餐，无论是装在盘子里还是倒进杯子里，都应该包含健康的碳水化合物、高质量的蛋白质和一些健康的脂肪。表 10.1 为制作营养均衡的思慕雪提供了多种选择。

从每个类别中选择一份食物。如果一份思慕雪中含有一根香蕉，3/4 杯草莓和一个杧果的思慕雪，虽然味道会很不错，但想象一下，如果是装在盘子中，一次你会吃下这么多水果吗？记住，放入搅拌机中的食物和放在盘子中的食物同样要保证营养均衡。这里有一些小贴士来帮助你做出理想的思慕雪。

- 作为恢复餐的思慕雪，碳水化合物与蛋白质的目标配比应为 3 : 1 到 4 : 1；这一比例最有利于身体恢复。本章提供了一些营养均衡的思慕雪食谱。你可以参照食谱做也可以换掉水果来尝试新口味。
- 如果你使用的是冷冻水果，请购买不含添加糖的品种。
- 在选择液体底料和蛋白时要留意脂肪含量，尽量选择低脂或脱脂的产品。
- 你可以通过添加更多的液体或含水量多的蔬菜水果来调整思慕雪的浓稠度。
- 要有创造力！这个配方提供了均衡的营养，你可以通过创造力让你的味蕾享受更多美味！

表 10.1 如何做一份营养均衡的思慕雪

选择一种作为底料（1/2 ~ 1杯）	选择一种水果（1 ~ 2杯）	选择一种蔬菜（1 ~ 2杯）	选择一种蛋白质（分量不定）	选择脂肪（分量不定）	其他（分量不定）
* 100% 果汁	苹果	甜菜叶	奶酪	牛油果（1/4）	可可粉
* 杏仁露（牛奶味）	香蕉	冬南瓜	希腊酸奶	奇亚籽（1 ~ 2汤匙或	鱼油
* 茶水	黑莓	胡萝卜	蛋白粉	15 ~ 30克）	香精
* 椰汁	蓝莓	芹菜	嫩豆腐	切碎的坚果（1/8杯）	香草和香
* 牛奶	樱桃	甘蓝		亚麻籽（1 ~ 2汤匙或	料
* 大米饮料	葡萄	黄瓜		15 ~ 30克）	蜂蜜
* 豆奶	猕猴桃	南瓜		坚果黄油（1汤匙或15	冰
* 水	杧果	菠菜		克）	麦芽
	香瓜	甘薯			
	橘子				
	木瓜				
	桃				
	梨				
	菠萝				
	树莓				
	草莓				

　　下面是 6 种制作思慕雪的配方，包括配料表、说明、营养成分和分量大小，便于你将它们加入你的饮食计划。

巧克力草莓思慕雪

2 CHO + 3 PRO + 2 FAT

1 杯脱脂牛奶，添加维生素 A 和维生素 D。

9 颗冷冻草莓。

不加糖 1 汤匙（15 克）奶油花生酱。

半勺（约 15 克）巧克力口味乳清蛋白粉。

巧克力脆片（少量装饰用）。

将所有原料加入搅拌器，搅拌至顺滑。上面撒上巧克力脆片。

营养成分

每一杯为一份

食用分量　一份思慕雪（372 克）

每份热量

260 卡（1088 焦耳）

	%/天*
总脂肪 8 克	**12%**
饱和脂肪 1.5 克	**8%**
反式脂肪 0 克	
胆固醇 5 毫克	**2%**
钠 240 毫克	**10%**
总碳水化合物 26 克	**9%**
膳食纤维 3 克	**12%**
总糖 18 克	
包括 0 克添加糖	
蛋白质 23 克	
维生素 D 2.5 微克	17%
钙 332 毫克	35%
铁 2.85 毫克	15%
钾 141 毫克	3%

* 每日摄入量百分比（DV）告诉你一份食物中的营养素对每日饮食的贡献。每天摄入 2000 卡（8372 焦耳）用于一般的营养建议。

蓝莓思慕雪

2 CHO + 3 PRO + 0 FAT

3/4 杯冷冻蓝莓。

180 克香草味脱脂希腊酸奶。

60 毫升脱脂牛奶，添加维生素 A 和维生素 D。

将所有原料加入搅拌器，搅拌至顺滑。

营养成分

每一杯为一份

食用分量　一份思慕雪（332 克）

每份热量

190 卡（795 焦耳）

	%/天*
总脂肪 1 克	**2%**
饱和脂肪 0 克	**0%**
反式脂肪 0 克	
胆固醇 0 毫克	**0%**
钠 100 毫克	**4%**
总碳水化合物 29 克	**10%**
膳食纤维 3 克	**12%**
总糖 25 克	
包括 0 克添加糖	
蛋白质 19 克	
维生素 D 0.7 微克	5%
钙 270 毫克	25%
铁 0 毫克	0%
钾 395 毫克	8%

* 每日摄入量百分比（DV）告诉你一份食物中的营养素对每日饮食的贡献。每天摄入 2000 卡（8372 焦耳）用于一般的营养建议。

基础蓝莓思慕雪

1 CHO + 2 PRO + 0 FAT

1/2 杯冷冻蓝莓。

120 克原味脱脂希腊酸奶。

60 毫升脱脂牛奶，添加维生素 A 和维生素 D。

将所有原料加入搅拌器，搅拌至顺滑。

营养成分

每一杯为一份

食用分量　一份思慕雪（240 克）

每份热量

120 卡（502 焦耳）

	%/天 *
总脂肪 0.5 克	**1%**
饱和脂肪 0 克	**0%**
反式脂肪 0 克	
胆固醇 0 毫克	**0%**
钠 75 毫克	**3%**
总碳水化合物 16 克	**5%**
膳食纤维 2 克	**8%**
总糖 13 克	
包括 0 克添加糖	
蛋白质 14 克	
维生素 D 0.7 微克	5%
钙 203 毫克	20%
铁 0 毫克	0%
钾 293 毫克	6%

* 每日摄入量百分比（DV）告诉你一份食物中的营养素对每日饮食的贡献。每天摄入 2000 卡（8372 焦耳）用于一般的营养建议。

绿色思慕雪

3 CHO + 2 PRO + 1 FAT

1/2 杯新鲜绿色葡萄。

1/3 杯原味脱脂希腊酸奶。

1 杯半新鲜小菠菜。

半个大苹果。

1/3 杯新鲜菠萝块。

将所有原料加入搅拌器，加入 1 杯冰块，搅拌至顺滑。如果喜欢喝稀释的，请多加水。

营养成分

每一杯为一份

食用分量　一份思慕雪（374 克）

每份热量

260 卡（1088 焦耳）

	%/天 *
总脂肪 4 克	**6%**
饱和脂肪 0 克	**0%**
反式脂肪 0 克	
胆固醇 0 毫克	**0%**
钠 90 毫克	**4%**
总碳水化合物 46 克	**15%**
膳食纤维 6 克	**24%**
总糖 33 克	
包括 0 克添加糖	
蛋白质 12 克	
维生素 D 0 微克	0%
钙 107 毫克	10%
铁 3 毫克	15%
钾 334 毫克	7%

* 每日摄入量百分比（DV）告诉你一份食物中的营养素对每日饮食的贡献。每天摄入 2000 卡（8372 焦耳）用于一般的营养建议。

甜菜根思慕雪

2 CHO + 0 PRO + 0 FAT

1 汤匙（15 克）甜菜冲剂，红色。

120 毫升菠萝汁。

1 / 2 杯菠萝块，新鲜。

将所有原料加入搅拌器，加冰以达到想要的稠度，搅拌至顺滑。

营养成分

每一杯为一份
食用分量　一份思慕雪（206 克）

每份热量
140 卡（586 焦耳）

	%/天*
总脂肪 0 克	**0%**
饱和脂肪 0 克	**0%**
反式脂肪 0 克	
胆固醇 0 毫克	**0%**
钠 5 毫克	**0%**
总碳水化合物 33 克	**11%**
膳食纤维 1 克	**4%**
总糖 25 克	
包括 11 克添加糖	
蛋白质 1 克	
维生素 D 0 微克	0%
钙 11 毫克	2%
铁 2.25 毫克	10%
钾 232 毫克	5%

* 每日摄入量百分比（DV）告诉你一份食物中的营养素对每日饮食的贡献。每天摄入 2000 卡（8372 焦耳）用于一般的营养建议。

巧克力花生酱思慕雪

2 CHO + 3 PRO + 2 FAT

1 汤匙（15 克）奶油花生酱。

半根中等大小香蕉。

1 汤匙（15 克）不加糖天然可可粉。

半勺（约 15 克）巧克力口味乳清蛋白粉。

1/2 杯脱脂牛奶，添加维生素 A 和维生素 D。

1 杯新鲜小菠菜。

将所有原料加入搅拌器，加 1/2 杯冰块，搅拌至顺滑。

营养成分

每一杯为一份
食用分量　一份思慕雪（242 克）

每份热量
270 卡（1130 焦耳）

	%/天*
总脂肪 10 克	**15%**
饱和脂肪 2 克	**10%**
反式脂肪 0 克	
胆固醇 15 毫克	**5%**
钠 190 毫克	**8%**
总碳水化合物 30 克	**10%**
膳食纤维 6 克	**24%**
总糖 15 克	
包括 0 克添加糖	
蛋白质 22 克	
维生素 D 1.47 微克	10%
钙 255 毫克	25%
铁 1.7 毫克	10%
钾 515 毫克	11%

* 每日摄入量百分比（DV）告诉你一份食物中的营养素对每日饮食的贡献。每天摄入 2000 卡（8372 焦耳）用于一般的营养建议。

运动饮料

　　运动饮料是青少年运动员能自己制作的最简单的液体能量补充饮料，可以用于连续比赛日或作为高能耗运动前、中、后的能量来源。回想一下，运动饮料的初衷是为了补充体液和钠的损失，同时也为工作肌提供能量。配方正确的运动饮料（适当浓度、碳水化合物和钠）可以被快速吸收而不会引起肠胃不适，并可以提高运动员的表现。

　　以下食谱中包含的营养成分与市售知名运动饮料品牌中所包含的营养成分相同或接近，且不添加色素或人工香料。这些食谱提供了多种最佳浓度的制作方法，但这些饮料喝起来可能不如多数市售品牌那样美味。如今市面上有各种口味的饮料。你可以通过添加无热量的香料来改造属于你自己的运动饮料。添加时要注意其成分：当运动饮料中糖的含量超过 5% ~ 8% 时会给肠胃带来负担。

　　多年来，我采访过许多运动员，并询问他们对市售运动饮料的看法。有些人觉得它们太甜；有些人不喜欢其中的人造成分；其他人觉得它们太贵了。需要戴面罩的运动员们担心有色的饮料会将他们的运动服染色。他们想要无色透明的饮料。

　　一些运动员认为椰子水是一种很好的运动饮料。但很遗憾，就营养成分而言，椰子水无法与其他运动饮料相比，因为它不含足够的碳水化合物和钠来补充身体所需。如果你喜欢椰汁的味道，可以在下面的食谱中加入调味的椰子水，制作一种有椰子味的运动饮料。

　　只需要不到 1 美元，教练们就可以为球队制作出 3 夸脱（1 夸脱相当于 0.95 升）的运动饮料。

运动饮料 1

2 CHO + 0 PRO + 0 FAT

570 毫升水。

7 茶匙（35 克）白色颗粒状砂糖。

1/8 茶匙（0.6 克）食盐。

1 汤匙（15 毫升）酸橙汁。

用微波炉加热一杯水。将热水倒入大凉杯中，加入糖和盐。加入酸橙汁和剩余的水。倒入 600 毫升的瓶子里，冷却。

营养成分

每一杯为一份
食用分量 20 盎司瓶装（584 克）

每份热量
120 卡（502 焦耳）

	%/天 *
总脂肪 0 克	**0%**
饱和脂肪 0 克	**0%**
反式脂肪 0 克	
胆固醇 0 毫克	**0%**
钠 310 毫克	**13%**
总碳水化合物 29 克	**10%**
膳食纤维 0 克	**0%**
总糖 29 克	
包括 29 克添加糖	
蛋白质 0 克	
维生素 D 0 微克	0%
钙 17 毫克	2%
铁 0 毫克	0%
钾 15 毫克	0%

* 每日摄入量百分比（DV）告诉你一份食物中的营养素对每日饮食的贡献。每天摄入 2000 卡（8372 焦耳）用于一般的营养建议。

运动饮料 2

2 CHO + 0 PRO + 0 FAT

600 毫升水。

1 汤匙（15 克）琥珀色有机蜂蜜。

4 茶匙（20 克）白色颗粒状砂糖。

1/8 茶匙（0.6 克）食盐。

2 茶匙（10 毫升）瓶装柠檬汁。

用微波炉加热一杯水。将热水倒入大凉杯中，然后加入蜂蜜、糖和盐。加入柠檬汁和剩余的水。倒入 600 毫升的瓶子里，冷却。

营养成分

每一杯为一份
食用分量 20 盎司瓶装（616 克）

每份热量
140 卡（586 焦耳）

	%/天 *
总脂肪 0 克	**0%**
饱和脂肪 0 克	**0%**
反式脂肪 0 克	
胆固醇 0 毫克	**0%**
钠 320 毫克	**13%**
总碳水化合物 34 克	**11%**
膳食纤维 0 克	**0%**
总糖 33 克	
包括 33 克添加糖	
蛋白质 0 克	
维生素 D 0 微克	0%
钙 18 毫克	2%
铁 0 毫克	0%
钾 11 毫克	0%

* 每日摄入量百分比（DV）告诉你一份食物中的营养素对每日饮食的贡献。每天摄入 2000 卡（8372 焦耳）用于一般的营养建议。

运动饮料 3

2 CHO + 0 PRO + 0 FAT

420 毫升水。

180 毫升果汁（蔓越莓、石榴、樱桃混合）。

1/10 茶匙（0.5 克）食盐。

2 茶匙（10 克）砂糖白色。

用微波炉加热一杯水。将热水倒入大凉杯中，加入糖和盐。加入果汁和剩余的水。倒入 600 毫升的瓶子里，冷却。

营养成分

每一杯为一份
食用分量　20 盎司瓶装（576 克）

每份热量
130 卡（544 焦耳）

	%/天*
总脂肪 0 克	**0%**
饱和脂肪 0 克	**0%**
反式脂肪 0 克	
胆固醇 0 毫克	**0%**
钠 270 毫克	**11%**
总碳水化合物 32 克	**11%**
膳食纤维 0 克	**0%**
总糖 32 克	
包括 32 克添加糖	
蛋白质 0 克	
维生素 D 0 微克	0%
钙 12 毫克	2%
铁 0 毫克	0%
钾 0 毫克	0%

* 每日摄入量百分比（DV）告诉你一份食物中的营养素对每日饮食的贡献。每天摄入 2000 卡（8372 焦耳）用于一般的营养建议。

运动饮料 4

2 CHO + 0 PRO + 0 FAT

240 毫升天然椰子水。

360 毫升水。

1/10 茶匙（0.5 克）食盐。

4 茶匙（20 克）白色颗粒状砂糖。

用微波炉加热 120 毫升的水。将热水倒入大凉杯中，溶解糖和盐。加入椰子水和剩余的水。倒入 600 毫升的瓶子里，冷却。

营养成分

每一杯为一份
食用分量　20 盎司瓶装（584 克）

每份热量
110 卡（460 焦耳）

	%/天*
总脂肪 0 克	**0%**
饱和脂肪 0 克	**0%**
反式脂肪 0 克	
胆固醇 0 毫克	**0%**
钠 290 毫克	**12%**
总碳水化合物 27 克	**9%**
膳食纤维 0 克	**0%**
总糖 26 克	
包括 26 克添加糖	
蛋白质 0 克	
维生素 D 0 微克	0%
钙 38 毫克	4%
铁 0 毫克	0%
钾 459 毫克	10%

* 每日摄入量百分比（DV）告诉你一份食物中的营养素对每日饮食的贡献。每天摄入 2000 卡（8372 焦耳）用于一般的营养建议。

运动饮料 5（3 夸脱）

2 CHO + 0 PRO + 0 FAT

11 杯水。

3/ 4 杯白色颗粒状砂糖。

半茶匙（2.5 克）食盐。

5 汤匙（75 毫升）酸橙汁。

将盐和糖溶解在 3 杯温水中。完全溶解后，加入剩余的水。再加入酸橙汁，搅拌均匀。

营养成分

每一杯为一份
食用分量　8 盎司瓶装（236 克）

每份热量
50 卡（209 焦耳）

		%/天*
总脂肪 0 克		**0%**
饱和脂肪 0 克		**0%**
反式脂肪 0 克		
胆固醇 0 毫克		**0%**
钠 105 毫克		**4%**
总碳水化合物 13 克		**4%**
膳食纤维 0 克		
总糖 13 克		
包括 13 克添加糖		
蛋白质 0 克		
维生素 D 0 微克		0%
钙 7 毫克		0%
铁 0 毫克		0%
钾 6 毫克		0%

* 每日摄入量百分比（DV）告诉你一份食物中的营养素对每日饮食的贡献。每天摄入 2000 卡（8372 焦耳）用于一般的营养建议。

第十一章

固体能量食谱

本章将为大家提供一些固体、易消化食物的食谱，如能量棒和各种高蛋白含量食品。

能量棒

许多父母和运动员都想知道，什么样的能量棒最适合带到学校或运动后食用。答案取决于你的食用目的。你是想用它作为早餐还是为了在放学后能够充饥？是用来在运动前还是运动后补充能量？

关于高碳水化合物的能量棒有很多负面的报道，但是含有能快速消化的碳水化合物、低纤维和脂肪，并且含有少量蛋白质的能量棒，正是一个长距离自行车运动员所需要的。对于一个急需在下场比赛前补充能量的游泳运动员来说也是一个不错的选择。然而，同一个能量棒，如果你上学前匆忙拿来做早餐就不是最佳选择了。一份好的早餐能量棒应包括复杂碳水化合物、纤维、蛋白质，还有一些脂肪。

运动后食用的能量棒应该保证营养均衡，但大小取决于运动的强度。如果是 1 小时的训练，含 628 ~ 837 焦耳营养均衡的能量棒可能就足够了；但对于需要高热量的运动员来说，1256 ~ 1674 焦耳的能量棒会更为合适。

太多人询问我关于最佳能量棒的问题，但在这里我想教给大家的是如何将不同的能量棒融入你的饮食计划当中。因为很多能量棒无法满足对高质量营养的要求，所以我将分享给大家如何根据饮食设计制作自己的能量棒。你也可以将我提供的营养成分表与市售其他能量棒进行比较。我特意在这些食谱中使用了很多相同的成分，方便大家购买制作。

营养均衡的早餐能量棒

2 CHO + 1 PRO + 2 FAT

1 茶匙（5 克）肉桂。

1/3 杯糙米糖浆。

1 茶匙（5 毫升）香草精。

1/3 杯杏仁酱。

1/4 杯整个无盐杏仁，切碎。

1/4 杯热带干燥水果，切碎。

1 杯脆米麦片。

1 杯老式燕麦。

1 勺半（32 克）香草味乳清蛋白粉。

1/8 茶匙（0.6 克）食盐。

预热烤箱至 150° C。在 20 厘米 × 20 厘米的烤盘上面铺上烤盘纸。烤盘纸要剪得够长，足以盖过烤盘的边缘。

把米谷类、燕麦、蛋白粉、肉桂、盐、切碎的杏仁混合放入大碗中搅拌好，备用。

将糙米糖浆、香草、杏仁酱和水果切片放入微波炉高温加热 30 秒，用勺子搅拌直到均匀混合。

将混合的液体加入刚刚的粉末配料中，用结实的勺子搅拌。在勺子上喷一点烹饪喷雾可以防止黏附。你也可以用手来搅拌。搅拌至所有材料都湿润为止。

将搅拌好的材料均匀地倒在烤盘上。用另一张烤盘纸将混合物压平，并用有重量的金属抹刀压实在烤盘中。如果按压的不够结实，成品能量棒可能会碎掉。压实烤盘中包括边缘的所有区域，然后取出用于按压的烤盘纸。这时烤盘中的材料看起来应该是紧实平滑且均匀的。

烘烤 20 分钟。从烤箱中取出烤盘，自然冷却。冷却后，放入冰箱冷藏 1 ~ 2 小时，随后从烤盘中取出，切成 8 条。可冷藏或冷冻保存。

营养成分

8 份

食用分量　1 根能量棒（52 克）

每份热量

220 卡（921 焦耳）

	%/天*
总脂肪 9 克	**14%**
饱和脂肪 1 克	**5%**
反式脂肪 0 克	
胆固醇 10 毫克	**3%**
钠 110 毫克	**5%**
总碳水化合物 28 克	**9%**
膳食纤维 3 克	**12%**
总糖 11 克	
包括 7 克添加糖	
蛋白质 8 克	
维生素 D 0 微克	0%
钙 76 毫克	8%
铁 2 毫克	10%
钾 184 毫克	4%

* 每日摄入量百分比（DV）告诉你一份食物中的营养素对每日饮食的贡献。每天摄入 2000 卡（8372 焦耳）用于一般的营养建议。

运动前能量棒

配方由 Sara Hass，RDN，LDN 研发

1.5 CHO + 0.5 PRO + 1 FAT

1 杯半老式燕麦。

1/4 杯烤干无盐花生，切碎。

1 茶匙（5 克）肉桂。

1/4 茶匙（1.3 克）食盐。

1/4 杯奶油花生酱。

1/3 杯琥珀色蜂蜜。

1/3 杯加糖蔓越莓干。

1/2 茶匙（2.5 克）香草提取物。

营养成分		
12 份		
食用分量　1 根能量棒（32 克）		
每份热量		
130 卡（544 焦耳）		
		% / 天 *
总脂肪 5 克		**8%**
饱和脂肪 1 克		**5%**
反式脂肪 0 克		
胆固醇 0 毫克		**0%**
钠 75 毫克		**3%**
总碳水化合物 19 克		**6%**
膳食纤维 2 克		**8%**
总糖 10 克		
包括 7 克添加糖		
蛋白质 3 克		
维生素 D 0 微克		0%
钙 4 毫克		0%
铁 0.7 毫克		4%
钾 0 毫克		0%

* 每日摄入量百分比（DV）告诉你一份食物中的营养素对每日饮食的贡献。每天摄入 2000 卡（8372 焦耳）用于一般的营养建议。

预热烤箱至 150° C。在 20 厘米 ×20 厘米的烤盘上铺两张烤盘纸，使它们重叠在烤盘里，修剪长度保证使烤盘纸能露出在烤盘外。

将燕麦、切碎的花生、肉桂和盐混合在一个大碗里，放在一边备用。

将花生酱、蜂蜜、水果和香草倒入微波用量杯中，充分混合。盖上盖子，微波炉加热 35 秒。搅拌后将混合物倒入燕麦混合物中，搅拌至燕麦均匀裹上花生酱。将混合物均匀地铺在准备好的烤盘上。盖上另一张烤盘纸，并用有重量的金属抹刀压实在烤盘中。如果按压的不够结实，成品能量棒可能会碎掉。压实烤盘中包括边缘的所有区域。然后取出用于按压的烤盘纸。这时烤盘中的材料看起来应该是紧实平滑且均匀的。

烘烤 15 分钟。从烤箱中取出烤盘，自然冷却。冷却后，放入冰箱冷藏 1 ~ 2 小时，随后从烤盘中取出，切成 12 条。可冷藏或冷冻保存。

运动前高热量能量棒

配方由 Sara Hass，RDN，LDN 研发

2.5 CHO + 1 PRO + 2 FAT

1 杯半老式燕麦。

1/4 杯无盐烤干花生，切碎。

1 茶匙（5 克）肉桂。

1/4 茶匙（1.3 克）食盐。

1/4 杯奶油花生酱。

1/3 杯琥珀色蜂蜜。

1/3 杯加糖蔓越莓干。

1/2 茶匙（2.5 克）香草提取物。

预热烤箱至 150°C。在 20 厘米 × 20 厘米的烤盘上铺两张烤盘纸，使它们重叠在烤盘里，修剪长度保证使烤盘纸能露出在烤盘外。

将燕麦、切碎的花生、肉桂和盐混合在一个大碗里，放在一边备用。

将花生酱、蜂蜜、水果和香草倒入微波用量杯中，充分混合。盖上盖子，微波炉加热 35 秒。搅拌后将混合物倒入燕麦混合物中，搅拌至燕麦均匀裹上花生酱。将混合物均匀地铺在准备好的烤盘上。盖上另一张烤盘纸，并用有重量的金属抹刀压实在烤盘中。如果按压的不够结实，成品能量棒可能会碎掉。压实烤盘中包括边缘的所有区域，然后取出用于按压的烤盘纸。这时烤盘中的材料看起来应该是紧实平滑且均匀的。

烘烤 15 分钟。从烤箱中取出烤盘，自然冷却。冷却后，放入冰箱冷藏 1 ~ 2 小时，随后从烤盘中取出，切成 6 条。可冷藏或冷冻保存。

营养成分

6 份

食用分量　1 根能量棒（63 克）

每份热量

260 卡（1088 焦耳）

	%/天*
总脂肪 10 克	**15%**
饱和脂肪 1.5 克	**8%**
反式脂肪 0 克	
胆固醇 0 毫克	**0%**
钠 150 毫克	**6%**
总碳水化合物 38 克	**13%**
膳食纤维 3 克	**12%**
总糖 20 克	
包括 14 克添加糖	
蛋白质 7 克	
维生素 D 0 微克	0%
钙 0 毫克	0%
铁 1.3 毫克	8%
钾 0 毫克	0%

* 每日摄入量百分比（DV）告诉你一份食物中的营养素对每日饮食的贡献。每天摄入 2000 卡（8372 焦耳）用于一般的营养建议。

运动后能量棒

配方由 Sara Hass，RDN，LDN 研发

1.5 CHO + 1 PRO + 2 FAT

1 杯老式燕麦。

1/ 4 茶匙（1.3 克）食盐。

1/2 杯麦芽。

1/ 3 杯无盐烤干花生，切碎。

1/ 3 杯无盐整个杏仁，切碎。

1/2 茶匙（2.5 克）肉桂。

1/2 杯梅子。

1/2 杯无籽葡萄干。

1/ 4 杯奶油花生酱。

2 汤匙（30 毫升）枫糖浆。

1 汤匙（15 克）琥珀色蜂蜜。

预热烤箱至 150° C。在 20 厘米 ×20 厘米的烤盘上铺两张烤盘纸，使它们重叠在烤盘里，修剪长度保证使烤盘纸能露出在烤盘外。

将燕麦、麦芽、肉桂、盐、切碎的花生、切碎的杏仁混合在一个大碗里，放在一边备用。

将梅子和葡萄干放在食物料理机中打碎，混合物会凝结成糊状。把水果加入到干料中，用一个结实的勺子搅拌。在勺子上喷洒一点烹饪喷雾将有助于防止黏附。你也可以用手搅动。搅拌至所有材料湿润。

将花生酱、蜂蜜、枫糖浆倒入微波用量杯中，充分混合。盖上盖子，微波炉加热30秒。搅拌后将混合物倒入燕麦混合物中，搅拌至燕麦均匀裹上花生酱。将混合物均匀地铺在准备好的烤盘上。盖上另一张烤盘纸，并用有重量的金属抹刀压实在烤盘中。如果按压的不够结实，成品能量棒可能会碎掉。压实烤盘中包括边缘的所有区域，然后取出用于按压的烤盘纸。这时烤盘中的材料看起来应该是紧实平滑且均匀的。

烘烤 15 分钟。从烤箱中取出烤盘，自然冷却。冷却后，放入冰箱冷藏 1 ~ 2 小时，随后从烤盘中取出，切成 12 条。可冷藏或冷冻保存。

营养成分

12 份
食用分量　1根能量棒（49 克）

每份热量
210 卡（879 焦耳）

	%/天*
总脂肪 10 克	**15%**
饱和脂肪 1 克	**5%**
反式脂肪 0 克	
胆固醇 0 毫克	**0%**
钠 70 毫克	**3%**
总碳水化合物 24 克	**8%**
膳食纤维 4 克	**16%**
总糖 13 克	
包括 3.5 克添加糖	
蛋白质 7 克	
维生素 D 0 微克	0%
钙 27 毫克	2%
铁 1.8 毫克	10%
钾 167 毫克	4%

* 每日摄入量百分比（DV）告诉你一份食物中的营养素对每日饮食的贡献。每天摄入 2000 卡（8372 焦耳）用于一般的营养建议。

运动后高热量能量棒

3 CHO + 2 PRO + 3 FAT

2 杯老式燕麦。

1 杯麦芽。

1 茶匙（5 克）肉桂。

2/3 杯无盐烤干花生，切碎。

2/3 杯无盐整个杏仁，切碎。

1 杯梅子。

1 杯无籽葡萄干。

1/2 杯奶油花生酱。

4 汤匙（60 克）蜂蜜。

4 汤匙（60 毫升）枫糖浆。

1/2 茶匙（2.5 克）食盐。

营养成分	
14 份	
食用分量　1 根能量棒（87 克）	
每份热量	
360 卡（1507 焦耳）	
	% / 天 *
总脂肪 17 克	**26%**
饱和脂肪 2 克	**10%**
反式脂肪 0 克	
胆固醇 0 毫克	**0%**
钠 130 毫克	**5%**
总碳水化合物 44 克	**15%**
膳食纤维 6 克	**24%**
总糖 24 克	
包括 8 克添加糖	
蛋白质 13 克	
维生素 D 0 微克	0%
钙 45 毫克	4%
铁 3 毫克	20%
钾 290 毫克	6%

* 每日摄入量百分比（DV）告诉你一份食物中的营养素对每日饮食的贡献。每天摄入 2000 卡（8372 焦耳）用于一般的营养建议。

预热烤箱至 150° C。在 23 厘米 ×33 厘米的烤盘上铺两张烤盘纸，使它们重叠在烤盘里，修剪长度保证使烤盘纸能露出在烤盘外。

将燕麦、麦芽、肉桂、盐、切碎的花生和杏仁混合装在一个大碗里，放在一边备用。

将梅子和葡萄干放在食物料理机中打碎，混合物成糊状。将水果糊加入到碎干果中，用一个结实的勺子搅拌。在勺子上喷洒一点烹饪喷雾将有助于防止黏附。你也可以用手搅动。搅拌至所有材料湿润。

将花生酱、蜂蜜、枫糖浆倒入微波用量杯中，充分混合。盖上盖子，微波炉加热 30 秒。搅拌后将混合物倒入燕麦混合物中，搅拌至燕麦均匀裹上花生酱。将混合物均匀地铺在准备好的烤盘上。盖上另一张烤盘纸，并用有重量的金属抹刀压实在烤盘中。如果按压的不够结实，成品能量棒可能会碎掉。压实烤盘中包括边缘的所有区域，然后取出用于按压的烤盘纸。这时烤盘中的材料看起来应该是紧实平滑且均匀的。

烘烤 15 分钟。从烤箱中取出烤盘，自然冷却。冷却后，放入冰箱冷藏 1 ~ 2 小时，随后从烤盘中取出，切成 14 条。可冷藏或冷冻保存。

无谷蛋白能量棒

配方由 Sara Hass，RDN，LDN 研发

1 CHO + 0 PRO + 1 FAT

1 杯无盐整个杏仁。

1 / 4 杯无糖干燥椰子。

1 / 3 杯干燥菠萝。

1/2 杯脆米谷物。

1 / 4 茶匙（1.3 克）食盐。

1/4 杯琥珀色蜂蜜。

1/2 茶匙（2.5 克）香草。

预热烤箱至 150° C。在 20 厘米 ×20 厘米的烤盘上铺两张烤盘纸，使它们重叠在烤盘里，修剪长度保证使烤盘纸能露出在烤盘外。

将杏仁、椰子、菠萝、谷物和盐混合在一个大碗里，放在一边备用。

将蜂蜜和香草提取物混合倒入微波用量杯中。盖上盖子，微波炉加热 30 秒。搅拌后将混合物倒入杏仁混合物中，搅拌至所有材料都是湿润的。将混合物均匀地铺在准备好的烤盘上。盖上另一张烤盘纸，并用有重量的金属抹刀压实在烤盘中。如果按压的不够结实，成品能量棒可能会碎掉。压实烤盘中包括边缘的所有区域，然后取出用于按压的烤盘纸。这时烤盘中的材料看起来应该是紧实平滑且均匀的。

烘烤 15 分钟。从烤箱中取出烤盘，自然冷却。冷却后，放入冰箱冷藏 1 ~ 2 小时，随后从烤盘中取出，切成 12 条。可冷藏或冷冻保存。

营养成分

12 份
食用分量　1 根能量棒（25 克）

每份热量
120 卡（502 焦耳）

	%/天 *
总脂肪 7 克	**11%**
饱和脂肪 1.5 克	**8%**
反式脂肪 0 克	
胆固醇 0 毫克	**0%**
钠 55 毫克	**2%**
总碳水化合物 12 克	**4%**
膳食纤维 2 克	**8%**
总糖 9 克	
包括 5 克添加糖	
蛋白质 3 克	
维生素 D 0 微克	0%
钙 34 毫克	4%
铁 0.8 毫克	4%
钾 106 毫克	2%

* 每日摄入量百分比（DV）告诉你一份食物中的营养素对每日饮食的贡献。每天摄入 2000 卡（8372 焦耳）用于一般的营养建议。

简单的水果和坚果能量棒

2.5 CHO + 0.5 PRO + 2 FAT

1 杯加盐烤熟腰果。

32 个大枣。

在 20 厘米 × 20 厘米的烤盘上铺两张烤盘纸，使它们重叠在烤盘里，修剪长度保证使烤盘纸能露出在烤盘外。

将腰果放在食物料理机中打碎，注意不要打成糊状，然后倒入碗里，放在一边备用。将大枣放在食物料理机中，打成糊状。加入腰果中搅拌直到混合均匀。

将混合物均匀地铺在准备好的烤盘上。用另一张烤盘纸将混合物压实在烤盘内。如果需要，可借助抹刀或其他工具帮助压实，然后取出用于按压的烤盘纸。这时烤盘中的材料看起来应该是紧实平滑且均匀的。

冷藏 30 分钟，切成 6 条。用保鲜膜包起来，放入冰箱保存。

营养成分

6 份

食用分量　1 根能量棒（60 克）

每份热量

204 卡（1005 焦耳）

	%/天*
总脂肪 10 克	**15%**
饱和脂肪 2 克	**10%**
反式脂肪 0 克	
胆固醇 0 毫克	**0%**
钠 65 毫克	**3%**
总碳水化合物 38 克	**13%**
膳食纤维 4 克	**16%**
总糖 29 克	
包括 0 克添加糖	
蛋白质 5 克	
维生素 D 0 微克	0%
钙 30 毫克	2%
铁 1.65 毫克	10%
钾 136 毫克	3%

* 每日摄入量百分比（DV）告诉你一份食物中的营养素对每日饮食的贡献。每天摄入 2000 卡（8372 焦耳）用于一般的营养建议。

水果坚果巧克力能量棒

1.5 CHO + 1 PRO + 2.5 FAT

1 杯无盐烤干花生。

15 个大枣。

2 汤匙（30 克）半甜巧克力碎。

在 20 厘米 × 20 厘米的烤盘上铺两张烤盘纸，使它们重叠在烤盘里，修剪长度保证使烤盘纸能露出在烤盘外。

将巧克力放入食物料理机中，稍微打碎，然后倒入碗里，放在一边备用。将花生放入食物料理机中打碎，然后倒入碗中。将大枣放入食物料理机中，打成糊状，倒入碗里。将所有配料混合在一起，搅拌均匀。

将混合物均匀地铺在准备好的烤盘上。用另一张烤盘纸将混合物压实在烤盘内。如果需要，可借助抹刀或其他工具帮助压实，然后取出用于按压的烤盘纸。这时烤盘中的材料看起来应该是紧实平滑且均匀的。

切成 6 条。用保鲜膜包起来，放入冰箱保存。

营养成分

6 份

食用分量　1 根能量棒（47 克）

每份热量

220 卡（921 焦耳）

	% / 天 *
总脂肪 13 克	**20%**
饱和脂肪 2.5 克	**13%**
反式脂肪 0 克	
胆固醇 0 毫克	**0%**
钠 0 毫克	**0%**
总碳水化合物 23 克	**8%**
膳食纤维 4 克	**16%**
总糖 17 克	
包括 3 克添加糖	
蛋白质 7 克	
维生素 D 0 微克	0%
钙 29 毫克	2%
铁 1.65 毫克	4%
钾 136 毫克	3%

* 每日摄入量百分比（DV）告诉你一份食物中的营养素对每日饮食的贡献。每天摄入 2000 卡（8372 焦耳）用于一般的营养建议。

便携蛋白质

在匆忙中找到可以快速吃掉的食物并不难，难的是如何找到营养均衡的食物。根据我的经验，最困难的是找到即方便携带，又可以提前准备，还可以快速吃掉的蛋白质食物。正如第九章所说，准备食物应该是快速而简单的。你不需要花哨的材料组成健康的一餐。下面介绍的每一份食谱都提供了至少一份蛋白质，并且可以提前准备好，在冰箱里储存整整一周。

什锦干果

2 CHO + 1 PRO + 1 FAT

1/4 杯半甜小巧克力脆片。

1/2 杯加糖蔓越莓干。

1/2 杯熟透烤干大豆。

60 克带芝麻的杂粮椒盐饼干块。

将所有的配料在大塑料袋中均匀混合。以半杯为一份分装在 6 个小塑料袋中。

营养成分

6 份

食用分量　1/2 杯（46 克）

每份热量

190 卡（795 焦耳）

	%/天*
总脂肪 6 克	**9%**
饱和脂肪 2 克	**10%**
反式脂肪 0 克	
胆固醇 0 毫克	**0%**
钠 95 毫克	**4%**
总碳水化合物 30 克	**10%**
膳食纤维 3 克	**12%**
总糖 11 克	
包括 4 克添加糖	
蛋白质 8 克	
维生素 D 0.11 微克	1%
钙 35 毫克	4%
铁 3 毫克	15%
钾 245 毫克	5%

* 每日摄入量百分比（DV）告诉你一份食物中的营养素对每日饮食的贡献。每天摄入 2000 卡（8372 焦耳）用于一般的营养建议。

富含蛋白质的隔夜燕麦片

2 CHO + 1 PRO + 0 FAT

3 杯老式燕麦。

2 汤匙（60 克）麦芽。

10 个中等大小的草莓。

2 根中等大小的香蕉。

2 汤匙（60 克）琥珀色蜂蜜。

4 杯脱脂牛奶，含维生素 A 和维生素 D。

1/2 杯热水。

把燕麦和麦芽放入 1 个大碗中，放在一边备用。

将草莓和香蕉放入食物料理机中，打成泥（如果使用冷冻水果，加半杯热水）。将水果泥、牛奶和糖浆倒入干燥的配料中并混合均匀。盖上盖子，放入冰箱中过夜。隔天早上，取出想吃的分量加入碗中，用微波炉或炉子加热食用。最多可以在冰箱里保存 5 天。

营养成分

10 份
食用分量　3/4 杯（182 克）

每份热量
170 卡（712 焦耳）

	%/天*
总脂肪 2 克	**3%**
饱和脂肪 0 克	**0%**
反式脂肪 0 克	
胆固醇 0 毫克	**0%**
钠 40 毫克	**2%**
总碳水化合物 32 克	**11%**
膳食纤维 4 克	**16%**
总糖 13 克	
包括 3 克添加糖	
蛋白质 7 克	
维生素 D 1.2 微克	1%
钙 124 毫克	10%
铁 1.3 毫克	8%
钾 259 毫克	6%

* 每日摄入量百分比（DV）告诉你一份食物中的营养素对每日饮食的贡献。每天摄入 2000 卡（8372 焦耳）用于一般的营养建议。

茅屋奶酪煎饼

0.5 CHO + 1 PRO + 0.5 FAT

2 个大鸡蛋。

1 杯 2% 茅屋奶酪。

1 杯老式燕麦。

4 个大蛋清。

1 茶匙（5 克）发酵粉。

1 茶匙（5 毫升）香草提取物。

1/8 茶匙（0.6 克）肉桂。

将茅屋奶酪放入食物料理机中，打碎至顺滑即可。然后倒入碗中，放在一边备用。

将燕麦放入食物料理机中，打成燕麦粉。倒入打好的奶酪中，搅拌均匀。加入所有其他配料。

用一个 1/2 杯的量杯分份，在热煎锅上将面糊摊成煎饼。

营养成分

11 份

食用分量　1 张煎饼（55 克）

每份热量

70 卡（293 焦耳）

	%/天*
总脂肪 2 克	**3%**
饱和脂肪 0.5 克	**3%**
反式脂肪 0 克	
胆固醇 45 毫克	**15%**
钠 150 毫克	**6%**
总碳水化合物 7 克	**2%**
膳食纤维 1 克	**4%**
总糖 1 克	
包括 0 克添加糖	
蛋白质 7 克	
维生素 D 0 微克	0%
钙 64 毫克	6%
铁 0.6 毫克	4%
钾 41 毫克	1%

* 每日摄入量百分比（DV）告诉你一份食物中的营养素对每日饮食的贡献。每天摄入 2000 卡（8372 焦耳）用于一般的营养建议。

鸡蛋松饼

0 CHO + 1 PRO + 1 FAT

18 个大鸡蛋。

6 个大蛋清。

1/2 杯白色洋葱，切碎。

1/4 茶匙（1.3 克）食盐。

1/8 茶匙（0.6 克）黑胡椒。

6 个预煮冷冻火鸡肉香肠串。

1 杯小菠菜。

10 个樱桃番茄。

预热烤箱至 180° C。在松饼模具上喷好烹饪喷雾。将所有的鸡蛋和蛋清打在一个大碗中备用。

用食物料理机将洋葱和香肠打成碎块，然后加入到蛋液中。用锋利的刀把小菠菜和番茄切成小块，同样加入到蛋液中。再加入盐和胡椒搅拌均匀。

在每个松饼模具中填满 3/4（应该足够填满 24 个）蛋液。烘焙 20 ~ 25 分钟，或者食物温度计显示 70° C。

营养成分

24 份

食用分量　1 块松饼（62 克）

每份热量

70 卡（293 焦耳）

	%/天*
总脂肪 4 克	**6%**
饱和脂肪 1.5 克	**8%**
反式脂肪 0 克	
胆固醇 15 毫克	**55%**
钠 120 毫克	**5%**
总碳水化合物 2 克	**1%**
膳食纤维 0 克	**0%**
总糖 0 克	
包括 0 克添加糖	
蛋白质 6 克	
维生素 D 0 微克	0%
钙 23 毫克	2%
铁 0.7 毫克	4%
钾 35 毫克	1%

* 每日摄入量百分比（DV）告诉你一份食物中的营养素对每日饮食的贡献。每天摄入 2000 卡（8372 焦耳）用于一般的营养建议。

原味土耳其肉丸

0 CHO + 1 PRO + 0.5 FAT

1 千克 7% 脂肪火鸡肉，绞馅。

2 个大鸡蛋。

1/2 杯原味面包屑。

1/4 茶匙（1.3 克）黑胡椒。

预热烤箱至 180°C。在 23 厘米 ×33 厘米的烤盘上喷洒烹饪喷雾。

用手把所有的原料混合在一个大碗里。将肉馅做成每个 45 克左右的肉球，放在烤盘中。

烤 25 分钟。直接食用或佐以意面酱。将未食用的肉丸放在冰箱中保存。

营养成分	
27 份	
食用分量　1 颗肉丸（39 克）	
每份热量	
60 卡（251 焦耳）	
	% / 天*
总脂肪 2.5 克	**4%**
饱和脂肪 0.5 克	**3%**
反式脂肪 0 克	
胆固醇 35 毫克	**12%**
钠 45 毫克	**2%**
总碳水化合物 1 克	**0%**
膳食纤维 0 克	**0%**
总糖 0 克	
包括 0 克添加糖	
蛋白质 7 克	
维生素 D 0 微克	0%
钙 5 毫克	0%
铁 0.7 毫克	4%
钾 0 毫克	0%

* 每日摄入量百分比（DV）告诉你一份食物中的营养素对每日饮食的贡献。每天摄入 2000 卡（8372 焦耳）用于一般的营养建议。

参考文献

Accuracy Research LLP. 2016. Global Sports nutrition and supplements market analysis & trends: Industry forecast to 2020. Research and Markets.

Adams, J.D., Kavouras, S.A., Robillard, J.I., et al. 2016. Fluid balance of adolescent swimmers during training. *Journal of Strength and Conditioning Research* 30 (3): 621-625.

Aegis Sciences Corporation.

American Academy of Child & Adolescent Psychiatry. 2011, December. Normal adolescent development part I. Facts for Families Guide, No. 57.

American Academy of Child and Adolescent Psychiatry. 2011, December. Normal adolescent development part II. Facts for Families Guide, No. 58.

American Academy of Child & Adolescent Psychiatry. 2011, December. Teen brain: Behavior, problem solving, and decision making. Facts for Families Guide, No. 95.

American Academy of Pediatrics. 2005. Promotion of healthy weight-control practices in youth athletes. *Pediatrics* 116 (6): 1557-1564.

American College of Sports Medicine, Academy of Nutrition and Dietetics, and Dietitians of Canada. 2016. Joint position statement. Nutrition and athletic performance. March 2016. Vol 1 (16-93).

American College of Sports Medicine. 2007. Position stand paper: Exercise and fluid replacement.Medicine & Science in Sports Exercise. 377-389.

American Psychiatric Association. 2013. *Diagnostic and Statistical Manual of Mental Disorders, fifth edition (DSM-5)*. Washington D.C. American Psychiatric Association.

Aragon, A.A., and Schoenfeld, B.J. 2013. Nutrient timing revisited: Is there a post-exercise anabolic window. *Journal of the International Society of Sports Nutrition* 10 (1): 5.

Arciero, Paul, et al. 2015. Performance enhancing diets and the PRISE protocol to optimize athletic performance. *Journal of Nutrition and Metabolism* 2015: 715859.

Arnaoutis, G., Kavouras, S.A., Angelopoulou, A., et al. 2015. Fluid balance during training in elite young athletes of different sports. *Journal of Strength and Conditioning Research* 29（12）: 3447-3452.

Bailes, J.E., and Patel, V. 2014. The potential for DHA to mitigate mild traumatic brain injury. *Military Medicine* 179（11 Suppl.）: 112-116.

Bailey, S.J. 2009. Dietary nitrate supplementation reduces the O2 cost of low-intensity exercise and enhances tolerance to high-intensity exercise in humans. *Journal of Applied Physiology* 107（4）: 1144-1155.

Baker, L.B., Heaton, L.E., Nuccio, R.P., et al. 2014. Dietitian-observed macronutrient intake of young skill and team-sport athletes: Adequacy of pre, during and post exercise nutrition. *International Journal of Sport Nutrition and Exercise Metabolism* 24（2）: 166-176.

eatine in humans with special reference to creatine supplementation. *Sports Medicine* 18（4）: 268-280.

Banned Substance Control Group.

Bar-Or, Oded. 2001. Nutritional considerations of the child athlete. *Canadian Journal of Applied Physiology* 26（Suppl.）: S186-S191.

Bell, Pg, et al. 2014. The role of cherries in exercise and health. *Scandinavian Journal of Medicine & Science in Sports* 24（3）: 477-490.

Bellinger, P.M. 2014. B-alanine supplementation for athletic performance: An update. *Journal of Strength and Conditioning Research* 28（6）: 1751-1770.

Berenbaum, S.A., Beltz, A.M., and Corley R. 2015. The Importance of puberty for adolescent development: Conceptualization and measurement. *Advances in Child Development and Behavior* 48: 53-92.

Bex, Tine, et al. 2015. Exercise training and beta-alanine induced muscle carnosine loading. *Frontiers in Nutrition* 7: 2: 13.

Bloodworth, A.J., et al. 2012. Doping and supplementation: The attitudes of talented young athlete. *Scandinavian Journal of Medicine and Science in Sports* 22（2）: 293-301.

Boisseau, N., Vermorel, M., Rance, M., et al. 2007. Protein requirements in male adolescent soccer players. *European Journal of Applied Physiology* 100（1）: 27-33.

Boisseau, Natalie, Vera-Perez, Sonia, and Poortmans, Jacques. 2005. Food and fluid intake in adolescent female judo athletes before competition. *Pediatric Exercise Science* 17: 62-71.

Bratman, S., and Dunn, Thomas. 2016. On orthorexia nervosa: A review of the literature and proposed diagnostic criteria. *Eating Behaviors* 21: 11-7.

Brennan, Brian, et al. 2010. Human growth hormone abuse in male weightlifters. *American Journal on Addictions* 201 (1): 9-13.

Brown, G.A. 2006. Testosterone prohormone supplements. *Medicine & Science in Sports & Exercise* 38 (8): 1451-1461.

Calfee, Ryan, and Fasdale, Paul. 2006. Popular ergogenic drugs and supplements in young athletes. *Pediatrics* 117: e577-e589.

Carlsohn, Anja, Scharhag-Rosenberger, Friederike, Weber, Josefine, et al. 2011. Physical activity levels to estimate the energy requirement of adolescent athletes. *Pediatric Exercise Science* 23: 261-269.

Casa, D., Armstrong, L., Montain, S., Rich, Brent, et al. 2000. National Athletic Trainers' Association position statement: Fluid replacement for athletes. *Journal of Athletic Training* (2): 212-224.

Center for Science in the Public Interest.

Chapman, James, and Woodman, Tim. 2016. Disordered eating in male athletes: A metaanalysis. *Journal of Sports Sciences* 34 (2): 101-109.

Choose Your Foods, Academy of Nutrition and Dietetics, 2014.

Clarkson, Priscilla, et al. 2000. Antioxidants: What role do they play in physical activity and health? *American Journal of Clinical Nutrition* 72 (Suppl.): 637s-646s.

Cleary, M.A., Hetzler, R.K., Wasson, D., et al. 2012. Hydration behaviors before and after an educational and prescribed hydration intervention in adolescent athletes. *Journal of Athletic Training* 47 (3): 273-281.

Cohen, Pieter, Travis, John, and Venhuis, B.J. 2015. A synthetic stimulant never tested in humans, 1, 3 dimethylamylamine (DMAA), is identified in multiple dietary supplements. *Drug Test Analysis* 7: 83-87.

Conolly, D.A.L., et al. 2006. Efficacy of a tart cherry juice blend in preventing the symptoms of muscle damage. *British Journal of Sports Medicine* 40（8）：679-683.

Consumerlab.org.

Council for Responsible Nutrition（CRN）. 2014. The dietary supplement consumer [Survey results].

Council for Responsible Nutrition. 2002. Guidelines for young athletes：Responsible use of sports nutrition supplements.

Council on Sports Medicine and Fitness and Council on School Health, Bergeron, M.F., Devore, C., Rice, S.G., American Academy of Pediatrics. 2011. Policy statement. Climatic heat stress and exercising children and adolescents. *Pediatrics* 128（3）：e741-747.

Deminice, R., et al. 2013. Effects of creatine supplementation on oxidative stress and inflammatory markers after repeated-sprint exercise in humans. *Nutrition* 29（9）：1127-1132.

Desbrow, Ben, et al. 2009. Caffeine, cycling performance and exogenous CHO oxidation：A dose-response study. *Medicine & Science in Sports & Exercise* 41（9）：1744-1751.

Deutz, R.C., Benardot, D., Martin, D.E., and Cody, M.M. 2000. Body image concerns, muscleenhancing behaviors, and eating disorders in males. *Medicine & Science in Sports & Exercise* 32（3）：659-668.

Deutz, R.C., Benardot, D., Martin, D.E., et al. 2000. Relationship between energy deficits and body composition in elite female gymnasts and runners. *Medicine & Science in Sports & Exercise* 32（3）：659-668.

Di Santolo, Manuela, Stel, Giuliana, and Banfi, Giuseppe. 2008. Anemia and iron status in young fertile non-professional female athletes. *European Journal of Applied Physiology* 102（6）：703-709.

Doyle, Daniel. 2013, August. Physical growth and sexual maturation of adolescents：Growth and development. *Merck Manual*.

Drug Free Sport.

Durkalec-Michalski, K., and Jeszka, J. 2016, February 2. The effect of HMB on aerobic capacity and body composition in trained athletes. *Journal of Strength and Conditioning Research*.

Ebbeling, C.B., Swain, J.F., Feldman, H.A., et al. 2012. Effects of dietary composition on energy expenditure during weight-loss maintenance free. *JAMA* 307（24）: 2627-2634.

Eisenburg, Marla, et al. 2012. Muscle-enhancing behaviors among adolescent girls and boys. *Pediatric*s 130（6）: 1019-1026.

Eisenmann, Joey, and Wickel, Eric. 2007. Estimated energy expenditure and physical activity patterns of adolescent distance runners. *International Journal of Sports Nutrition and Exercise Metabolism* 17: 178-188.

Ekelund, Ulf, Ynage, Agneta, Westerterp, Klass, et al. 2002. Energy expenditure assessed by heart rate and doubly labeled water in young athletes. *Medicine & Science in Sports & Exercise* 34（8）: 1360-1366.

Etchison, W.C., Bloodgood, E.A., Minton, C.P., et al. 2011. Body mass index and percentage of body fat as indicators for obesity in an adolescent athletic population. *Sports Health* 3（3）: 249-252.

Eudy, A.E. 2013. Efficacy and safety of ingredients found in preworkout supplements. *American Journal of Health-System Pharmacy* 70（7）: 577-588.

Farrey, Tom. 2010. A legal performance-enhancing drink. ESPN.

Farzad, Zehsaz., et al. 2014. The effect of *Zingiber officinale R.* rhizomes（ginger）on plasma pro-inflammatory cytokine levels in well-trained male endurance runners. *Central European Journal of Immunology* 39（2）: 174-180.

Fitzgerald, J.S., Peterson, B.J., Warpeha, J.M., Johnson, S.C., and Ingraham, S.J. 2015. Association between vitamin D status and maximal-intensity exercise performance in junior and collegiate hockey players. *Journal of Strength and Conditioning Research* 29（9）: 2513-2521.

Flynn, M.G., MacKinnon, L., Gedge, V., et al. 2003. influence of iron status and iron supplementation on natural killer cell activity in trained women runners. *International Journal of Sports Medicine* 24（3）: 217-222.

Garcia-Cazarin, Mary, et al. 2014. Dietary supplements research portfolio at the NIH, 2009-2011. *Journal of Nutrition* 144（4）: 414-418.

Gerrier, S., and Basiotis, J.W. 2006. An easy approach to calculating estimated energy requirements. *Preventing Chronic Disease* 3（4）：A129.

Giesemer，B.A. 2003. Ergogenic risks elevate health risks in youth athletes. *Pediatric Annals* 32（11）：733-737.

Gray，P.，et al. 2014. Fish oil supplementation reduces markers of oxidative stress but not muscle soreness after eccentric exercise. *International Journal of Sport Nutrition and Exercise Metabolism* 24（2）：206-214.

Grzanna，R.，et al. 2005. Ginger—an herbal medicinal product with broad anti-inflammatory actions. *Journal of Medicinal Food* 8（2）：125-132.

Hawkins，R.D.，Hulse，M.A. Wilkinson，C. Hodson，A.，and Gibson，M. 2001. The association football medical research programme：An audit of injuries in professional football. *British Journal of Sports Medicine* 35：43-47.

Helms，Eric R.，et al. 2014. Evidence-based recommendations for natural bodybuilding contest preparation：Nutrition and supplementation. *Journal of the International Society of Sports Nutrition* 11：20.

Hildebrand，R.A.，Miller，B.，Warren，A.，Hildebrand，D.，and Smith，B.J. 2016，April 20. Compromised vitamin d status negatively affects muscular strength and power of collegiate athletes. International Journal of Sport Nutrition and Exercise Metabolism.

Hinton，Pamela H.，Giordano，Christina，Brownlie，Thomas，et al. 2000. Iron supplementation improves endurance after training in iron-depleted，nonanemic women. *Journal of Applied Physiology* 88（3）：1103-1111.

Hinton，P.S.，and Sinclair，L.M. 2007. Iron supplementation maintains ventilatory threshold and improves energetic efficiency in iron-deficient nonanemic athletes. *European Journal of Clinical Nutrition* 61（1）：30-39.

Hoffman，Jay，et al. 2008. Nutritional supplementation and anabolic steroid use in adolescents. *Medicine & Science in Sports & Exercise* 40（1）：15-24.

Hord，Norman，et al. 2008. Food sources of nitrates and nitrites：The physiologic context for potential health benefits. *American Journal of Clinical Nutrition* 90（1）：1-10.

Hoyte,C.O. 2013. the use of energy drinks,dietary supplements and prescription medications by United States college students to enhance athletic performance. *Journal of Community Health*

38（3）：575-580.

Hyde，Janet and DeLamater，John. Understanding Human Sexuality. *Sex hormones and sexual Differentiation* Chapter 5. 9th edition. Pages 96-113. McGraw-Hill Education. New York，New York.

Inal，Deniz，et al. 2000. Effects of garlic on aerobic performance. *Turkish Journal of Medical Sciences* 30：557-561.

Informed-choice.org.

Ingersoll，G.M. 1992. Psychological and social development. *Textbook of adolescent medicine*，edited by E.R. McAnarney，et al.（Philadelphia：Saunders），92.

Institute of Medicine. 2010，November. *Dietary reference intakes for calcium and vitamin D.* Washington，DC：National Academies Press.

Ivy，John L.，et al. 2009. Improved cycling time-trial performance after ingestion of a caffeine energy drink. *International Journal of Sport Nutrition and Exercise Metabolism* 19（1）：61-78.

Jeukendrup，A.E. 2010. Carbohydrate and exercise performance：The role of multiple transportable carbohydrates. *Current Opinion in Clinical Nutrition and Metabolic Care* 13（4）：452-457.

Jeukendrup，A.，and Cronin L. 2011. Nutrition and elite young athletes. *Med Sport Sci* 56：47-58.

Johnson，Sara，Blum，Robert，and Giedd，Jay. 2009. Adolescent maturity and the brain：The promise and pitfalls of neuroscience research in adolescent health policy. *Journal of Adolescent Health* 45（3）：216-221.

Jones，Andrew，et al. 2014. Dietary nitrate supplementation and exercise performance. *Sports Medicine* 44（Suppl. 1）：S35-S45.

Joy，Elizabeth，De Souza，Mary Jane，Nattiv，Aurelia，et al. 2014. Female athlete triad coalition consensus statement on treatment and return to play of the female athlete triad. *Current Sports Medicine Reports* 13（4）：219-232.

Judkins，C.，et al. 2007. Investigation into supplement contamination levels in the US Market. Survey.

Juhasz, I., et al. 2009. Creatine supplementation improves the anaerobic performance of elite junior fin swimmers. *Acta Physiologica Hungarica* 96（3）：325-336.

Karp, J.R., Johnston, J.D., Tecklenburg, S., et al. 2006. Chocolate milk as a post-exercise recovery aid. *International Journal of Sport Nutrition and Exercise Metabolism* 16（1）：78-91.

Kendall, K.L., et al. 2014. Ingesting a preworkout supplement containing caffeine, creatine, B-alanine, amino acids, and B vitamins for 28 days is both safe and efficacious in recreational active men. *Nutrition Research* 34（5）：442-449.

Kharirullah, A., Klein, L.C., Ingle, S.M., et al. 2014. Testosterone trajectories and references ranges in a large longitudinal sample of male adolescents. *PLOS ONE* 9（9）：e108838.

Kim, S.Y., Sim, S., and Park, B. 2016. Dietary habits are associated with school performance in adolescents. *Medicine* 95（12）：e3096.

Koo, Ga Hee. 2014. Effects of supplementation with BCAA and L-glutamine on blood fatigue factors and cytokines in juvenile athletes submitted to maximal intensity rowing performance. *Journal of Physical Therapy Science* 26（8）：1241-1246.

Kong, P., and Harris, L.M. 2015. The sporting body: Body image and eating disorders symptomatology among female athletes from leanness focused and nonleaness focused sports. *Journal of Psychology* 149（1-2）：141-160.

Kuehl, Kerry, et al. 2010. Efficacy of tart cherry juice in reducing muscle pain during running: A randomized controlled trial. *Journal of the International Society of Sports Nutrition* 7：17.

Lee, Jae-Seok, et al. 2015. Effects of chronic dietary nitrate supplementation on the hemodynamic response to dynamic exercise. *American Journal of Physiology–Regulatory Integrative and Comparative Physiology* 309（5）：R459-466.

Lewis, Evan J.H., et al. 2105. 21 days of mammalian omega-3 fatty acid supplementation improves aspects of neuromuscular function and performance in male athletes compared to olive oil placebo. *Journal of the International Society of Sports Nutrition* 12：28.

MacLean, Alice, et al. 2015. "It's not healthy and it's not decidedly not masculine"：

A media analysis of UK newspaper representations of eating disorders in males. *BMJ Open* 5（5）：e007468.

Mamerow, M., Mettler, J., English, K., et al. 2014. Dietary protein distribution positively influences 24-h muscle protein synthesis in healthy adults. *Journal of Nutrition* 144（6）：876-880.

Martinsen, Marianne, Bahr, Roald, Borresen, Runi, et al. 2014. Preventing eating disorders among young elite athletes：A randomized controlled trial. *Medicine & Science in Sports & Exercise* 46（3）：435-447.

Martinsen, Marianne, and Sundgot-Borgen, Jorunn. 2013. Higher prevalence of eating disorders among adolescent athletes than controls. *Medicine & Science in Sports & Exercise* 45（6）：1188-1197.

Martin- Biggers, J., Spaccarotella, K., Berhaupt-Glickstein, A., et al. 2014. Come and get it! A discussion of family mealtime literature and factors affecting obesity risk. *Advances in Nutrition* 5（3）：235-247.

Martorell, M., et al. 2014. Effect of DHA on plasma fatty availability and oxidative stress during training season and football exercise. *Food & Function* 5（8）：1920-1931.

Mashhadi, N.S., et al. 2013. Effect of ginger and cinnamon intake on oxidative stress and exercise performance and body composition in Iranian female athletes. *International Journal of Preventive Medicine* 4（Suppl. 1）：S31-S35.

Matzkin, E., Curry, E.J., and Whitlock, Kaitlyn. 2015. Female athlete triad：Past, present and future. *Journal of the American Academy of Orthopaedic Surgeons* 23（7）：424-432.

Mayo Clinic. Growth hormone（parenteral route）. 2015.

McDowell, Jill Anne. 2007. Supplement use by young athletes. *Journal of Sports Science and Medicine* 6：337-342.

Evans Jr, Marion Willard, et al. 2012. Dietary supplement use by children and adolescents in the United States to enhance sports performance：Results of the National Health Interview Survey. *Journal of Primary Prevention* 33（1）：3-12.

McGuine, T.A., Sullivan, J.C., and Bernhardt, D.T. 2001. Creatine supplementation in high school football players. *Clinical Journal of Sports Medicine* 11（4）：247-253.

Medical Institute for Sexual Health. 2005. Maturation of the teenage brain：Implications for parents，mentors and society. Medical Institute for Sexual Health. Austin，Texas. 2005.

Merkel，Donna L. 2013. Youth sports：A positive and negative impact on young athletes. *Journal of Sports Medicine* 4：151-160.

Merkel，D.，Huerta，M.，Grott，I.，et al. 2009. Incidence of anemia and iron deficiency in strenuously trained adolescents：Results of a longitudinal follow-up study. *Journal of Adolescent Health* 45（3）：286-291.

Mettler，S.，Mitchell，N.，and Tipton，K. 2010. Increased protein intake reduces lean body mass loss during weight loss in athletes. *Medicine & Science in Sports & Exercise* 42（2）：326-337.

Mickleborough，T.D. 2013. Omega-3 polyunsaturated fatty acids in physical performance optimization. *International Journal of Sport Nutrition and Exercise Metabolism* 23（1）：83-96.

Milewski，M.D.，Skaggs，D.L.，Bishop，G.A.，et al. 2014. Chronic lack of sleep is associated with increased sports injuries in adolescent athletes. *Journal of Pediatric Orthopedics* 34（2）：129-133.

Montfort-Steiger，V.，and Williams，C.A. 2007. Carbohydrate intake considerations for young athletes. *Journal of Sports Science and Medicine* 6（3）：343-352.

Moore，D.R.，Robinson，M.J.，Fry，J.L.，et al. 2009. Ingested protein dose response of muscle and albumin protein synthesis after resistance exercise in young men. *American Journal of Clinical Nutrition* 89：161-168.

Mountjoy，M.，Sundgot-Borgen，Jorunn.，Burke，L.，et al. 2014. The IOC consensus statement：Beyond the female athlete triad—relative energy deficiency in sport（RED-S）. *British Journal of Sports Medicine* 48（7）：491-497.

Mountjoy，M.，Sundgot-Borgen，Jorunn，Burke，L.，et al. 2015. Authors' 2015 additions to the IOC consensus statement：Relative Energy Deficiency in Sport（RED-S）. *British Journal of Sports Medicine* 49（7）：417-420.

Mountjoy，M.，Sundgot-Borgen，Jorunn，Burke，L.，et al. 2015. The IOC Relative

Energy Deficiency in Sport Clinical Assessment Tool (RED-S CAT). *British Journal of Sports Medicine* 49 (21): 1354.

Mulcahey, M.K., et al. 2010. Anabolic steroid use in adolescents: Identification of those at risk and strategies for prevention. *Physician and Sportsmedicine* 38 (3): 105-113.

Murphy, Margaret, et al. 2012. Whole beetroot consumption acutely improves running performance. *Journal of the Academy of Nutrition and Dietetics* 112 (4): 548-552.

Murray, R., Paul, G.L., Seifert, J.G., et al. 1989. The effects of glucose, fructose and sucrose ingestion during exercise. *Medicine & Science in Sports & Exercise* 21 (3): 275-282.

National Collegiate Athletic Association (NCAA). (n.d.). 2016-17 NCAA banned drugs.

National Eating Disorder Association (NEDA).

National Federation of State High School Associations (NFHS), Sports Medicine Advisory Committee (SMAC). 2014. Position statement and recommendations for the use of energy drinks by young athletes.

National Federation of State High School Associations (NFHS), Sports Medicine Advisory Committee. 2014. Supplements Position Statement.

National Football League Players Association. 2014. NFL list of prohibited substances.

National Institutes of Health, Office of Dietary Supplements. 2016. Vitamin D fact sheet.

National Institutes of Health, Office of Dietary Supplements. 2016. Calcium fact sheet.

National Institutes of Health, Office of Dietary Supplements. 2016. Iron fact sheet.

National Sleep Foundation.

National Sleep Foundation. (n.d.). Sleep drive and your body clock.

National Sleep Foundation. (n.d.). Sleep duration recommendations. org. Nattiv, A., Loucks, A.B., Manore, M.M., et al. 2007. American College of Sports Medicine position stand: The female athlete triad. *Medicine & Science in Sports and Exercise* 39 (10): 1867-1882.

Natural Medicines Comprehensive Database. (n.d.). Echinacea.

Natural Medicines Comprehensive Database. (n.d.). Ephedra.

Natural Medicines Comprehensive Database. (n.d.). Garlic.

Natural Medicines Comprehensive Database.（n.d.）. Ginger.

Natural Medicines Comprehensive Database.（n.d.）. Ginseng, Panax.

Natural Medicines Comprehensive Database.（n.d.）. Guarana.

Natural Medicines Comprehensive Database.（n.d.）. L-carnitine.

Natural Medicines Comprehensive Database.（n.d.）. Turmeric.

Nicol, L.M., et al. 2015. Curcumin supplementation likely attenuates delayed onset muscle soreness（DOMS）. *European Journal of Applied Physiology* 115（8）: 1769-1777.

Norton, Layne. 2006. Leucine regulates translation initiation of protein synthesis in skeletal muscle after exercise. *Journal of Nutrition* 136（2）: 533S-537S.

NSF Certified for Sport Program.

Nutrition Business Journal. Supplement business report 2015. 2015.

O' Connor, Anahad. 2015. New York attorney general fights to clean up dietary supplement industry.

Ogan, Dana, and Pritchett, Kelly. 2013. Vitamin D and the athlete: Risks, recommendations, and benefits. *Nutrients* 5（6）: 1856-1868.

Office of Dietary Supplements.

Ok Ban, Jung, et al. 2009. Anti-inflammatory and arthritic effects of thiacremonone, a novel sulfur compound isolated from garlic via inhibition of NF-kB. *Arthritis Research & Therapy* 11（5）: R145.

Otten, Jennifer J., Hellwig, Jennifer Pitzi, and Meyers, Linda D., eds. 2006. *DRI, dietary reference intakes: The essential guide to nutrient requirements.* Washington, DC: National Academies Press.

Palmer, M., Logan, H.M., and Lawrence, L. 2010. On-ice sweat rate, voluntary fluid intake, and sodium balance during practice in male junior ice hockey players drinking water or a carbohydrate-electrolyte solution. *Applied Physiology, Nutrition, and Metabolism* 35（3）: 328-335.

Palmer, M., and Spriet, L. 2008. Sweat rate, salt loss, and fluid intake during an intense on-ice practice in elite Canadian male junior hockey players. *Applied Physiology, Nutrition, and Metabolism* 33（2）: 263-271.

Parnell, J.A. 2015. Evaluation of congruence among dietary supplement use and motivation for supplementation in young, Canadian athletes. *Journal of the International Society of Sports Nutrition* Dec 16: 12: 49.

Partnership for Drug-Free Kids. 2014. 2013 Partnership Attitude Tracking Study.

Pasiakos, S.M., Cao, J.J., Margolis, L.M., et al. 2013. Effects of high-protein diets on fat free mass and muscle protein synthesis following weight loss: A randomized controlled trial. *FASEB Journal* 27（9）: 3837-3847.

Portal, S., Zadik, Z., Rabinowitz, J., et al. 2011. The effect of HMB supplementation on body composition, fitness, hormonal and inflammatory mediators in elite adolescent volleyball players: A prospective randomized, double-blind, placebo-controlled study. *European Journal of Applied Physiology* 111（9）: 2261-2269.

Racette, Susan B. 2003. Creatine supplementation and athletic performance. *Journal of Orthopaedic & Sports Physical Therapy* 33（10）: 615-621.

Reissig, Chad A. 2009. Caffeinated energy drinks—a growing problem. *Drug and Alcohol Dependence* 99（1-3）: 1-10.

Rivera-Brown, A., Gutierrez, R., Gutierrez, J.C., et al. 1999. Drink composition, voluntary drinking, and fluid balance in exercising, trained, heat-acclimatized boys. *Journal of Applied Physiology* 86（1）: 78-84.

Rogol, A.D., Roemmich, J.N., and Clark, P.A. 2002. Growth at puberty. *Journal of Adolescent Health* 31（6 Suppl.）: 192-200.

Rosenbloom, Christine, et al. 2012. *Sports nutrition: A practical manual for professionals*, 5th ed. Academy of Nutrition and Dietetics. Chicago, Illinois.

Rowland, T. 2011. Fluid replacement requirements for child athletes. *Sports Medicine* 41（4）: 279-288.

Salinero, J.J., et al. 2014. The use of energy drinks in sport: Perceived ergogenic and side effects in male and female athlete. *British Journal of Nutrition* 112（9）: 1494-1502.

Sarubin Fragakis, Allison, and Thomson, Cynthia A. 2006. Food sources of creatine. In *The health professional's guide to popular dietary supplements*, 3rd ed., 142-143. Academy of Nutrition and Dietetics. Chicago, Illinois.

Saugy, M., et al. 2006. Human growth hormone doping in sport. *British Journal of Sports Medicine* 40 (Suppl. 1): i35-i39.

Schafer, Michael. 2006. Ephedra use in a select group of adolescent athletes. *Journal of Sports Science & Medicine* 5 (3): 407-414.

Sciberras, Joseph, et al. 2015. The effect of turmeric (curcumin) supplementation on cytokine and inflammatory marker responses following 2 hours of endurance cycling. *Journal of the International Society of Sports Nutrition* 12 (1): 5.

Scott, A.T. 2015. Improvement of 2000-m rowing performance with caffeinated carbohydrategel ingestion. *International Journal of Sports Physiology and Performance* 10 (4): 464-468.

Seifert, S.M., et al. 2013. An analysis of energy-drink toxicity in the National Poison Data System. *Clinical Toxicology* 51 (7): 566-574.

Serrano, E., et al. 2010. Antioxidant defence and inflammatory response in professional road cyclists during a 4-day competition. *Journal of Sports Science* 28 (10): 1047-1056.

Shei, R.J. 2014. Omega-3 polyunsaturated fatty acids in the optimization of physical performance. *Military Medicine* 179 (11 Suppl.): 144-156.

Sinclair, Lisa, and Hinton, Pamela Sue. 2005. Prevalence of iron deficiency with and without anemia in recreationally active men and women. *Journal of the American Dietetic Association* 105 (6): 975-978.

Skinner, Tina, et al. 2010. Dose response of caffeine on 2000-m rowing performance. *Medicine & Science in Sports & Exercise* 42 (3): 571-576.

Smith, J., and Dahm, D.L. 2000. Creatine use among a select population of high school athletes. *Mayo Clinic Proceedings* 75 (12): 1257-1263.

Smith, J.W., Holmes, M.E., and McAllister, M.J. 2015. Nutritional considerations for performance in young athletes. *Journal of Sports Medicine* 2015: 734649.

Smith, Rachel, et al. 2104. A review of creatine supplementation in age-related diseases: More than a supplement for athletes. *F1000Research* 15 (3): 222.

Smith T, Lynch M.E. and Johnson James. Herbal Dietary Supplements Sales in US Increases 6.8% in 2004. HerbalGram, American Botanical Council; Austin, Texas. 2015; Issue:

107；Page 52-59.

Snijders，T.，Res，P.T.，and Smeets，J.S. 2015. Protein ingestion before sleep increases muscle mass and strength gains during prolonged resistance-type exercise training in healthy young men. *Journal of Nutrition* 145（6）：1178-1184.

Song，Q.H. 2015. Glutamine supplementation and immune function during heavy load training. *International Journal of Clinical Pharmacology* 5（5）：372-376.

Spaccarotella，K.J.，and Andzel，W.D. 2011. The effects of low fat chocolate milk on postexercise recovery in collegiate athletes. *Journal of Strength and Conditioning Research* 25（12）：3456-3460.

Stang，J.，and Story，M. 2005. Adolescent growth and development. In *Guidelines for adolescent nutrition services*，edited by J. Stang and M. Story，1-8.

Stevenson，Emma，et al. 2009. The effect of a carbohydrate-caffeine sports drink on stimulated golf performance. Applied Physiology，Nutrition，and Metabolism 34（4）：681-688.

Supplement Safety Now.

Supplement Watch.

Tamminen，K.A.，Holt，N.L.，and Crocker P.R.E. 2012. Adolescent athletes：Psychological challenges and clinical concerns. *Current Opinion in Psychiatry* 25：293-300.

唐纳，J.M. 1962. *Growth at adolescence.* Oxford：Blackwell Scientific Publications.

Tartibian，B. 2010. The effects of omega-3 supplementation on pulmonary function of young wrestlers during intensive training. *Journal of Science and Medicine in Sport* 13（2）：281-286.

Taylor Hooton Foundation.（n.d.）. Steroid abuse among kids.

The International Olympic Committee（IOC）.

Thomas，K.，Morris，P.，and Stevenson，E. 2009. Improved endurance capacity following chocolate milk consumption compared with 2 commercially available sport drinks. *Applied Physiology，Nutrition，and Metabolism* 34（1）：78-82.

Tokmakidis，S.P.，and Karamanolis，I.A. 2008. Effect of carbohydrate ingestion 15 min before exercise on endurance running capacity. *Applied Physiology，Nutrition，and*

Metabolism 33（3）：441-449.

Too，B.W.，Cicai，S.，Hockett，K.R.，et al. 2012. Natural versus commercial carbohydrate supplementation and endurance running performance. *Journal of the International Society of Sports Nutrition* 9（1）：27.

Torun，Benjamin. 2005. Energy requirements of children and adolescents. *Public Health Nutrition* 8（7A）：968-993.

United Nations University，World Health Organization，and Food and Agriculture Organization of the United Nations. 2004，October 17-24. Energy requirements of children and adolescents. In *Human energy requirements*，20-34. Rome：Food and Agriculture Organization of the United Nations.

U.S. Anti-Doping Agency（USADA），TrueSport.

U.S. Centers for Disease Control and Prevention.（n.d.）. 2 to 20 years：Boys body mass index-forage percentile.

U.S. Centers for Disease Control and Prevention. 2 to 20 years：Girls body mass index-for-age percentile.

U.S. Department of Agriculture.（n.d.）. ChooseMyPlate.gov.

U.S. Department of Agriculture.（n.d.）. USDA food composition database.

U.S. Department of Agriculture，Food and Nutrition Services. 2012. Nutrition standards in the National School Lunch and School Breakfast programs. *Federal Register* 77（17）.

U.S. Department of Health and Human Services，and U.S. Department of Agriculture. 2015. *2015-2020 Dietary Guidelines for Americans*，8th ed.

U.S. Food and Drug Administration. Center for Food Safety and Applied Nutrition（CFSAN）Adverse Event Reporting System（CAERS）.

U.S. Food and Drug Administration.（n.d.）. 1994 Dietary Supplement Health and Education Act（DSHEA）.

U.S. Food and Drug Administration. 2014. FDA investigation summary：Acute hepatitis illnesses linked to certain OxyElite Pro products.

U.S. Pharmacopeial（USP）.

Valimaki，V.，Alfthan，H.，Lehmuskallio，E.，et al. 2005. Risk factors for clinical stress factors in male military recruits: A prospective cohort study. *Bone* 37（2）: 267-273.

Weiss, Alison, Xu, Fang, Storfer-Isser, Amy, et al. 2010. The association of sleep duration with adolescents' fat and carbohydrate consumption. *Sleep* 33（9）: 1201-1209.

Whitehead MT, Martin TD, Scheett TP, et al. Running economy and maximal oxygen consumption after 4 weeks of oral Echinacea supplementation. *J Strength Cond Res* 2012; 26: 1928-33

Wilk, B., Timmons, B., and Bar-Or, O. 2010. Voluntary fluid intake hydration status and aerobic performance. *Applied Physiology, Nutrition, and Metabolism* 35（6）: 834-841.

Willis, K.S., Peterson, N.J., and Larson-Meyer, D.E. 2008. Should we be concerned about the vitamin D status of athletes? *International Journal of Sport Nutrition and Exercise Metabolism*18（2）: 204-224.

Wilson, Jacob, Fitschen, Peter, Campbell, Bill, et al. 2013. International Society of Sports Nutrition position stand: Beta-hydroxy-beta-methylbutyrate（HMB）. *Journal of the International Society of Sports Nutrition* 10: 6.

Woolf, K., St Thomas, M.M., Hahn, N., et al. 2009. Iron status in highly active and sedentary young women. *International Journal of Sport Nutrition and Exercise Metabolism* 19（5）: 519-535.

World Anti-Doping Agency.

关于作者

希瑟·R. 曼吉利（Heather R. Mangieri），MS，RDN，CSSD，LDN，著名食品和营养专家，注册营养师，运动营养学董事会认证专家。"营养检查（Nutrition Checkup）"创始人，在运动营养、体重管理和饮食紊乱方面提供专业咨询。服务对象包括运动业余爱好者、竞技运动员，以及在繁忙的日程中想要吃得更好的家庭。擅长解决青少年饮食营养问题，使他们能够健康地生长、发育并且在运动中取得良好的成绩。

自 2010 年以来，曼吉利一直担任美国国家营养学会的媒体发言人。她因在运动营养、青少年运动营养、体重管理、强化剂、膳食补充剂、时尚饮食和生活方式改造等方面为大家提供循证信息而享有良好声誉。曼吉利经常在美国大学生运动协会和营养饮食学会的专业期刊，以及《Stack》和《食品与营养》等杂志上发表运动营养相关的文章。曾在数百家国家刊物上发表过著作。除了受到业界认可之外，她还有众多的追随者，经常做客匹兹堡 KDKA 的深夜访谈节目。

曼吉利定期与运动员、消费者和专业人士谈论运动营养、膳食补充剂、体重管理和饮食紊乱的话题。2014 年 6 月，她在第一届"运动饮食紊乱"大会上发表了关于运动员饮食紊乱的演讲，并于 2015 年在大学和职业运动营养师协会年度会议上就这一话题进行演讲。

2008 年，曼吉利获得"宾夕法尼亚州年度青年营养师"资格。2012 年，荣获"拱顶石奖"，以表彰她突出的专业服务质量及对宾夕法尼亚州营养师行业的推进贡献。同时任职于"运动、心血管和健康营养执行委员会（SCAN）"，这是一个致力于实践学术营养与饮食的专业组织。

曼吉利在宾夕法尼亚州立大学攻读人类营养学，1996 年获得工学学士学位。2007 年，获得匹兹堡大学健康与人类表现的硕士学位。在开办私人诊所之前，任职于匹兹堡大学运动医学与营养系，也是查塔姆大学运动科学系的客座教员，为本科生讲授营养和锻炼相关课程。

曼吉利现居住在匹兹堡市区。

关于译者

周芳菲，北京大学医学部公共卫生学院营养与食品卫生系博士研究生，日本北海道大学教育学院健康科学系硕士研究生。研究方向：慢性疾病的营养防治，功能食品研究与开发，母婴与儿童营养。

赵晓锋，毕业于东北师范大学体育学院，硕士研究生；国际运动营养学会认证运动营养师（ISSN-SNS）；国家体育总局备战奥运会特聘运动表现专家，曾为国家体操队、国家游泳队、国家羽毛球队、国家花样滑冰队等知名奥运选手提供体能训练与营养指导。